论竞争法的功能及其法治意义

LUN JINGZHENGFA DE GONGNENG JIQI FAZHI YIYI

王烈琦／著

法律出版社
LAW PRESS · CHINA
— 北京 —

图书在版编目(CIP)数据

论竞争法的功能及其法治意义 / 王烈琦著. -- 北京：法律出版社，2024
ISBN 978 - 7 - 5197 - 8766 - 0

Ⅰ. ①论… Ⅱ. ①王… Ⅲ. ①反不正当竞争法－研究
Ⅳ. ①D912.290.4

中国国家版本馆 CIP 数据核字（2024）第 025657 号

论竞争法的功能及其法治意义
LUN JINGZHENGFA DE GONGNENG JIQI FAZHI YIYI

王烈琦 著

策划编辑 李沂蔚
责任编辑 李沂蔚
装帧设计 鲍龙卉

出版发行 法律出版社
编辑统筹 法律应用出版分社
责任校对 王 丰
责任印制 刘晓伟
经　　销 新华书店

开本 710 毫米×1000 毫米 1/16
印张 20.75 **字数** 256 千
版本 2024 年 2 月第 1 版
印次 2024 年 2 月第 1 次印刷
印刷 北京建宏印刷有限公司

地址：北京市丰台区莲花池西里 7 号(100073)
网址：www.lawpress.com.cn
投稿邮箱：info@lawpress.com.cn
举报盗版邮箱：jbwq@lawpress.com.cn
销售电话：010 - 83938349
客服电话：010 - 83938350
咨询电话：010 - 63939796

书号：ISBN 978 - 7 - 5197 - 8766 - 0
定价：78.00 元

序　言

王烈琦博士的这本著作不是通常意义上的部门法研究著作,它并没有围绕《反不正当竞争法》和《反垄断法》的条文展开分析,也没有对案例进行单个剖析或群案归纳,甚至不是将我国竞争法的功能置于全球或比较语境中的系统研究或比较研究,而是从宏观层面对世界的竞争法实践进行的一种整体性观察,以期能够获得一种关于竞争法的整体性的知识。这种研究在生产力和生产关系正在完成数字化大转型的当下显得尤为重要。霍姆斯曾言:"在任何给定的时间,只要法律还要继续发展,它的实质就必定与当时人们所认同的便利性相适应;但是,它的形式和运行机制、以及它在多大程度上能够创造出令人满意的结果,这些却都在很大程度上取决于它的过去"①,这实际上深刻地揭示出了法律发展的独特动力机制:一方面,法律是一种保守的、回应性的力量,其形式/教义是长期历史过程的产物,哪怕某种特定的法律形式所要解决的问题已经消失,这种形式仍然可能被保留下来,并对当下问题的解决构成约束

---

① Oliver Wendell Holmes, *The Common Law*, Boston: Little, Brown, and Company, 1881, p. 1 – 2.

条件,而不是成为解决方案的一部分。另一方面,法律又是务实的,它需要发挥当下的社会功能,为人们当下的社会生活提供稳定预期、便利以及秩序。因此,每一代的法律学者都需要重新面对已经发生变化的社会生活现实,重新思考法律内在逻辑与外部功能之间的关系,从而使法律一方面得以维持其自洽性,另一方面不至于因为严重滞后于时代而被边缘化。当下正是一个需要从根基上重新思考法律形式与法律功能之间关系的时代。

关于信息通信技术(或称数字科技)对我们所处时代的革命性影响,已有大量的讨论。控制论之父诺伯特·维纳称之为"第二次工业革命"①,而德国经济学家、世界经济论坛创始人兼执行主席克劳斯·施瓦布则将其界定为以铁路和蒸汽机标志的第一次工业革命(1760～1840)、以电力和大型车间组装线为标志的第二次工业革命(19世纪末到20世纪初)以及以半导体、计算机和互联网为标志的第三次工业革命(20世纪60年代～20世纪90年代)之后的第四次工业革命,其标志是智能设备、物联网、泛在计算以及全方位的数字化。② 从宏观经济的角度看,全球经济的数字化转型已经改变了经济学原理运行的经济环境。根据中国信息通信研究院2023年7月5日发布的《全球数字经济白皮书》,2022年,美国、中国、德国、日本、韩国等5个世界主要国家的数字经济总量为31万亿美元(约224万亿元人民币),数字经济占GDP比重为58%,较2016年提升约11个百分点;数字经济规模同比增长7.6%,高于GDP增速5.4个百分点。其中,我国数字经济规模达到50.2万亿元人民币,约占美中德日韩五国总量的22.4%。如今,我们已经很难想象出一个没有被数字技术改变的经济领域。从个人用户的角度来看,如今的智能手机已经变成了生产力工具、通信

① [美]N.维纳著:《人有人的用处》,陈步译,商务印书馆1978年版,尤其是第九章"第一次工业革命和第二次工业革命"。

② Klaus Schwab, *The Fourth Industrial Revolution*, World Economic Forum, 2016.

设备和休闲娱乐设施的集成,任何一部智能手机都是电脑、电视、收音机、报纸、杂志、书籍、相机、信用卡、音乐播放器、游戏机、计算器、手电、笔记本和其他。从产业组织的角度来看,少数几个互联网平台企业控制着数字化生态的入口,如果没有它们提供的应用编程界面(API),其他生产商和开发者就无法获得创新和进入市场的机会。如果没有它们提供的用户界面(UI),用户就找不到进入数字化空间的大门。

这些基本的社会事实无疑对传统的竞争法思维框架提出了最直接的挑战。正如其他的部门法一样,现有的竞争法是行为法,即通过界定具体的不当竞争行为和垄断行为及其造成的损害来进行规制并提供救济。比如,尽管《反垄断法》的立法目的是"为了预防和制止垄断行为,保护市场公平竞争,鼓励创新,提高经济运行效率,维护消费者利益和社会公共利益,促进社会主义市场经济健康发展",这些目的看起来是宏观的、系统性的、涉及整个市场竞争生态的,但它的具体着力点仍然是行为,即判断一个在相关市场上具有支配地位的市场主体是否做出了滥用这种地位的行为。从历史上看,至少在大陆法系国家,竞争法乃是脱胎于民法中的侵权行为法。比如,法国的竞争法规则是从民法典中的侵权行为条款中发展起来的,以第 1382 条"过错致使他人遭受损害的行为人,有义务对他人作出赔偿"、第 1383 条"损害赔偿责任之负担,乃不仅因为行为人自身的客观行为,而且基于其过失或轻率"为一般原则。德国虽然采取了单独制定竞争法的模式,甚至在制定《民法典》之前就出台了单行的《反不正当竞争法》(1896),但其内容十分简单,早先只包含数个涵摄具体行为的规范,尤其是误导广告、贬损竞争者和保护商业秘密。2004 年的最近一次修订在第 4 ~7 条对于十几项具体的不正当竞争行为进行了"非穷尽列举",从而增强了法律的确定性,使得相关法律规定更能够指引行为人的行为、保障其预期。本书第四章第二节对这一历史进行了梳理。

判断一个市场主体是否有滥用市场支配地位或不正当竞争的行

为,主要的标准就是看它的行为是否导致了价格扭曲,因为供需曲线以价格为纵坐标。但价格,尤其是在"决策架构,而不是价格,驱动着消费者购买决策"①的数字化市场中,以价格为指针的所谓市场规律并不是一种"客观规律",而是新古典经济学的发明(当然经济学自称是发现)。这种发明建立在一系列不切实际的假定之上:完全理性的经济主体在充分竞争的市场上追求效用最大化,在这个市场上,没有任何行动者强大到足以决定生产要素成本或商品出清价格,消费者可以在各种可替代效用之间自由选择,进入和退出市场都是没有成本的,生产成本可以合乎比例地传递给消费者,也就是说成本准确地体现到价格中,或者,用经济学家的行话来说,不存在外部性和搭便车者。因为竞争性的厂商面对着竞争性的消费者,所有既不存在卖方垄断(monopoly),也不存在买方垄断(monopsony)。竞争法的目的就在于维护这种实际上并不存在的完全竞争市场,消除其中干扰市场竞争的行为。

即便不去讨论竞争法背后的经济学理据,而只去讨论实践层面的问题,我们也不得不面对这样一个事实:如今的竞争已经不是行为层面上的竞争,而是生态层面的竞争。正如谷歌首席执行官在2019年所说,谷歌生产的不是产品,而是生态系统:"如果你们看到像安卓这样的生态系统,那就是我们做的。而生态系统营造将持续作为我们的战略重点。"②上游平台企业控制着市场的准入权和游戏规则,它们不再是传统意义上的"市场主体",而是市场本身。它们用自己的算法搭建出平台的决策架构,设定着下游市场主体和消费者的选择空间,控制着平台范围内的交易行为。尽管仍然有少数平台偶尔仍会采取"二

---

① Jamie Luguri and Lior Jacob Strahilevitz, "Shining a Light on Dark Patterns," *Journal of Legal Analysis*, Vol. 13, 2021, p. 43 – 109, at p. 44.

② Alphabet Inc. (Google), "Q2 2019 Results—Earnings Call Transcript," July 25, 2019, https://seekingalpha.com/article/4277828-alphabet-inc-goog-q2-2019-results-earnings-call-transcript.

选一"之类的传统的滥用市场支配地位行为，但大多数平台企业则无需这么做，因为它们完全可以用算法操控一切。

其实，只要了解数字经济的实际运作情况，就会发现传统的竞争法和竞争政策工具已经完全无法识别出数字化市场中妨碍公平竞争的因素，更不用说采取有效的干预措施了。正如有欧洲学者所指出的，数字化市场中不利于竞争（甚至完全排除横向竞争）的因素往往是由"市场特征"（market features）而不是由任何市场主体的行为所导致的，"这些特征不一定是由公司的行为引起的（尽管它们的行为可能会强化这些特征），例如规模或范围经济、（直接或间接）网络效应、转移成本和锁定效应、信息不对称以及消费者的行为偏差"[①]。这些特征在前数字化市场也或多或少地存在着，但它们在数字化市场中变得十分突出，以至于使竞争变成少数关键平台控制下的垂直领域的竞争。为此，英国和欧盟都已经或正在发展新的针对市场特征而不是行为的反不正当竞争工具，比如市场调查和看门人（gatekeeper）界定。

就规模经济而言，规模经济产生于单位平均成本随着产量的增加而降低的情况下。规模经济也存在于实体经济中，例如汽车和家用电器领域，但是，但数字技术的商业应用将这种现象推向了极致。[②] 比如，在搜索引擎领域，无论是百度、搜狗、谷歌还是必应，都必须对网络进行抓取和索引，这对任何进入者来说都是一笔巨大的前期成本（高达数百亿人民币或数十亿美元），而当前搜索引擎的年度运营成本也很高（数十亿人民币或数亿美元）。无论一种搜索引擎的市场占有率是90%还是1%，它都必须承担如此巨大的成本。假设众多网络节点同意一家新创的搜索引擎抓取数据，这笔数以亿元计的年度费用对这

① Massimo Motta, Martin Peitz, and Heike Schweitzer (eds.), *Market Investigations: A New Competition Tool for Europe?*, Cambridge University Press, p. 7.

② Geoffrey West, *Scale: The Universal Laws of Growth, Innovation, Sustainability, and the Pace of Life, in Organisms, Cities, Economies, and Companies*, New York: Penguin Press, 2017.

家企业来说是一笔难以承担的费用,尤其是它还没有多少用户并因此赚不了多少广告费。但百度和谷歌的成本并不会随着用户数量的增加而增加,反之,它们的边际成本(增加一位新用户的成本)几乎为0。这种程度的规模经济使得大公司越来越大,而新创公司除非本身就是重资本进入并抱着只赔不赚若干年的心态,否则不能存活下来。

数字化市场更基本的特征是网络效应,包括:

> 一、直接网络效应:我们在如今的社交网络(如微信)、短信应用程序(如微信和QQ)和电商平台(如淘宝、拼多多和京东)中都可以看到直接网络效应,即:随着越来越多的人加入该平台,可以分享信息、出售商品和购物,使用该平台的用户、商家和下游开发者就越多,这个领先的平台就越受欢迎,越能进一步吸引更多的加入者。因此,即使出现了新的替代性平台,即使这些新平台提供了更好的性能和更强大的隐私保护,它们也无法对抗占已经主导地位的平台,除非许多人集体转移。而集体转移的成本极高,因为每个使用者都在先前使用的平台上积累起了海量的行为数据,这些数据支撑着他们的信用记录和偏好识别标识。
>
> 二、间接网络效应:间接网络效应意味着平台对一个群体的价值取决于另一个群体有多少成员参与。比如微软的Windows(个人电脑操作系统),它在很长一段时间里垄断着PC操作系统市场。随着越来越多的消费者使用它,这个操作系统对专门编写与之兼容的应用程序的软件供应商的吸引力就越大,而这又会吸引更多的Windows用户,并促成了微软在智能终端操作系统市场上长达数十年的寡头地位。同样的现象存在于数字化市场的各个领域,从浏览器、搜索引擎、电商到云计算和数字个人助理。再以谷歌的控股公司Alphabet为例,它首先是主导了美国、欧洲和其他地方的搜

> 索引擎和相关的广告市场，进而又利用其在这个市场上的垄断地位主导了其他市场，包括网络浏览器（Chrome）、移动操作系统（Android）、网络地图（谷歌地图和 Waze）以及领先的用户生成娱乐和视频内容平台 YouTube。到 2020 年，谷歌的九种产品（Android、Chrome、Gmail、谷歌搜索、谷歌云端硬盘、谷歌地图、谷歌照片、谷歌应用商店和 YouTube）各自拥有超过 10 亿用户。此外，Google Pay 是中国以外全球下载次数最多的金融技术应用程序，数以百亿计的美元通过它进行着日常转移。到 2019 年，Google Home 和智能助理产品又成为全球该类别的市场领导者。美国对华为的制裁导致华为智能手机无法搭载谷歌地图，仅此一项便严重制约了华为手机在欧美市场的销量。

这场信息通信技术导致的革命其实由来已久，并且早就被一些敏锐的科学家、工程师和行业专家观察到，只不过保守谨慎的法律专家们迟迟未能做出有效的回应。早在 20 世纪 70 年代末，尼古拉斯·尼葛洛庞蒂（Nicholas Negroponte）领导的麻省理工学院媒体实验室提出了产业融合理论（industrial convergence theory），指出在未来 20 年，数字化技术的迅猛发展将带来信息通信、内容服务和计算机产业的深度融合。这在如今已经变成一个基本的社会事实。今天我们所身处的社会环境是一个泛在计算的环境，我们每个人随身携带的各种可穿戴智能设备每时每刻都在把我们的地理位置数据、网上搜索数据、购物数据、订票数据乃至心跳数据等等个人数据上传到某个服务器，这些海量的数据成为数字经济时代最宝贵的资源，为掌握这些数据的平台企业创造着巨额的财富，并帮助它们造就“算力即权力”的政治现实。相对于专注于行为并以提供损害赔偿救济为主要手段的私法，着眼于总体市场竞争环境的竞争法本可以更有效地应对数字化市场中的新问题。但前提是我们能够对竞争法的基本结构和功能进行反思和重整。而本书在这方面做出了极有建树的尝试。

经济学家学家富兰克林·费舍尔在《经济学家玩的游戏:一个非合作观点》中区分了一般化理论(generalizing theory)和示例化理论(exemplifying theory),前者“从宽泛的假定导出不可避免的结果。其口吻是说在给定的背景情形下必然会发生什么”,而后者“则不会告诉我们必然会发生什么,而会告诉我们可能会发生什么。在一篇好的示例化理论文章中,模型不会遮遮掩掩,假定是十分具体的,这样就可以聚焦于所要分析的现象。”①作为一部法学著作,本书并不完全吻合于费舍尔分类中的任何一种,它没有提出一般性的或具体的假定,也没有发展出解释市场竞争现象的模型。但在我看来它符合示例性理论的基本特征:以竞争法的政策功能、识别功能和稳定预期功能这三种非穷尽但却最具显著性的功能为线索,作者梳理了现有的各种竞争法工具的性能和功效。虽然并未明确针对数字化市场,但本书让我们看到了基础性研究对于思考前沿问题的必要性,比如,在识别功能的线索内,作者准确了把握了市场调查等事前的、针对市场特征而不是行为的新工具的功能定位。

郑　戈

2023 年 10 月于上海

① Franklin Fisher, “Games Economists Play: A Noncooperative View,” *RAND Journal of Economics* 20 (1989), p. 113 – 124, p. 117.

目录

引　言

一、问题的缘起

在经济法知识谱系中，竞争法的重要地位勿庸置疑；即便在最缩限的经济法观里，竞争法仍旧是经济法中不可或缺的核心组成部分。[①] 对竞争法的研究，一直是经济法研究的一个重点。无论是对竞争法既有规则的认知，还是对竞争法可能的发展方向；无论是对域外竞争法经验事实的总结，还是对本土竞争法立法、修法提出建设性意见，我国经济法学界都有诸多探讨，取得了相对丰硕的成果。就现有的竞争法研究成果而言，更多聚焦于竞争法的规则、原则、概念以及涉及的方法（典型的如经济分析方法）等微观层面，学术努力的方向多是考察、描述、总结域外的某些经验、规律，试图将之借鉴到中国的法实践中来。这基本上是一种基于中国问题向世界寻找解决方案的学术立场，这种学术立场对于中国竞争

① 关于不同的经济法观，邱本老师在专著《经济法原论》中有过一个系统梳理（第 10 ~ 46 页）。邱老师本人提出了一种极为缩限的经济法观：经济法只包括市场竞争法和宏观调控法。参见邱本：《经济法原论》，高等教育出版社 2001 年版，第 118 页。

法实践的贡献不可低估。

然而,本书将尝试另一种可能的学术立场:从宏观层面对世界的竞争法实践进行一种整体性的观察,以期能够获得一种关于竞争法的整体性的知识。当然,做完全的整体性观察在现实中是不可能的,既因为观察客体的纷繁复杂,更因为观察主体包括视角、知识储备在内的主观限制。因此,本研究将把观察的对象缩限到竞争法的功能这一在竞争法运行中极有意义的维度。功能在语义上,既与竞争法在现实中被主体如何实施有关(这种意义上的功能等同于作用),又与竞争法在客观上具备哪些机制可能被主体运用有关,因而既涉及主观维度又涉及客体维度的概念。①

竞争法产生于 19 世纪末欧美这样一个特殊的历史时空。一方面,欧美各国的传统法律走向了形式理性化,潘德克吞学派完成了对法律概念的系统梳理与抽象分析,法律与道德分离的命题完成了实证法对自然法的祛魅,分析实证主义统摄了主流法学理论,而戴雪等学者关于"法治"的经典理论也纷纷出台;某种意义上,今天被我们奉为经典的、体现现代性的"法治国"形态,在这一时刻才大规模普及于欧美各国。而另一方面,稍迟的时刻,尼采高呼"上帝死了"、韦伯将现代法治社会视为"理性的铁笼"、索绪尔关于语言符号的"任意性"的洞见,等等理论言说在知识方面已潜在地拉开了后现代的序幕;与此同时,欧美的社会变革加剧,社会思潮交织碰撞,社会经济发展迅猛但又

① 功能在现代汉语中可以在很多不同的意义上使用。当我们谈论某某物体具有什么样的功能时,指涉的是一种这种物体内在的客观的属性。当我们谈论运用什么功能或者发挥什么功能时,指涉的是主体对客体某种性能的一种运用。《现代汉语词典》对功能的解释为:"事物或方法所发挥的有利的作用。"(商务印书馆 2006 年第 7 版,第 454 页)社会学家迪尔凯姆区分了功能和意图,强调了功能的客观属性。参见[英]帕特里克·贝尔特:《二十世纪的社会理论》,瞿铁鹏译,上海译文出版社 2005 年版,第 36 页。默顿则进一步区分了显功能与潜功能。潜功能是"既不是那些参与的个人预期的也不是他们认识到",这种功能显然只是一种客观的存在。显功能是"由参与实践的个人预期的也是他们认识到的"。这种功能与主体某种程度上有一定的关联。参见[英]帕特里克·贝尔特:《二十世纪的社会理论》,瞿铁鹏译,上海译文出版社 2005 年版,第 57 页。

极度动荡。这时候出现的竞争法,作为一种与主流的形式理性法并不相同的法律(这一点将是本书论证的重点)而登场,对于法治到底意味着什么?是法律领域内"上帝死了"之后"人"的登场,还是人类对"理性的铁笼"的挣脱?是应对当时现实问题的一种权宜,还是未来人类法治新形态登场的预演?等等,探讨诸如此类的问题,将对我们更好地认知法治国的经验形态从而提炼法治的理论话语,颇有助益。

然而,本书的主要意图不着重于对未来进行更多规范性的展望,尽管这种展望对于法治理论是极有意义的;亦不着重于对现实中的问题提出更多对策性建议。[①] 本书将把有限的努力聚焦于对竞争法现实存在的功能进行观察与描述。因为唯有更好地了解现存的基础的事实,才能更好地展望未来,对现实提出真正有价值的建议。因此,本书力求避免的是预设"价值立场",尽量秉持"价值无涉"[②]的立场对实存的事实进行观察、描述、诠释,在此基础上提炼、勾画出有理论意义的经验事实图景。

基于上述理论意图,本书将探讨竞争法的起源,并将其与在欧美法治社会中居核心地位的形式理性法进行对照,构建一种独立的竞争法叙事,揭示这种法律不同于形式理性法的基本特征及这些特征背后更深层次的缘由,进而对比今日形式理性法的系统功能,阐述竞争法在今日法治社会的独特系统功能及相关系统功能的实现机制。在今日这种日益多元化的社会,语言哲学、社会学等学科的发展已经对传

---

① 在当今的中国学术语境下,或许将学术研究最终落实到对中国实践的改进是一代法律学人难以回避的宿命。基于这种学界的通常要求,本书也将在第6章针对我国可能的发展进行有限度的探讨,但必须说明,这种探讨只是一种"弱"的建议。本书更重要的理论意图在于说明现实"是"什么,而不是中国竞争法"应该"做什么。

② 韦伯在《学术与政治》《社会科学方法论》这两部论文集中都提出并阐述了社会科学研究领域里"价值无涉""价值阙如"等命题,但是,正如下文将要论述的,社会科学领域真正做到"价值无涉"非常困难,韦伯本人也没有做到。一个较好的探讨可参见王葎:《价值权威及其可能——从韦伯的"价值无涉"说起》,载《哲学动态》2008年第6期,第45~49页。尽管如此,正如下文将要阐述的:即便不能百分之百地做到这一点,也不妨碍我们在某项研究中将"价值无涉"作为一种尽量努力的方向。

统的以形式理性法的运作为基本内核的法治理论在方法论维度提出了日益深刻的挑战;而经过后现代思潮的涤荡,宏大叙事的破碎及价值多元化,文明冲突的加剧,社会格局的变迁,试图以 19 世纪末的形式理性法运作模式为内核在当代中国重构法治图景,已然困难重重。这种情况下,探讨作为形式理性法"异己"的竞争法的相关特征、运作模式以及内在功能,以为中国法治建设寻求更多的智识支撑,无疑显得尤为必要。因此,本书力图将竞争法的这种功能特征揭示、描述出来,或可为后续研究者提供一定的经验事实层面的基础和参考,并在这个基础上适当探讨竞争法的出现可能的法治意义。

这便是本书写作的初衷。

二、国内外研究现状

本书的一大特色,乃是试图从现代法治发展史的宏大视野中,从法律系统最基础的元功能分析入手,探讨竞争法与形式理性法在系统功能维度的区别,以及竞争法相关系统功能对于法治话语整体叙事的意义。因而,其着眼点与通常仅仅基于竞争法视野甚至经济法视野的对于功能的学术探讨并不相同。在笔者目前阅读及检索到的文献中,并未见到基于相同甚至近似理论视角、相同甚至近似理论旨趣的研究。

目前国内外学界,探讨竞争法(包括反垄断法)功能的论著不多,且其中多数论著,如安德烈亚斯·凯勒哈斯的专著《从华盛顿,布鲁塞尔,伯尔尼到北京——竞争法规范和功能比较》、[①]武春华的硕士学位论文《竞争法的基本功能研究》、[②]随庆军的《刍议反垄断法的基本功

---

① 参见[瑞士]安德烈亚斯·凯勒哈斯:《从华盛顿,布鲁塞尔,伯尔尼到北京——竞争法规范和功能比较》,杨华隆、伍欣译,中国政法出版社 2013 年版。

② 参见武春华:《竞争法的基本功能研究》,郑州大学 2004 年硕士学位论文。

能与任务》、[1]李键、黄佳等的《论我国〈反垄断法〉的属性及功能》、[2]刘乃梁博士的《反垄断规制功能的行业限定——兼论银行业反垄断规制的功能定位》[3]等论著，虽使用的概念与本书类似，但其学术着眼点与本书有较大差异，并且对“功能”的理解与本书不尽相同，当然必须承认，这些研究对本书也是极有助益的；而其中吴宏伟老师的《论竞争法的政策功能》，认为“竞争法的最直接、最基本的功能，就是借助竞争法的权威达到贯彻、落实、实现国家竞争政策的目的，即竞争法的政策功能”[4]的观点虽与本书不尽相同，但其研究着眼点、部分研究结论对本书有较大的借鉴意义。类似强调反垄断法政策实施功能的，还有丁茂中的《反垄断法的目标选择及其功能优化刍议》、[5]徐士英的《反垄断法实施面临功能性挑战——兼论竞争政策与产业政策的协调》、[6]刘彤的《美国竞争法的政策实施功能研究》、[7]焦海涛的《反垄断法上的社会政策目标》[8]等论著。

此外，国内关于经济法的功能探讨的文章相对较多。这些文章亦多在不同视角、不同层面上使用“功能”一词。其中有些文章从不同角度为本书的写作提供了智识方面的必要积累。如肖伟志的《论

---

① 参见随庆军：《刍议反垄断法的基本功能与任务》，载《河南金融管理干部学院学报》2000 年第 5 期，第 69 ~ 71 页。

② 参见李键、黄佳：《论我国〈反垄断法〉的属性及功能》，载《中国市场》2011 年第 27 期，第 159 ~ 164 页。

③ 参见刘乃梁：《反垄断规制功能的行业限定——兼论银行业反垄断规制的功能定位》，载《法制与社会发展》2017 年第 4 期，第 152 ~ 166 页。

④ 吴宏伟：《论竞争法的政策功能》，载《中国人民大学学报》2001 年第 2 期，第 84 ~ 89 页。

⑤ 参见丁茂中：《反垄断法的目标选择及其功能优化刍议》，载《现代财经（天津财经大学学报）》2011 年第 8 期，第 126 ~ 128 页。

⑥ 参见徐士英：《反垄断法实施面临功能性挑战——兼论竞争政策与产业政策的协调》，载《竞争政策研究》2015 年第 1 期，第 79 ~ 90 页。

⑦ 参见刘彤：《美国竞争法的政策实施功能研究》，载《北京联合大学学报（人文社会科学版）》2015 年第 1 期，第 112 ~ 118 页。

⑧ 参见焦海涛：《反垄断法上的社会政策目标》，中国政法大学出版社 2019 年版。

经济法的系统间整合功能——基于哈贝马斯法哲学思想的一种理解》[①]一文，与本书分享了类似的学术资源：哈贝马斯等德语作者对于法律系统的阐述，该文认为经济法的功能在于整合法律系统、政治系统与经济系统，其论点及论证对本书的写作有较大的借鉴意义。陈旭锋的《民法的功能缺陷与经济法的弥补》、[②]王保树老师的《关于民法、商法、经济法定位与功能的研究方法》[③]关于民法、经济法功能的分野、经济法起源与民法缺陷之间关系的论述，将给本书的写作提供一定的智识上的支撑。岳彩申、杨青贵的《论经济法不确定性的成因与功能——解释法律规范性的新视角》[④]对经济法规则的不确定性及相应功能的探讨，亦将为本书提供较多理论与经验事实方面的借鉴。刘水林、雷兴虎的《论经济法的社会经济功能》[⑤]一文在功能分析的方法等方面为本书提供了较多理论上的借鉴意义。总之，部分探讨经济法功能的文章，在不同维度为本书的写作提供了较多的智识上的积累，减轻了本书的论证负担、开拓了本书的论证视野。

总体上而言，目前关于竞争法乃至其上位概念经济法的功能的论著，尽管部分论著将对本书的写作有较大帮助，能够构成本书写作优质的前期积累，但这些研究在学术出发点、学术立场、学术视角、学术旨趣与本书仍旧有一定的差异。本书的写作还将求助于以下几种不同领域的学术资源。

---

① 参见肖伟志：《论经济法的系统间整合功能——基于哈贝马斯法哲学思想的一种理解》，载《法制与社会发展》2008 年第 6 期，第 66 ~ 75 页。

② 参见陈旭锋：《民法的功能缺陷与经济法的弥补》，载《现代法学》1999 年第 4 期，第 72 ~ 74 页。

③ 参见王保树：《关于民法、商法、经济法定位与功能的研究方法》，载《现代法学》2008 年第 3 期，第 3 ~ 11 页。

④ 参见岳彩申、杨青贵：《论经济法不确定性的成因与功能——解释法律规范性的新视角》，载《法学评论》2010 年第 2 期，第 37 ~ 45 页。

⑤ 参见刘水林、雷兴虎：《论经济法的社会经济功能》，载《法学评论》2004 年第 2 期，第 36 ~ 42 页。

其一,反垄断法、竞争法领域的相关论著。如戴维·格伯尔的《二十世纪欧洲的法律与竞争》《全球竞争:法律、市场和全球化》、博德维希的《全球反不正当竞争法指引》等著述中对竞争法史的梳理及竞争法现实经验的陈述将为本书的写作提供必要的经验事实支持,而波斯纳的《反托拉斯法》、希尔顿的《反垄断法——经济学原理和普通法演进》、盖尔霍恩的《反垄断法与经济学》、王健的《反垄断法的私人秩序——基本原理与外国法制》、李俊峰的《反垄断法的私人实施》、黄勇、董灵的《反垄断法经典判例解析》、唐艳的《反垄断民事救济机制研究》等著作亦将为本书对于竞争法经验事实维度的描述提供必要的资料及理论支撑,如竞争法的实施方式、竞争法的内在价值冲突、经典的竞争法案例,等等。刘桂清的《反垄断法中的产业政策与竞争政策》、应品广的《法治视角下的竞争政策》对于本书对反垄断政策的探讨颇有助益。潘丹丹的《反垄断法不确定性的意义研究》对于本书对反垄断法不确定性的探讨颇有启发。而焦海涛的《论现代反垄断法的程序依赖性》一文,亦从规则形态与执法困境以及反垄断法的程序化等论题方面,给本书的写作提供了很好的智识资源。另外,朱战威的博士论文《反垄断法中经济分析运用问题研究》、刘乃梁的博士论文《银行业反垄断法规制的进路研究》、杨文明的博士论文《滥用市场支配地位规制中的正当理由抗辩研究》、兰磊的《论反垄断法多元价值的平衡》,[①]也在一些具体问题上给了本书一定的启迪。

其二,法律史学、法学方法论、法律社会学的有关学术资源,如韦伯、川岛武宜、苏永钦等学者对形式理性法的起源及特征的探讨,吉尔莫经典论文《契约的死亡》、霍伟茨《美国法的变迁》对美国法律形式化历史的探讨、维亚克尔《近代私法史——以德意志的发展为观察重点》、克尼佩尔的《法律与历史》、雅科布斯的《十九世纪德国民法科学与立法》等著作中对德国形式理性法的起源、发展、危机的探讨,拉伦

① 参见兰磊:《论反垄断法多元价值的平衡》,法律出版社2017年版。

茨的《法学方法论》、阿历克谢的《法律论证理论》等著作中对与形式理性法运作密切相关的法学方法——法教义学的探讨，以及我国学者谢海定、李晟等对法教义学与社科法学两种不同方法的探讨，[①]等等。拉兹的《法律的权威》一书中对法律功能的探讨是本研究不能回避的。韦伯、卢曼、哈贝马斯、托依布纳等德国作者对法律社会学、法律系统理论的探讨，尤其是他们的论断——现代形式理性法的基础功能为“稳定人们行为预期的功能”，则构成本书写作一个重要的前提性的理论依据。

其三，社会学关于系统功能理论的学术资源。本书的核心概念为“功能”，然而，目前学界其实是在诸多不同层面上使用“功能”这一个概念，因而使得很多学术对话无法有效进行。本书将充分考察社会学领域里对功能的经典诠释，如迪尔凯姆、默顿、卢曼、帕森斯、亚历山大等人对社会学领域功能理论的研究，从而对“系统功能”作出更有说服力的界定。

总之，尽管某种意义上，在本书之前，相同论题相同视角相同学术出发点甚至相同问题意识的既有研究几乎没有，但本书有诸多成熟的学术资源可资借鉴，本书的相关研究，依然有“巨人的肩膀”可以为依托。

三、本书的基础立场与旨趣

如前文所述，本书不同于传统法学论文写作的一个重要之处在于：本书将尽量秉持一种价值中立的学术立场，力图做一种价值无涉的、以描述、展示进而诠释事实层面的知识为核心的研究。这种学术

---

① 参见谢海定：《法学研究进路的分化与合作——基于社科法学与法教义学的考察》，载《法商研究》2014 年第 5 期，第 87 ~ 94 页；李晟：《实践视角下的社科法学：以法教义学为对照》，载《法商研究》2014 年第 5 期，第 81 ~ 86 页。

立场本身就是对写作的一种极大的挑战,因为从哲学与知识社会学层面,社科领域的研究真正做到完全的价值中立、无涉几乎是不可能的。人类的认知总是在一个先前给定的框架下展开,这就是诠释学里所说的"前见",哲学大师海德格尔把这种前见具体阐释为:先有、先见、先知。① 我们得出任何新知,都将依托于既有的语言、知识体系,并且受限于主体观察视角与观察能力。认知客体的存在是客观的,然而认知主体在对之进行认知与呈现的过程中,则免不了残留下认知主体本身认知的印迹,这个难题在目前人文社会领域的研究中其实是无解的。

然而,尽管终极意义上的价值中立或者价值无涉做不到,并不意味着我们的学术探讨不能往这方面努力、靠近。首先,笔者在写作之前及写作过程中,将系统地反思自己现有的"前见",也即现有的知识体系,努力识别出其中那些可能是属于我"个人的"、带有价值偏好的意识形态性知识,在写作过程中尽量反思或者回避,不将这些先前的认知不经反思地带到本书的写作中。其次,本书将对目前已经客观存在的几个竞争法学派在价值维度的争议尽量不予评价,而只进行陈述。现有的学术流派,美国的哈佛学派、芝加哥学派、后芝加哥学派,德国的弗莱堡学派,其分歧固然有方法技术层面的,其实更主要在于价值层面。本书将尽量根据经典文献陈述这些学派本身的价值主张,但不在这些价值主张中做取舍评判。② 再次,本书将尽量将研究建立在更为丰富的侧重经验事实的文献的基础之上,并考察文献作者的价

---

① 参见[德]海德格尔:《存在与时间》,陈嘉映等译,生活·读书·新知三联书店 2006 年版,第 184 页。关于这个问题,诠释学大师加达默尔进行了进一步探讨,可参见[德]汉斯-格奥尔格·加达默尔:《真理与方法——哲学诠释学的基本特征》(上卷),洪汉鼎译,上海译文出版社 2004 年版,第 343~387 页。

② 关于价值主张分歧问题,韦伯提出了价值判断讨论四要素,其第三项是"确认实际的结果,某种实践评价必定有真实的结果"。参见[德]迪尔克·克勒斯:《马克斯·韦伯的生平、著述及影响》,郭锋译,法律出版社 2000 年版,第 235 页。这一点,与詹姆士等实用主义哲学家的观点很接近。詹姆士认为"要弄清一个思想的意义,我们只需断定这思想会引起什么行动。""实用主义的方法是试图探索其实际效果来解释每一个概念。"参见[美]威廉·詹姆士:《实用主义》,商务印书馆 1979 年版,第 26 页。

值倾向以及其对经验事实的观察,从而在有争议的陈述中作出更可能接近真相的取舍。例如,本研究不可回避的一个问题是对 19 世纪下半叶竞争法产生之际的社会经济现实的一个回顾。然而,关于这段历史,不同作者笔下的陈述是有分歧的。戴维·格伯尔叙述了一个 19 世纪 70 年代开始的蔓延于欧洲的经济危机,[①]而在约翰·格雷等一定程度上秉持古典自由主义理念的学者笔下,19 世纪则接近于一个完美的人间天堂。[②] 在考察了更多经验性资料后,笔者选取了戴维·格伯尔的叙述作为本书论述的出发点,因为一方面戴维·格伯尔的叙述本身更多采用的方法是陈述事实,并没有明显的派系倾向(当然,在关于“二战”后的叙述中,格伯尔有偏爱弗莱堡学派的倾向,这也将是本书在引述格伯尔时需注意的),相反他的论述能够得到更多其他旁证的支撑;而格雷的论述则明确选择了对 19 世纪某些重大经济事件的无视,如爱尔兰大饥荒(这一惨剧其实与当时英国推行亚当·思密曾经主张过的政策倾向有关[③])。另一方面,格伯尔的论述有更多的历史资料支撑作为旁证。所以本书选取格伯尔的叙述作为关于 19 世纪经济事实的论述依据。最后,本书在写作过程中,将尽量关注所援引的知识来源中可能存在的价值倾向,尽量过滤掉作者在意识形态维度的价值判断,而留下一些指向经验事实的材料。总之,本书写作将力图在可能的范围内展示一个本真的客体,尽量减少价值偏好因素;这并非因为价值本身在竞争法中不重要,或者建构性的、规范性的学术探讨在竞争法的研究中不重要;尽量持价值中立立场仅是本书写作基于作者能力以及现有研究基础的一种自我限定,更为广阔的涉及价值评判、建

---

① 参见[美]戴维·J. 格伯尔:《二十世纪欧洲的法律与竞争》,冯克利、魏志梅译,中国社会科学文献出版社 2004 年版,第 29 页。

② 参见[英]约翰·格雷:《自由主义》,曹海军等译,吉林人民出版社 2005 年版,第 39 ~ 40 页。

③ 参见[英]韦恩·莫里森:《法理学——从古希腊到后现代》,李桂林等译,武汉大学出版社 2003 年版,第 247 页。

构的学术写作只能留给其他学术探讨。

同时，本书基于观察性、描述性、阐释性的写作，将面临另一个依然是无解的悖论：作为一个观察者，不可能是全知全能的，你永远不知道你没有观察到的那些内容相对于你已经观察并揭示出来的那部分而言，是否更为重要。某种程度上，一切揭示都意味着有可能同时在遮蔽，光线没有照射到的地方永远存在着阴影，[①]而阴影背后存在着什么观察者无法判断，因为观察者看不到。历史研究中，新史料的不断发掘，意味着目前建构起来的整体性叙事随时面临着被改写的可能。自然科学哲学研究中的"可证伪性"相关原理其实说明的是类似的问题。因此，无论本书怎样努力，提炼揭示出来的基于经验事实建立起的理论叙事，都是并只可能是一种"假说"。既然是假说，就存在被推翻的可能；而社会科学的范式演进某种程度上即是一种"假说"对另一种"假说"的替代。当然，"只是假说"不能成为学术探讨时偷懒、对重要经验事实选择性无视或者逃避的遁词。一种假说需要经得起更多经验事实实证以及在逻辑上能够经得起推敲，才是更有价值的。本书的努力方向，即是提出一种这样的更能够经得起经验事实实证与逻辑推敲的假说。

四、主要研究方法

基于上述研究思路，本书将主要采取以下研究方法。

1. 规则实证分析与法社会学实证分析

本书将实证考察不同法域不同时代的竞争法实定法文本及判例，并将实证考察不同法域、不同时代竞争法运作实然层面的经验事实，

---

① 关于这种现象，云国强博士形象地将其比喻为"聚光灯效果"，用"所知域""晦暗域"对应"揭示"的知识与"遮蔽"的知识。相关探讨可参见云国强：《知识、道义与政治：释放电视剧文化研究的社会批判锋芒》，北京大学2007年博士论文。

从总体上对竞争法的文本、规则、运作等经验事实进行描述、概括,以为下一步的理论抽象和诠释打下基础。

2. 历史分析

本书将对竞争法产生的历史背景进行梳理,通过对竞争法产生的19世纪中后期这一特定时空的相关背景性知识进行系统梳理,对竞争法产生的原因进行理论说明,同时凸显竞争法产生的特殊时代在这种法律中留下的印迹。本书亦将结合历史的发展对竞争法的发展以及竞争法对于法治理论可能的意义进行更为深入的探讨。

3. 比较分析

本书将对比普通形式理性法(典型如民法)与竞争法的同和异,以便凸显竞争法不同于普通形式理性法的特征,并进而探讨这些特征与竞争法所具备的与普通形式理性法不同的功能之间的关联。

比较法方法应当属于比较分析之一种,然而这个概念在法学上有其特殊的内涵,一般指对不同法域制度进行的比较、介绍。本书将对竞争法具体制度在欧美及中国的不同形态进行一定程度的比较法分析,探讨不同法域中竞争法的特性,揭示不同法域竞争法的差异,同时归纳概括不同法域中竞争法的共性。

4. 社会学系统功能分析

本书将援引社会学的系统功能理论,探讨法律系统、竞争法系统的系统特征及系统与环境之间的关系,从而抽象出竞争法的各种功能并进行相关的理论诠释。并且将援引社会学中关于现代性、后现代性的相关理论,对竞争法的功能的意义作进一步诠释。

五、可能的创新之处和不足

本书可能的创新之处如下。

其一,本书将尝试在竞争法的研究中引入更多法理学、社会学、史学的理论资源,丰富竞争法的研究思路,在对竞争法进行整体性观察的基础上,提炼出一种对竞争法实践有解释力的功能理论。

其二,本书并不囿于任何既有的传统法治理论,以此裁减对竞争法的认知,将竞争法的相关现象变为一种传统法治理论的佐证。相反,本书将通过对竞争法相关经验事实的详实观察,对照传统法律理论,发现传统法治理论解释不了的地方,以期为法治理论的研究者提供一种新的值得重视的事实现象方面的知识,从而为法治理论本身的完善提供一定的可供参考的知识。

其三,本书将在法学论文的写作中,尽量贯彻"观察—描述—诠释"这一与价值无涉的立场,力求概括出一种不被现有价值前见遮蔽的竞争法知识。

本书可能的不足之处在于:本书要建立的是一个相对宏大的叙事,然而限于篇幅和作者观察的有限,本书能够观察到并纳入写作范围的经验事实是并且只可能是有限的。本书的写作只能建立在一种不完全归纳的基础之上,并且,永远不知道是否会有更为重要的经验事实目前没有被观察到(包括本书作者和其他观察者)。一只黑天鹅的出现,就能证伪"所有天鹅是白色"的这一基于归纳方法的论断。本书提出的只是一种假说,将面临各种可能的黑天鹅的挑战。

第一章　竞争法、法律功能理论以及竞争法的功能

第一节　竞争法:探讨范围的厘定

一、竞争与竞争法

关于竞争本身,正如戴维·J. 格伯尔所言,"竞争是个抽象概念,它既不指具体的存在物,也不是一个自然范畴,而是一个文化构造"。[①] 这种抽象概念,其在语义维度并不指向实体物,其内涵与外延取决于共同体在使用中形成的共识与规约。在语言的现实运用中,竞争大致指一种不同主体相互间争胜的行为。竞争法涉及并调整的是经济领域的竞争,对于这种竞争不同学者表述不同。有学者表述为:"经营者之间在商品经济活动中为了获取更大的经济利益而进行较量的行为。"[②]有学者表述为:"在商品经济条件下,经营者之间为了实现自身经济利益最大

---

① [美]戴维·J. 格伯尔:《二十世纪欧洲的法律与竞争》,冯克利、魏志梅译,中国社会科学文献出版社 2004 年版,第 15 页。

② 杨紫烜、徐杰主编:《经济法学》,北京大学出版社 1999 年版,第 171 页。

化,在投资、生产、销售、管理、技术、服务等诸多方面相互争胜的行为。"[①]有学者表述为:"竞争是指两个或者两个以上的经济活动主体(经营者)在特定的市场上通过提供有利的价格、数量、质量、服务或其他条件,争取交易机会以获得更大经济利益的行为。"[②]有论者表述为:"竞争是指相互影响的供方或需方(竞争者)通过承诺最优惠的商业条件为与第三人建立商业关系自主进行的追求行为。"[③]相关表述虽不尽相同,但大致指向了经济领域不同主体之间为了获得更大经济利益运用不同手段争胜的行为,本书亦在此意义上使用这一概念。这里的竞争包括几个要素:第一,多主体参与;第二,手段与经济行为有关,[④]而且一般是获取更多交易机会的手段;第三,发生在市场领域;第四,目标是经济利益方面的胜出。其他竞争,如体育比赛中的竞争,显然不属于竞争法以及本书探讨的范畴。

竞争法通常是指规范竞争行为的法律,学者王先林将竞争法定义为:"以规范市场竞争行为,维护自由和公平的市场竞争秩序为基本内容的法律规范的总称。"[⑤]种明钊将竞争法定义为:"以市场竞争关系和市场竞争管理系为调整对象,以保护公平、自由竞争为主旨,以反垄断和反不正当竞争法为核心内容的竞争实体性法律规范与竞争管理程序性法律规范的总和。"[⑥]这两种表述都涉及了核心概念:维护市场竞争秩序。种老师的定义中更明确地指出了竞争法包括反垄断和反不正当竞争法,从两种法律与维护市场竞争秩序的角度而言,王先林界定的竞争法也同时包括这两种法律。本书也正是在这个外延上(包

① 种明钊主编:《竞争法》(第2版),法律出版社2008年版,第5页。

② 王先林:《竞争法学》,中国人民大学出版社2009年版,第5页。

③ [瑞士]安德烈亚斯·凯勒哈斯:《从华盛顿,布鲁塞尔,伯尔尼到北京——竞争法规范和功能比较》,杨华隆、伍欣译,中国政法出版社2013年版,第2页。

④ 采取非经济手段,如抢劫,而获取经济利益战胜对手的方式显然非竞争法调整的竞争手段。

⑤ 王先林:《竞争法学》,中国人民大学出版社2009年版,第28页。

⑥ 种明钊主编:《竞争法》(第2版),法律出版社2008年版,第10页。

括反垄断和反不正当竞争法)使用竞争法这一概念。但需指出的是,对竞争法这一语词还有一种狭义理解,即仅指称反垄断法。欧盟的一些文件以及伯格尔等学者的论述,[①]都是在狭义(即仅包括反垄断法)意义上使用竞争法的概念。笔者不使用这种狭义定义,而是将调整市场竞争的法律,包括反垄断和反不正当竞争法统一纳入竞争法的范畴进行考察,具体理由本节第四目将详述之。

本研究将对竞争法这种现象做一个相对整体的观察,既涉及共时性维度不同法域的法实践,也涉及历时性维度竞争法的起源与发展。这种研究将着重于在经验事实领域内的观察、描述、解释,在此基础上揭示竞争法在功能维度运作的内在机理。

在竞争法的相关学术研究中,经验事实领域里对美国经验的重视,以及价值领域中对芝加哥学派的情有独钟,在我国已经成为一种潜意识里的常态。本书将不对这一学术立场作过多评价,而是阐明本研究将尽量在这样一种立场上观察、论述、探讨竞争法现象:价值无涉。尽管事实上如上文所述完全屏蔽观察者主观视角与偏好的中立观察,在方法上几乎不太可能,尤其在社会科学领域,然而,笔者以为,尽量将广泛的经验事实纳入探讨范畴,同时尽可能审视现有理论尤其是主流理论中既有的"前见",将之纳入更为广泛的历史时空下进行考量,或许有助于我们更为"客观""中立"地进行考察与探讨。

二、本书探讨所涉及的法域

因此,本书探讨的竞争法实践,将尽可能地涉及更多法域的、更长时间范围内的实践。当然,在人类社会的诸多法域中,竞争法作为某种程度上由政治国家构建的新生事物,其存在范围相比传统的民法刑

---

① 如格伯尔在《二十世纪欧洲的法律与竞争》(冯克利、魏志梅译,中国社会科学文献出版社2004年版。)一书中,就将竞争法仅限于指称反垄断法。

法而言,并不广泛,诸多法域只是由美国等国引进了相关文本,并不存在真正意义上的竞争法实践;有些法域甚至连文本也不存在。因此,本书的探讨不涉及这些法域,不是因为这些法域本身可以忽视,而是因为这些法域本身并不存在真正意义上本书所欲探讨的竞争法实践。此外,由于美国竞争法实践本身开始的时间比较早,而且对其他法域的影响比较大,对美国经验的探讨自然不能忽视。然而必须注意到,美国实践绝非唯一的竞争法实践,其他法域,如德国、日本,也存在一定程度上独立于美国的竞争法实践,尽管这些法域的实践对于世界其他地方,对于我国法学界的影响不像美国那样大,但本书将把这些法域的竞争法实践纳入本书的探讨范畴。并且,本书不预设不同法域的竞争法实践何者更优,因为这涉及评判方面的问题,而以法学界目前研究水准而言,评估哪一种法实践更为优秀,其实是一个非常困难的问题。评判的标准首先就非简单地可以确定。传统的自然法学依托一套先验的自然法理念评价既有的实定法,而这套自然法理念本身的证成在方法上存在一定的可被质疑之处。现实中,尽管有些情况下并没有被明确地表述,但多数学者在探讨中已潜在预设了其评判一种法律制度是否成功或者优秀的标准,乃是功利维度(不含贬义)制度的实然效果是否能够实现某种可欲的目标。而目标是什么,则仍旧有争议,例如,理论界在具体到竞争法反垄断领域,有目标一元与多元的分歧。持一元论的芝加哥学派将表征为社会福利最大化的效率提升预设为反垄断法的制度目标。[①] 但效率、社会福利这些概念,并不像某些

① “芝加哥学派和某些理论主张、一些实证结论以及一个政治价值判断有关。其中的一个理论主张是:曾被认为是有害的关系实际上是有利于竞争的。在其理论主张的影响下,其实证结论为:除了在某些非常特定的情形,如稳定的卡特尔或相当高程度的集中,市场运作是相当好的。其政治价值判断为:反垄断法唯一的目标是将分配效率最大化。”Edward O. Correia, *Antitrust and liberalism*, The Antitrust Bulletin, vol. 40, 1995, p. 9 – 167.

学者理解的那样清晰，以及可以相对准确地测算、度量。[①] 而多元论则承认了竞争法的多重价值，多重价值之存在使目标变得更为难以把握。而一种现实中的制度是否更优、因而更好地实现预设的目标，则变得更为难以评价。并且，考虑到政治哲学界及伦理学界旷日持久的目的论与义务论之争，多有学者主张，功利层面的“善”，并不能取代“正当”成为评判准据。[②] 因此，评判的准据本身就是一个问题，尽管这一问题在一些学者甚至是主流学者的论说中被有意无意地遮蔽了。其次，在绕开评价标准难题，人为预设一种评价标准的前提下，现有的法学知识仍旧很难胜任对一种具体法实践，尤其是竞争法这种新领域的法实践的审视与评判。一方面，法实践与社会效果的因果关联如何建立，并非像一些学者想象的那样简单；另一方面，更为重要的是，各种法实践一定程度上是在相关的法制及文化语境中进行的。判断一种法实践是否优秀的前提很多情况下要涉及对语境的考量，而法制及文化语境的人类学社会学考量本身又是非常复杂与困难的。例如，我们简单地以外在视角评判大陆法系与英美法系对著作权的不同安排，或许可以认为英美法的版权法更有利于市场繁荣，大陆法系的著作权法更有利于保护作者。然而，从有利于促进作品创作，以及契合本法域文化的角度，很难简单地说哪种法系的著作权法实践更为成功；甚至站在中国视角，亦难以评估哪种法系的著作权法知识对中国是更为可欲的。[③] 相比之下，竞争法在人类历史上出现的时间更短，甚至很多制度在一些法域还没有充分展开，这种情况下准确地评判法效果几乎是不太可能的。因此，尽管目前而言，美国的竞争法尤其是反垄断法

---

① 如芝加哥学派与后芝加哥学派对社会福利的认知就有所不同。芝加哥学派坚持社会总福利标准，而后芝加哥学派则坚持消费者福利标准，相关探讨可参见杨文明：《滥用市场支配地位规制中的正当理由抗辩研究》，西南政法大学 2016 年博士论文，第 17 页。

② 罗尔斯在《正义论》中其实就秉持了这一立场。对这个问题专门进行的探讨可参见［英］戴维·罗斯：《正当与善》，林南译，上海译文出版社 2008 年版。

③ 相关探讨可参见王烈琦、唐艳：《论作者假定》，载《法商研究》2012 年第 6 期，第 35～43 页。

实践，在世界范围内，在学界都有巨大的影响，笔者依然仅从经验事实角度探讨之，而不在本书中将之视为一种比其他法域更为成功的、值得包括中国在内各国学习效仿的模版。①

此外，需注意，本书是将竞争法作为一个整体性的现象进行考察，而不以国别或者法域为考察单位。必须承认，法律知识总体上具有地方性知识的属性；②同样也必须承认，不同法域某些法律知识的差异大于其共性。然而，在当代社会现代性背景下，法律系统总体上有一种"脱域"③的倾向，这一点在竞争法等领域尤为突出。竞争法领域总体上，竞争法学界和实务界在相当大程度上共享着同一套知识话语系统，而这套知识话语系统对于不同法域的竞争法专家是熟悉的、对于本法域的其他人员有可能是陌生的。这种共性从竞争法的起源之际就已现端倪。"美国的反托拉斯法和欧洲的竞争法都是从相同的基本文化和法律传统中发展起来；它们形成于大体上相同的时代，都是对工业化和民主化做出的回应；它们都承认竞争的价值和不受限制的经济自由的潜在危害。"④目前，世界上最早开始反垄断法实践并且较多

① 关于这个问题，格伯尔就认为："美国经验是非常独特的，并且中美两国在政治、历史和经济背景上存在极大不同，这就削弱了美国反托拉斯适合于中国这种主张的说服力。""欧洲模式的体系是最适合中国的，因为它能更好地'植入'中国法律体系。"［美］戴维·格伯尔：《全球竞争：法律、市场和全球化》，陈若鸿译，中国法制出版社2012年版，第265～266页。当然，基于本书价值无涉的立场，笔者于此不评价格伯尔的这一理论主张，只是指出经验事实方面美国实践并不是唯一的，亦有论者认为欧洲实践对中国的重要性。

② 地方性知识乃是人类学家格尔茨提出的一个著名的概念，相关论述可详见［美］克利福德·格尔茨：《地方知识——阐释人类学论文集》，杨德睿译，商务印书馆2014年版。这一概念最早由梁治平、苏力等老师在20世纪90年代引入中国的法学研究中，最近的一个经典的论述可以参见王启梁：《进入隐秘与获得整体：法律人类学的认识论》，载《江苏社会科学》2017年第2期，第158～166页。

③ 英国社会学家吉登斯详细讨论过现代社会的"脱域"现象。脱域意指"社会关系从彼此互动的地域性关联中，从通过对不确定的时间的无限穿越而被重构的关联中'脱离出来'"。［英］安东尼·吉登斯：《现代性的后果》，田禾译，译林出版社2011年版，第18～26页。

④ ［美］戴维·J. 格伯尔：《二十世纪欧洲的法律与竞争》，冯克利、魏志梅译，中国社会科学文献出版社2004年版，第7页。

实践的无疑是美国,“二战”以后美国的反垄断法实践深刻地影响了欧洲、日本乃至我国。反不正当竞争领域则有国际公约(通常是知识产权方面的公约)统一协调一些基础规则,并且反不正当竞争法本身有着来自商业世界共通的伦理基础作为支撑。并且,尤其值得注意的是,竞争法作为一种法律机制,在不同法域面对的是类似的市场问题:需要在鼓励竞争、在市场中植入竞争的同时,保障竞争的有序性、有效性。这种情况下,世界各主要不同法域的竞争法有着某些共性的且与其他法律不太相同的特征,这些特征将是本书主要的观察、探讨对象。当然,这并不意味着不同法域的竞争法实践的差异就不重要,只是对不同法域的竞争法进行更为细致的比较法考察并非本书的主旨。另外,对于某些必须说明的差异,如欧美在现阶段反垄断法目标一元与多元的差异、不同法域对司法与行政系统的不同运用,等等,涉及本书主旨“功能”维度存在的区别,本书亦将在具体章节的探讨中予以阐明。

三、本书所探讨竞争法时间维度的限定

从涉及的时间范围来看,本研究将探讨的竞争法实践锁定在 19 世纪以降以“现代化”为表征符号的社会语境中。一方面源自学界的习惯及通说,另一方面,从经验事实的角度考察,虽然前现代的涉及竞争秩序的法律实践的确存在,然而,如果进行更为深入的考察,那么可以发现这种实践在立法者主观取向、实施机制、所面对的社会问题、所处的社会环境等方面,都与现代社会的竞争法有较大的分殊。在以后的章节将要论述到,前现代的竞争与当代竞争法所要面对的竞争有多么大的不同;前现代社会的法律环境、法律机制同样与现代社会有着非常大的差异。19 世纪自由主义对于经济系统与法律系统的影响,很大程度上使得现代社会的竞争以及竞争法与前现代时代的竞争以及与竞争相关的法律有着非常大的不同;尤其是法律方面,二者的运作

机理不可同日而语。因此，在我们探讨现代社会的竞争法时，没有太大必要盲目“认祖归宗”，从历史寻求合法性叙事资源。

四、本书所探讨的竞争法所涉及的具体法律领域

从涉及的法的领域来看，本书将涉及反垄断法与反不正当竞争法。不仅是因为学界习惯上将二者归纳在一起以及二者调整领域的相近性，而且是因为二者在运作机理、产生发展的社会环境等方面存在一定的一致性。二者都是在19世纪自由主义全面影响经济与法律的背景秩序下发展起来的，二者有着共同的目标：试图在市场经济体中植入竞争这一关键要素，并保障竞争能够持续存在且有序地展开。二者也需要面临共同的问题：法律规则的确定性与经营者竞争行为不断创新（这是由竞争本身的内在特性决定的，竞争需要更多商业行为模式的尝试）之间的紧张。二者更需要相互配合，通过反不正当法制止乱竞争，预防垄断行为消除、减弱可能的竞争，从而在一个法域中建构一套完整的有利于经济社会发展的竞争秩序。因此，本书将反不正当竞争法与反垄断法纳入一个整体的竞争法叙事架构中予以考察。于此亦需要说明，如上文所述，有些经典著作中竞争法仅指“反垄断法”，与本书对于竞争法这一概念的使用有所不同。如无特殊说明，本书探讨的竞争法包括反不正当竞争法和反垄断法，而对于可能发生歧义、误解的援引，则作特殊说明。

第二节　法律的功能：本书的基础分析向度

一、两种主要的法律功能理论：拉兹与卢曼

在我们探讨法律或者某种具体的法律的功能时，将面临一个语义

学问题:“功能”究竟为何?这一概念因太多不同学者在不同语境下的使用,而变得与具体指称之间的关系在学界难有共识。在法学领域,关于法律作为一个整体的功能以及一些具体部门法的功能,就有诸多不同的见解。较为有代表性的大约有两种典型的因观察视角不同而形成的不同表述方式。一种来源于卢曼等法社会学家,另一种来自法社会学以外的学者,后者典型的如拉兹。下文将先介绍拉兹的相关观点。

拉兹认为“法律功能的概念对任何试图对法律性质作一般性解释的法律理论来说至关重要”。[①] 在承认法律功能重要性的前提下,对法律的功能展开系统的论述。拉兹区分了法律的规范特性与社会功能,认为:“社会功能是指法律所追求的或事实的法律的社会结果。”[②]在此基础上,拉兹进一步区分了直接功能与间接功能,认为直接功能“是由法律的遵守和适用所确保完成的功能”,间接功能是“由因人们的态度、情感、观念以及法律遵守和适用以外的行为模式所实现的功能,它是承认法律的存在以及遵循和适用法律的结果”。[③] 也即,直接功能是遵守适用法律本身所确保的,相比之下,间接功能是“法律试图获得的结果,无论这些结果是否得到实际的保障”。[④] 进一步,拉兹将直接功能分为主要功能和次要功能。主要功能的前三种,如“防止不利行为和保障有利行为”“为个人间的私人安排提供便利”“提供服务和福利分配”,分别对应于不同的部门法:刑法—侵权法、合同法等主要私法、税法等公法。第四种为“解决法

---

① [英]约瑟夫·拉兹:《法律的权威:法律与道德论文集》,朱峰译,法律出版社2005年版,第143页。

② [英]约瑟夫·拉兹:《法律的权威:法律与道德论文集》,朱峰译,法律出版社2005年版,第145页。

③ [英]约瑟夫·拉兹:《法律的权威:法律与道德论文集》,朱峰译,法律出版社2005年版,第147页。

④ [英]约瑟夫·拉兹:《法律的权威:法律与道德论文集》,朱峰译,法律出版社2005年版,第147页。

无规定的争议”。[①] 次要功能则为：确定改变法律的程序、规制法律适用机关的运作。关于间接功能，拉兹指出，“律师和法律理论家并不关注法律的间接功能”，而“社会学家和政治学家却对它们极为感兴趣，但是他们发现它们是一种难以琢磨的因素，难以定位和定性”。[②] 但拉兹不否认间接功能的重要性，他认为“除非社会科学能够更完善地解决在评价法律间接功能中所涉及的问题，否则，我们对法律的理解将一直是片面的和有缺憾的”。[③]

通过以上对拉兹观点的简述，可以认为，拉兹，以及和他类似的一些秉持分析实证主义立场的法学家，某种意义上，是以一种传统法学视角看待法律的功能，着眼于具体的某种类型的法律解决某种相对应的具体问题，因为他主要探讨的是直接功能，而非“律师和法律理论家并不关注”的“法律的间接功能”。在不否认这种视角的价值的前提下，拉兹的遗憾：对于更为重要的“间接功能”[④]的某种程度上的无能为力，恰恰凸显了这种认知方式影响的不足。传统法学视角局限于法律规则的运行外观以及法律所直接作用于的外部社会，观察者考察的重点是规则制度以及规则制度所直接面对的社会现象，而并不关注更为宏大时空环境下这些制度的更为深层次的存在意义以及存在方式，因而也不触及更为深刻的制度实践内涵以及相关的社会语境，亦无力深刻触及法律机制的内在运作机理，尤其对于不同类型法律，如公法私法不同的运作方式几乎并不涉及。某种程度上，拉兹的“直接功能”

---

① ［英］约瑟夫·拉兹：《法律的权威：法律与道德论文集》，朱峰译，法律出版社2005年版，第148～150页。

② ［英］约瑟夫·拉兹：《法律的权威：法律与道德论文集》，朱峰译，法律出版社2005年版，第154页。

③ ［英］约瑟夫·拉兹：《法律的权威：法律与道德论文集》，朱峰译，法律出版社2005年版，第155页。

④ 这种间接功能一定程度上更接近于下文卢曼等学者从社会学角度论述的功能，对这种功能的探讨在某种意义上可以更为深刻地揭示法律是如何在社会中运行并发挥作用，以及法律对社会的影响。

是可以脱离语境适用于人类历史上所有的法经验事实的(包括历时性与共时性维度),与此同时,关于法律实践更为深刻的历史演进、与不同社会环境之间的关系则不可能得到说明。总体上,拉兹的法律功能理论事实上对法律本身的运作机理缺乏更为深度的解释力,大体上只能提供一个对法律作用的外部观察,而不能深入探析法律之所以能发挥某些作用的内在机制。如果将拉兹的法律功能理论作为分析框架,竞争法的功能表述为构建、维护市场的竞争秩序、解决有关竞争领域的纠纷就足够了。不能说这种探讨没有意义,然而,对于竞争法,这一产生于19世纪末欧美社会特殊环境的法律实践,本书的观察将揭示其自身独特的不同于以往其他法律的运作机理,以及与政治经济系统更为值得探究的关系,从而能够体现出功能维度更为深刻的特征,这些能够观察到的可能对我们认知竞争法乃至认知现代法律系统发展方向非常有意义的知识,在拉兹的功能理论框架下将无法得到有效的揭示与说明。

相比之下,卢曼等法社会学家某种程度上是站在法学之外,从法律在社会中的地位以及法律对社会的功用角度,以一种更为全面、更为抽象的视角观察剖析法律系统的外在作用和内在运行机理。以卢曼为例,卢曼是在现代社会功能系统功能分化的基础上谈论法律系统及其功能的。在卢曼的理论中,现代社会分化为政治、经济、法律三个重要的子系统,这三个子系统分别有着自己的沟通媒介与运行代码,承担着不同的社会功能。作为社会系统,卢曼认为,"法律的功能与期望有关",①"法律使人们能够知道哪些期望得到社会的支持,哪些没有"。② 法律的功能在于"规范性期望的确立和稳定化"。③ 卢曼对法律系统功能的这一定位,在社会学界影响颇大,如哈贝马斯(在社会学领域卢曼最主要的论战对手)在《在事实与规范之间》一书中多次表

---

① [德]尼克拉斯·卢曼:《社会的法律》,郑伊倩译,人民出版社2009年版,第63页。
② [德]尼克拉斯·卢曼:《社会的法律》,郑伊倩译,人民出版社2009年版,第67页。
③ [德]尼克拉斯·卢曼:《社会的法律》,郑伊倩译,人民出版社2009年版,第69页。

述过类似观点或者直接援引卢曼的观点，将法的特有功能定位为“稳定行为期待”。[①] 尽管哈氏的观点并不完全与卢曼相同，甚至在某些层面对卢曼有着深刻的批判，然而大体上可以认为，现代形式理性法具有稳定人们行为预期的功能，是两位大师级学者相对一致的见解。

总体上而言，仅就功能理论而言，相比于拉兹，卢曼是在更为全面的视角更为抽象的以及更为深入到运作机理的意义上谈论法的功能。在解读及运用卢曼的相关理论时，需注意两个前提性因素。

其一，卢曼的系统功能理论，在学术谱系上，与孔德、斯宾塞、迪尔凯姆等肇始的社会学功能主义理论具有渊源关系，并深受帕森斯的深刻影响；而在哲学基础层面，卢曼则受到受胡塞尔而以降现象学哲学的影响。最早的功能理论源于将社会类比于有机体，每一个存在的部分（如同有机体的器官、组织一样）对于整体发挥着某种必要的功能。在这里，“功能”，如拉德克利夫－布朗所言，本身指维系社会必要整合或必要团结的过程。[②] 这种理论发展到卢曼这里，卢曼将法律视为社会功能分化后一个与政治、经济并列的相对封闭、自主的子系统。并且，相当程度上，卢曼本来就是从功能主义（而非更多学者采取的本质主义或者因袭主义[③]）意义上定义法律的。他曾明确论述“我们把法律定义为

---

① 参见［德］哈贝马斯：《在事实与规范之间——关于法律和民主法治国的商谈理论》，童世骏译，生活·读书·新知三联书店2003年版，第165页，第177页，第241页。

② 参见［美］乔纳森·特纳：《社会学理论的结构（上）》（第6版），华夏出版社2001年版，第14页。

③ 本质主义指从一种事物区别于其他事物的内在规定性角度定义该事物，如将水定义为“H_2O”。功能主义指从某种事物的功能角度定义该事物，如将床定义为卧具。因袭主义的进路则主要从历史传承下来的社会的规约性角度定义一种事物。例如，蔬菜与水果，我们就很难运用本质主义方法将其区分开；绘画作品与书法作品，我们既不能从本质上又不能从功能上对之进行区分；上述区分更多是基于一种因袭主义的社会规约共识。事实上，在后维特根斯坦时期，我们可以发现日常生活中的多数概念人们都是从“因袭主义”角度认知的。关于这三种不同的定义方式，可参见塔玛纳哈对哈特如何定义法律的概念的讨论。详见：［美］布赖恩·Z. 塔玛纳哈：《一般法理学：以法律与社会的关系为视角》，郑海平译，中国政法大学出版社2012年版，第167～209页。需说明，本书对竞争法的界定也属于一种因袭主义进路。

一个社会系统的结构，这个结构依赖于规范行为期望的一致性一般化”。[①]“卢曼把这种协商一致的、普遍化了的规范性行为预期称为在社会系统中实施的法律”，“法在卢曼的定义中就是社会结构，这种结构是以规范性行为预期的普遍认同为基础的”。[②] 这种学术旨趣下，我们不难理解一点：为何卢曼坚持法的功能的唯一性，因为他本身就是在功能意义上定义了法律系统。这也是导致卢曼与秉持分析实证主义的拉兹对法律功能认知不同的原因之一。卢曼曾经论述：“总之我们的出发点是，法律仅仅完成一种功能，这种功能当然又可以继续被分为各种问题以及各种副功能。”“但是如果涉及一个社会只能系统地分立，那么只有一个唯一功能的设想才会得出明确的结果。而任何关于多功能的设想都可能导致相互交叉和法律界线模糊不清。”[③]正是在这种意义上，卢曼反对把“调节行为本身看作法律的第二功能”。[④] 同样意义上，他反对把拉兹认为的“解决纠纷”作为法律的功能，而是坚持认为“稳定规范性预期”为法的唯一功能。

其二，需注意，卢曼对法律系统有着深刻的认知，并且他本人有着法律专业学习及类似从业背景，然而，卢曼观察法律的视角不可避免地带有某种意义上独特的“德国视角”，他所观察的法经验事实很难不深深地打上“德国”烙印，故理解卢曼的这种观察亦应在一定程度上将之还原到德语知识传统中去。将法律的功能概括为“稳定行为预期”或者“稳定规范性预期”，可以上溯至韦伯对法律及资本主义兴起的经典认知。韦伯曾论述：“市场社会化的普遍占统治地位，要求法应具有一种根据合理的规则可预计的功能。”[⑤]韦伯区分了形式理性法与实

---

① ［德］尼克拉斯·卢曼：《法社会学》，宾凯等译，上海世纪出版集团2013年版，第139页。

② ［德］托马斯·莱赛尔：《法社会学导论》，高旭军等译，上海人民出版社2011年版，第113页。

③ ［德］尼克拉斯·卢曼：《社会的法律》，郑伊倩译，人民出版社2009年版，第67页。

④ ［德］尼克拉斯·卢曼：《社会的法律》，郑伊倩译，人民出版社2009年版，第68页。

⑤ ［德］马克斯·韦伯：《经济与社会》（上卷），商务印书馆2006年版，第374页。

质理性法、形式非理性法、实质非理性法。他认为形式理性法提供的人们可以根据法律规划、预期自己市场行为的功能,对于现代资本主义的兴起至关重要。[①] 尽管韦伯本人对法律及社会、经济知识的涉猎面很广,但需注意一点,韦伯仍旧是"德国"的。他观察法律更直接更多的经验素材是德国的,在韦伯写作的年代,经过潘德克吞学派的发展,以及德国民法典的制定,德国法在当时世界各种法域中是"最为"形式理性化的,尽管同一时期大洋彼岸的美国,法律也在大步往"形式理性化"方向迈进。[②] 德语世界的学术传统,以及对德国法的直接体验观察,某种意义上都潜在地使卢曼更容易把法律理解为一个相对封闭独立的系统,而把形式理性法的重要功能——在市场领域保障人们可以理性地规划预期市场行为,提炼为法律的唯一系统功能。

二、对法律基础功能的认知——基于对卢曼理论的借鉴与扬弃

通过上述对拉兹、卢曼两种不同的对法律功能的观察、表述方式进行考察,笔者认为,法律的功能,尽管也可以从法律对社会特定领域的作用角度进行相对较为单一的考察。但是,如果运用法社会学视角,将更加能够触及并揭示法律内部的运作机制以及法律与外在于法律的社会(环境)的关系。传统法教义学的内在视角难以对法律功能进行更为深度的剖析,拉兹自己已经承认了这种不足。此外必须注意,拉兹虽然在何为法律的功能上,与卢曼有所认知不同,但是,在探讨法治理论时,拉兹强调:"法律理论来源于基本的直觉:法律应当有指引其主体行为的能力。"[③]他认为法治的一个基本原则是:"所有法

---

① 参见苏力:《法治及其本土资源》,中国政法大学出版社 1996 年版,第 77 页。

② 关于美国法律向形式理性化的发展,可参见[美]莫顿 · J. 霍维茨:《美国法的变迁:1780—1860》,谢鸿飞译,中国政法大学出版社 2004 年版,第 382 ~ 400 页。

③ [英]约瑟夫 · 拉兹:《法律的权威:法律与道德论文集》,朱峰译,法律出版社 2005 年版,第 186 页。

律都应当可预期、公开且明确。"[1]并且强调："应当记住，在最后的分析中，法治理论依赖于法律应当拥有提供有效指引的能力。"[2]"尊重人的尊严意味着把人作为有能力计划和安排自己未来的人对待。"[3]而"违背法治可能有两种形式：它可能导致不确定，或者可能挫败预期或使预期落空"。"挫败预期的危害更严重。除了它们造成的具体危害，它们所表达出的对人们自主性的不尊重，也侵犯了人的尊严。"[4]也即，拉兹虽然没有把稳定或者保障行为预期作为法律的一项功能，但他非常强调保障行为预期对于法治的价值。这一点，或许与卢曼有些异曲同工。也许，两位大师是使用了不同的能指符号，指向了类似的所指。当然，强调法律需要能够保障人们预期的观念的法学家远远不止拉兹。如昂格尔就同样指出："就最广泛的意义而言，法治就是指相互关联的中立性、统一性及可预见性观念。"[5]因此，本书将在相当程度上接受卢曼、哈贝马斯等学者关于法律功能的主张：法律的基础功能在于稳定行为预期。然而这种接受将建立在适度的反思的基础之上。这种反思将涉及两个方面：卢曼固守单一功能主张；卢曼观察的认知路径限制。

关于单一功能的主张，首先需要重申，这种主张的前提是从功能主义视角定义法律；这种功能主义视角定义法律的方法，势必与传统的因袭主义、本质主义角度定义的法律，在指涉对象上有不重叠之处。某种意义上，功能主义定义的法律，在某些领域其外延将广于法教义

---

① [英]约瑟夫·拉兹：《法律的权威：法律与道德论文集》，朱峰译，法律出版社 2005 年版，第 187 页。

② [英]约瑟夫·拉兹：《法律的权威：法律与道德论文集》，朱峰译，法律出版社 2005 年版，第 190 页。

③ [英]约瑟夫·拉兹：《法律的权威：法律与道德论文集》，朱峰译，法律出版社 2005 年版，第 192 页。

④ [英]约瑟夫·拉兹：《法律的权威：法律与道德论文集》，朱峰译，法律出版社 2005 年版，第 193 页。

⑤ [美]R. M. 昂格尔：《现代社会中的法律》，吴玉章等译，译林出版社 2001 年版，第 171 页。

学通常探讨的国家实定法，卢曼本人对法律系统的定位就没有诉诸国家实定法；且在某些情况下存在潜在地将部分国家实定法内容剪裁出去的可能。因而，卢曼所言的“法律”，并不能简单地等同于多数持法教义学立场学者所言的“法律”。而本书，以及多数法学研习者，探讨法律不是基于这种立场，而是在先大致预设一个探讨的本体之后，再剖析其功能。这种背景下，卢曼的学说依然具有非常强的借鉴意义，但意识到卢曼所谈的法律与我们所谈的法律“不同”更为重要。因为如若重点仅仅聚焦于研习卢曼的立场，本书将严重偏离写作主旨；更重要的是，社会学与法学终究是不同的学科，社会学视域中对法律的认知不能代替法学视域中对法律的认知；①虽然运用法社会学方法，但本书仍旧需要回到法学的基础立场上——从因袭主义或者本质主义（本书采取的其实是因袭主义立场）看待竞争法。因此本书没有必要预设法律的功能是唯一的，相反，将在先大致界定竞争法范围的前提下，再通过实证分析归纳抽象其功能。

与此同时，为了证成“规范性预期的稳定”为法律的“唯一”功能，卢曼某种程度上对“规范性预期的稳定”进行了扩张解释，尽管这种扩张解释依托于精致的社会心理分析，尤其是“期望的期望”这种多重反身观察视角、认知期望和规范期望的届分，以及学习理论而具有较强的解释力。在卢曼论述到“规范性行为期望必须对某些程度上的矛盾事实产生免疫力，并对失望给予可信的认知性解释。”②时，他的所谓的“规范性行为期望”已不再仅仅是韦伯、哈贝马斯所谈论的“按法律

---

① 卢曼本人也曾论述：“从社会学来看，法律理论、法律教义学以及对法律的各种类型的‘科学性’研究，都可以被理解为法律系统自我描述的形式。”“但法社会学理论却不应与这些自我描述相混淆。社会学是从外部来观察和描述这一系统，并因此会看到更多，但有时则看到更少。”［德］尼克拉斯·卢曼：《法社会学》，宾凯等译，上海世纪出版集团 2013 年版，第 429 页。

② ［德］尼克拉斯·卢曼：《法社会学》，宾凯等译，上海世纪出版集团 2013 年版，第 116 页。

规划行为”“稳定行为期待”，[①]而是涉及一种整体意义上人们依靠法律系统而产生的信任，这种信任指向的其实就是更通常意义上法律的秩序价值。[②] 不能不说卢曼的这种诠释非常精妙，然而，也不能不说这种精妙的扩张性诠释，在一定程度上存在遮蔽的可能：当卢曼将对失望的认知性解释归入规范性期望稳定的范畴之时，期望得到法律保障，与法律没有保障人们的期望、而只是通过程序制度及话语技巧并可能依托政治权威给出了一个让人们或许真心接受、或许不得不接受的解释，这多种可能之间的区别被遮蔽了。在认知法律的现实功能维度时，或许这些区别非常重要。总体上而言，卢曼描述的是一种人们对于整个法律体系的信任或者“迷信”，而不仅仅是一种基于给定规则的对于未来的可预期性。在这种信任或者“迷信”中，人们本来基于规则对自己行为的预期已经“不再”那么重要，重要的是人们必须接受法律系统给出的结果（当然这种结果需要一定的说服力抑或是权威）：而这个结果对于行为者而言，很可能是出乎他原先的意料的。在这种学术语境下，甚至“人治”“法治”的二分也存在着被消解的可能。只要履行了必要的程序、采取了必要的说服（或者法律推理、论证、解释）甚至压制手段，原先的实体规则是否得到了“真正”的实施，已经不那么重要了。从这个角度而言，卢曼的理论对于现代法治也是隐含着风险的（或许卢曼的揭示更接近于实情）。当然，笔者无须更多评价卢曼的理论本身，只需指出这依然不是一种完美的、可以完全接受的理论；但这并不防碍笔者在批判的基础上运用卢曼的主体理论。

如要在批判的基础上运用卢曼的相关理论，则必须认识到卢曼观察的认知路径限制问题，做到这一点，则必须注意卢曼写作时所置身的语境，将卢曼本人作为被观察者进行观察，从而探讨卢曼可能在看

---

① ［德］哈贝马斯：《在事实与规范之间——关于法律和民主法治国的商谈理论》，童世骏译，生活·读书·新知三联书店2003年版，第181页。

② 参见鲁楠、陆宇峰：《卢曼社会系统论视野中的法律自治》，载《清华法学》2008年第2期，第55～75页。

到什么的同时忽略了什么。前文已然述及，将稳定行为预期作为法律的功能，某种程度上是与韦伯、卢曼、哈贝马斯以及托依布纳这些德国作家对德国法的观察相关的。在高度形式理性化的德国法律实践中，法律更容易被理解为一个封闭自主的系统，[①]而类似观点并没有自然地成为其他西语世界国家解读法律实践的方式。法国社会学大师布尔迪厄使用的"场域"理论[②]就明显不同于卢曼的系统理论。而哈特等英国学者更为强调的是实证主义视角下法律与道德的分离，以及承认规则的作用。美国则相反出现更为强调司法积极介入社会的司法能动主义，即便强调法律整体性的德沃金[③]也没有试图将法律解读为一个封闭自主的系统。某种意义上而言，上述各国以"普世性"面目出现的法学理论，或许都只是某种意义上扩展包容版的"地方性知识"。那么，有必要追问，在超出德国法实践的领域，卢曼的理论还是否有效？或者在多大程度上有效？

与此同时，也需要注意，卢曼本身的理论并非时空无涉的。卢曼运用他的理论，试图揭示人类法律从初民社会到现代社会的演变，从而将重点放在了他所谓的现代社会的法律上。对于这种理论，如果我们不预设历史已经在"现代性"终结（像福山当初断言的那样；当然，现在福山已经一定程度上修正了自己的立场），那么，我们就没有理由

① 需注意，卢曼虽强调了"法律系统是一个规范上封闭的系统"，但也同时指出"法律系统还是一个认知上开放的系统"。"尽管其具有封闭性，法律系统始终会面对其环境。因此，在一个更大的意义上，它可以因此产生学习能力，不过总是与其规范性封闭的自我生产的统一性相联系。"［德］尼克拉斯·卢曼：《法社会学》，宾凯等译，上海世纪出版集团2013年版，第425~426页。这里卢曼通过对认知上开放的系统及学习能力的强调，一定程度上缓解了过于强调封闭系统对现实解释力不足的问题，但其理论主张中，认知上开放的系统、学习能力仍然"是与其规范性封闭的自我生产的统一性相联系"，因而，可以认为这一理论的最终指向仍然是系统的封闭性。

② 参见［法］皮埃尔·布迪厄：《法律的力量——迈向司法场域的社会学》，强世功译，《北大法律评论》1999年第2卷第2辑，第496~545页。

③ 关于这种整体性叙事，参见［美］德沃金：《法律帝国》，李常青译，中国大百科全书出版社1996年版，第158~245页。

预设卢曼对于法律系统功能的观察与描述是终局性的。尤其是20世纪下半叶后现代思潮的兴起,这至少使得认知层面,人们对于世界的某些认知已经在发生改变,不再拘泥于现代性视角。在新的现象出现或者被观察到时,卢曼基于20世纪中后叶对社会观察得出的理论是否还有相应的解释力,这本身是一件值得深入研究及反思的事情。

并且,尽管相对于哈贝马斯的运用理性商谈理论改造世界的规范性理想,卢曼更为强调对社会现象的观察与描述。但是,卢曼的理论绝非真正价值无涉的。卢曼强调法律的自治性(托依布纳的自创生理论就受到了卢曼很大的影响,这种理论无疑赋予了法律系统自治更强的合法性[①])、对法律程序的正当化功能给予了较高评价;等等,都带着他自己的价值偏好或者前见,这一点也是我们需要注意的。

当然,本书无须过多挑战卢曼的理论,而只需阐明本书的观察视角以及所观察到的法律与卢曼略微有所不同,因而对于法律功能的认知会与卢曼有所差别。[②] 或许,卢曼更多是从社会学角度审视法律系统在整个社会系统中的功用;而本书的探讨则是着眼于观察一种具体的法律内在机制及其对环境的影响。

基于以上几点反思,本书将在这样一个立场上展开:接受卢曼等德国作家关于法律具有"稳定行为预期"这一基础功能的描述,但将这种判断的使用对象收缩到其最初始观察对象——形式理性法;以及将"稳定行为预期"回归到其韦伯意义上最初的解释——"因法律高度形式化所形成的法律自主性,让法律操作迈向了理性化和可预见性,

---

① 在这个问题上,卢曼维护系统的价值立场与哈贝马斯"批判系统对于生活世界宰制"的立场对比鲜明。关于托依布纳的自创生理论,可参见[德]贡塔·托依布纳:《法律:一个自创生系统》,张骐译,北京大学出版社2004年版。

② 如上文所述,卢曼自己也曾澄清了社会学视角与法学视角的不同。

并因此为经济过程的安定性和可计算性提供了支撑”,[①]而不再将卢曼扩张的“对失望的认知性解释”等范畴纳入。

这种认知将为我们更好地探讨竞争法的功能提供基础:因为如下文将要论述的,竞争法,作为一种年轻的法律,有某些独特的不同于以民法为代表的形式理性法不同的特征。这不是传统形式理性法功能能够完全解释的;而人为扩张对形式理性法“稳定行为预期”功能的解释,则有可能遮蔽对新功能的认知,而使我们无法更好地认知竞争法可能的独特功能,尤其是这些功能并不是普通形式理性法具备的,或者在实践中有着与形式理性法“对失望的认知性解释”完全不同的意义。

三、对于“功能”的认知再澄清:经济法学视角与法社会学视角

如前文所述,经济法学界其实有过不少对竞争法相关功能及类似主题进行探讨的论文,但选取的理论分析框架与本书不同。有学者从竞争法实施的宏观价值出发,认为竞争法的功能在于“促进经济发展、实现政治民主和弘扬人类文明”;[②]有学者从反垄断规制产生的历史现实出发,将其功能理解为“阻隔公权力滥用对市场主体合法利益的公开掠夺”;[③]有学者从竞争法的竞争政策属性出发,指出反垄断法独具特色的竞争政策功能。[④] 亦有学者认为:“在关于反垄断规制功能

① 宾凯:《作为观察者的法哲学和法律社会学(代译序)》,载[德]尼克拉斯·卢曼:《社会的法律》,郑伊倩译,人民出版社2009年版,第23页。

② 邱本:《论市场竞争法的基础》,载《中国法学》2003年第4期,第105~107页。

③ 持类似观点的有徐士英:《反垄断法实施面临功能性挑战——兼论竞争政策与产业政策的协调》,载《竞争政策研究》2015年第1期,第79~90页;刘彤:《美国竞争法的政策实施功能研究》,载《北京联合大学学报(人文社会科学版)》2015年第1期,第112~118页。

④ 持类似观点的有吴宏伟:《论竞争法的政策功能》,载《中国人民大学学报》2001年第2期,第84~89页;丁茂中:《反垄断法的目标选择及其功能优化刍议》,载《现代财经(天津财经大学学报)》2011年第8期,第126~128页。

的多维讨论之中,一个无法脱离的言说场域在于反垄断法立法目标的选择、优化和实践。”“反垄断规制功能的实现主要源于反垄断法独特立法价值的赋予,而这一立法价值最为直观的体现正是立法目标。”① 上述探讨,由于着眼的问题不同,相互之间就“功能”一词在经济法学研究中应该如何使用,其实也没有更高程度的共识,当然,对于一个日常生活语词——“功能”,这一抽象符号如何使用,本身也无须一定要在所有可能不同的语境下有完全一致的共识性规约。人们对“功能”这一符号的使用,大致指向的就是某种事物能起的某种作用。至于何种作用,可以是宏观的“促进经济发展、实现政治民主和弘扬人类文明”,但认为是一种微观的具体目标选择也无妨,语言的产生本是为了方便人们交流而非束缚人们思考。② 笔者无意贬低上述经济法学者对功能认知及分析的意义,这些探讨在其自身探讨的理论域里面是非常有意义的,对于经济法学的研究也非常有理论甚至实践价值。按照上述思路,宏观层面的竞争法功能或可概括为“维系一个有序的竞争体系”、微观层面的竞争法功能或可概括为“调整竞争行为”③即可。本书之所以没有采用这种经济法学的习惯思路去观察、剖析竞争法的功能问题,而采取了以卢曼的法社会学系统功能主义对功能的定义为基础思路,主要源于两个方面考量:一种理论对问题可能的揭示程度;学科理论传统与学术交流。

就第一个方面而言,传统的经济法学家们对竞争法功能的考量,其实多锁定在如何达致一个“目标”层面。如邱本老师考虑的是“促

---

① 刘乃梁:《反垄断规制功能的行业限定——兼论银行业反垄断规制的功能定位》,载《法制与社会发展》2017 年第 4 期,第 152 ~ 166 页。

② 关于此,语言哲学领域里维特根斯坦有句名言:“一个词的意义就是它在语言中的使用。”参见[奥]维特根斯坦:《哲学研究》,李步楼译,商务印书馆 1996 年版,第 31 页。

③ 当然,这种概括的前提也是秉持了一种价值中立的立场。认为竞争法的功能是“促进经济发展、实现政治民主和弘扬人类文明”或者“阻隔公权力滥用对市场主体合法利益的公开掠夺”,某种程度上都已经带入了一种强价值偏好。笔者尊重相关论者的价值偏好,但不就此问题展开讨论。

进经济发展、实现政治民主和弘扬人类文明”，徐士英等考虑的是“阻隔公权力滥用对市场主体合法利益的公开掠夺”，而刘乃梁更是直接将功能锁定在立法目标方面。语义学层面，从这个角度理解功能也没什么太大问题，因为前文述及《现代汉语词典》对功能的定义就是："事物或方法所发挥的有利的作用。"[①]客体发挥作用往往也能够指向主体需要达到的某种目标。很多经济法学者就是在这个意义上谈功能的。但这种偏向于主体“要做什么的理解”，一定程度上有可能忽视客体客观上能做什么的问题；从而存在以主体的主观意愿遮蔽客体客观存在的可能。现实中部分经济法学家在探讨他们理解的“功能”时，往往更为关注“用竞争法来做什么”，而较少注重对于竞争法本来具有哪些内在机制的探寻，或许就与这种观察方式有关。这一点上，社会学功能主义理论，无论是迪尔凯姆对于“功能”与“意图”的区分，[②]还是默顿对于“潜功能”的认知，[③]都在揭示一点：客体本身客观上可能有一些未必为主体所主观承认或运用的“功能”，但对于主体或者其他客体很重要。本书所要作的观察，更主要的是要深入了解描述诠释竞争法这一客体，而非基于主体立场对其提出规范性要求。因而，选择了卢曼的法社会学进路，因为这一进路提供的分析框架更能够帮助我们揭示客观的竞争法存在哪些客观存在的“事物或方法所发挥的有利的作用”；在这一分析进路中，其实观察者存在某种程度上的自我屏蔽、缺场，避免观察者在观察过程中过多地介入、改变客体，从而能够更好地进行客观观察、揭示。基于此，本书选择了法社会学的观察视角，试图对与竞争法功能有关的内在机制进行更深一步的探寻。

---

① 中国社会科学院语言研究所词典编辑室：《现代汉语词典》（第 7 版），商务印书馆 2016 年版，第 454 页。

② 参见［英］帕特里克·贝尔特：《二十世纪的社会理论》，瞿铁鹏译，上海译文出版社 2005 年版，第 36 页。

③ 参见［英］帕特里克·贝尔特：《二十世纪的社会理论》，瞿铁鹏译，上海译文出版社 2005 年版，第 57 页。

就第二个方面而言,需注意,经济法学界虽然也经常运用“功能”这一语词,但更多情况下是将这一语词作为一种普通用语而非专门的经济法学学术术语在使用,并未在使用中形成一种具有学术意义的共识与规约。所以不同的经济法学家在谈论功能时,着眼点和视角经常会有一些不同。上文谈及的邱本、徐士英、刘乃梁等学者,他们的探讨其实就没有形成更多有共识的学术积累,甚至不完全是在同一层面上的学术交流。这种探讨的更大意义在于运用功能概念对具体问题的剖析或者作者具体主张的陈明,而不在于对“竞争法功能”这一现象本身研究的深入。这当然与“功能”这一抽象的能指本身可能指向的对象多样性有关。[①] 经济法学本身的关注重点并不在这里,所以也不一定需要在学术层面形成这种学术传承。但社会学界不同,社会学的功能理论从一开始就有严格的学术传承与积累,从孔德、斯宾塞、迪尔凯姆等初期的功能理论,发展到默顿、帕森斯、亚历山大、卢曼的相对成熟的功能理论,在学术上有着清晰的谱系,有着相对而言内在一致的交流与发展的共识,存在一定的规约性。这种学术传统下对“功能”这一术语的运用,与我们日常生活中对功能这一语词相对随意的使用,已然有所不同,已然有更为严谨的要求。当然,我们不能要求日常生活中的使用者也像社会学家一样使用功能这一概念,但是,如果我们在竞争法甚至经济法学研究中,恰当地引入社会学中已经运用探讨的非常成熟的这一概念,则可能有助于我们更好地从社会学丰富的智识宝库中引入方法、知识,帮助我们更好地完善竞争法学乃至经济法学的研究,并且同时有助于我们经济法学的研究能够更好地与社会学尤其是法社会学进行沟通和交流。因此,本书选择了借鉴社会学中研究非常成熟的“功能”这一术语的使用方法探讨竞争法的功能,而不是直

① 不同学科对于同一“概念”运用可能不一致。其他学界,对于“法律”这一概念的理解就没有法学界的探讨更精致。又如,哲学、政治学、法学、经济学对自由、民主等概念的理解也不太相同。而且,学术领域之外,日常生活中人们也会使用这些概念。从语用学角度,这些概念的不同使用不能被简单地贬斥为错误的。

观地运用功能这一语词分析竞争法现象。

第三节　与形式理性法的区别：竞争法产生的历史背景

一、19 世纪的经济系统、政治系统与法律系统

通常认为，竞争法产生于 19 世纪末，标志性事件是美国谢尔曼法的出台，以及稍晚时候德国《反不正当竞争法》的制定。下文将论述，竞争法产生的这一相对具体而特殊的时代背景，将极大地影响竞争法的一些具体制度、特征与功能。因而，本书在这里有必要对这一历史背景进行回顾。

（一）19 世纪之前的政治、经济与法律系统

需注意，人类早期社会的经济、法律、政治三大系统的分立，并不像现代社会这样分明。就欧洲而言，中世纪政治、法律、经济经常是交织在一起的。在公法、私法划分不明的情况下，欧洲大陆西部及英国盛行支离破碎的领主庄园经济，而领主的统治既是政治的，又是经济的，同时也是法律的。[①] 这种情况下，谈不上特别明确的系统划分。直到农奴制瓦解，各民族国家的建立，封建义务大量为货币地租所取代，这种情况下，才初现了系统分离的端倪。然而，系统分离之初，其相互之间的关系是非常模糊的。英国的商人、地产主由于在经济上的成功，比较早地通过议会一定程度上控制了政治系统，而议会又通过立法对法律系统施加影响。16、17 世纪，英国开始了重商主义

① 关于英国的中世纪庄园的政治、经济与法律，可参见［英］亨利·斯坦利·贝内特：《英国庄园生活：1150—1400 年农民生活状况研究》，龙秀清等译，上海人民出版社 2005 年版。

实践。[①] 在重商主义的主导下,政治系统大量因应经济系统的需要(注意,英国的商界某种意义上在主导重商主义的政策),通过立法干预经济,从而在相当程度上为英国经济的腾飞与领先创造了条件,尽管一个多世纪后,这些重商主义政策受到了亚当·斯密等古典自由主义者的严厉批评。然而,相关重要的重商主义举措,如《航海条件》《谷物法》,等等,真正退出英国,则要到斯密过世多年之后的19世纪上半叶。法国等国的重商主义则更多是政府主导的,在这些国家,商人群体的力量还不是特别强大,尚不足以主导国家政策的走向;而政治国家有着发展经济以增强国家实力从而更好地参与国际竞争的强烈需求。在科尔贝尔等重商主义者的主持下,法国等国政府主导的重商主义也同样取得了某些不可忽视的成果。整个重商主义时代,政治干预经济、调整、促进经济发展乃是常态,除了西班牙这种特例外,总体上各国的重商主义是成功的。[②] 那个年代政治系统对经济运行的介入,是一种常态。经济领域总体上谈不上是一个相对于政治国家独立运行的系统。人们认可政治系统的这种干预。商人们"知道在自己的生活环境中,只有通过国家的帮助,才能使自己的利益得到保护和促进"。[③] 而法律领域,除了英国已经发展出一个相对独立、封闭的法律

---

① 英国的重商主义纲领,在16世纪的《论英国的公共福利》和17世纪托马斯·曼的《英国通过外贸所获财富》中得到了系统表述,并且成为之后近两百年英国的一项基本国策。注意,这种重商主义通过国家干预发展经济的观念,不仅仅是为了经济发展,更是为了增强国家实力参与国际竞争。参见[英]里奇、威尔逊主编:《剑桥欧洲经济史》(第四卷),张锦冬等译,经济科学出版社2003年版,第455~475页。布罗代尔认为,欧洲重商主义的实践始于更早的年代,14世纪甚至13世纪即有重商主义的萌芽。那个时代可以说有部分政治体有重商主义的措施,但重商主义尚未成为一种系统国策。参见[法]费尔南·布罗代尔:《十五至十八世纪的物质文明、经济和资本主义》(第二卷下册),顾良、施康强译,商务印书馆2018年版,第663~671页。

② 参见[英]里奇、威尔逊主编:《剑桥欧洲经济史》(第四卷),张锦冬等译,经济科学出版社2003年版,第455~525页。

③ [英]里奇、威尔逊主编:《剑桥欧洲经济史》(第四卷),张锦冬等译,经济科学出版社2003年版,第523页。

人共同体外，[①]其他国家的法律实践仍旧普遍受政治的影响。即便是当时相对独立的英国法律系统，也仍旧存在诸多王权、立法机关干预的痕迹，并且，奥斯丁之前的法学，很难说是一门独立的学科。诸多政治学界、哲学家的言说在大范围影响着法律界。总之，18 世纪之前西欧各国的各个系统，首先，边界并不像之后现代社会能够那么被清晰地识别；其次，系统间的关系并不是当然独立的。在一定程度上，政治系统有着一定的主导性。然而到了 19 世纪，随着经济社会的发展、分工，随着资本家群体实力的增加，随着法学成为一个独立的学科法律人共同体发展起来，发生了三大系统的“系统性”独立，从而奠定了现代社会政治、法律、经济三大系统间的关系。

（二）19 世纪自由主义思潮主导下的经济系统

肇始于 18 世纪的亚当·斯密关于市场“看不见的手”的学说，也即经济自由主义理念，在 19 世纪开始大规模地真正影响到英国的决策层，并影响到其他一些欧美国家。这种学说要求减少甚至尽量避免政府对经济的干预，而让市场发挥作用。其理论基础在于预设了市场中的理性人自由地进行经济行为，将更有助于经济的发展与社会的进步。在市场自身能够妥善地处理好经济问题这一教条下，经济系统运行开始排斥来自政治国家的外在干预，这一过程，被波兰尼描述为经济学界试图建立“一个能从社会中脱嵌的经济体制”[②]的过程。在这种努力下，一个相对独立于政治国家的市场体制按照自身的逻辑运行，某种意义上型构了一个相对于政治国家而言相对封闭、自足的经

---

① 波斯纳将英国法律职业的对立概括为：“法律职业卡特尔的兴起。”参见［美］理查德·A. 波斯纳：《超越法律》，苏力译，中国政法大学出版社 2001 年版，第 54～69 页。

② 经济学家波兰尼探讨了 19 世纪自由主义思潮下经济系统试图从社会中脱离出来，建立一个完全自律的市场经济的努力，称为“脱嵌”，以及这种努力为何无法真正成功的原因。详见［英］卡尔·波兰尼：《巨变：当代政治与经济的起源》，黄树民译，社会科学文献出版社 2013 年版。

济系统。与此同时,欧美主要国家先后开始了工业革命,欧洲国家进一步大规模拓展海外殖民地。“欧洲经济在工业产业方面取得令人眼花缭乱的增长,至少就中上层而言,生活水平大为改善。”①欧美一些精英很自然地将这种经济的繁荣与以斯密学说为圭臬的经济自由主义理念以及与之相伴的经济系统的独立自足联系到一起。尽管这其中有过爱尔兰大饥荒之类的灾难,然而主流的精英显然并没有因此审视经济自由主义是否存在问题,直到 19 世纪 70 年代爆发的席卷欧洲的经济大萧条。这次大萧条延续到 90 年代中期,让“19 世纪 60 年代在大多数地区获胜的自由主义”,“信誉扫地”。②

与此同时,需要注意的是,大约与大危机的出现同时,在欧美资本主义世界,出现了著名的由自由竞争资本主义到垄断资本主义的过渡,主要欧美国家不断出现企业间的大规模合并或者联合,与以往在欧洲曾长期普遍存在的封建行会不同(这一点很重要)的、资本主义国家不干预情况下的大规模垄断出现了。以市场自由竞争为主要内核的经济系统明显面临来自两方面的压力:其一,自由竞争的经济系统运行过程中,出现了经济大萧条,使得人们不再像以往那样信任这种无干预的自行运作的经济系统;其二,自由竞争的过程中,随着竞争的优胜劣汰,以及企业为了避免在竞争中失败的种种努力,在自由竞争的经济体制中,一种反竞争的因素不可避免地、内在地出现了。“因为开始的条件不同,作为单纯形成机会的私法形成自由,长期来说,会使机会较小的个人陷于经济上不自由的境地。”③竞争中获胜的大企业吞并了小企业,从而从根本上消灭了竞争;或者一些原本竞争的企业

---

① [美]戴维·J. 格伯尔:《二十世纪欧洲的法律与竞争》,冯克利、魏志梅译,中国社会科学文献出版社 2004 年版,第 24 页。

② [美]戴维·J. 格伯尔:《二十世纪欧洲的法律与竞争》,冯克利、魏志梅译,中国社会科学文献出版社 2004 年版,第 29 页。

③ [德]弗朗茨·维亚克尔:《近代私法史——以德意志的发展为观察重点》(下),陈爱娥等译,上海三联书店 2006 年版,第 436 页。

为了避免竞争可能导致的两败俱伤，而走向了联合，从而也人为地遏制了竞争。

与经济自由主义意识形态下经济系统的独立性日益凸显相应的是，“从法国大革命到19世纪70年代中期，减少政府对经济参与者的限制将创造财富、进步和幸福的前景格外强大，它刺激着人们的想象，塑造着政治发展”。[①] 这种情况下，政治国家通常被要求不干预经济而仅仅承担一个消极守夜人的职责。“在19世纪的前70年里，政府对经济活动的各种限制要么减少，要么被取消。”[②]在这一进程中，容易被忽视的一个事实是：“行会受到的法律保护即或没有全部丧失，也已失去大半。”[③]某种意义上，传统社会的解体、社会结构的变迁，也是法律系统减少对经济干预的一个重要前提。这一过程，如上文所述，可描述为经济学界试图建立“一个能从社会中脱嵌的经济体制”的过程，尽管在经验事实维度上这种将经济系统从社会环境中抽离、建立经济完全自律的市场经济从来没有成功过，也不可能成功，然而这种努力方向极大地影响了政治、法律与经济的关系。

（三）政治系统的民主化

需注意，19世纪在经济系统努力取得独立的同时，也是欧洲主要国家民主化程度显著提高的时代。虽然19世纪之前，英国就有民选的议会。然而，直到19世纪30年代之前，英国有选举权的国民还不到国民总数的5%，民主化程度事实上很低，正是这一背景引发了宪章运动。其他主要欧洲国家，基本没有民选的议会介入政治。法国的民

---

① [美]戴维·J.格伯尔：《二十世纪欧洲的法律与竞争》，冯克利、魏志梅译，中国社会科学文献出版社2004年版，第18页。

② [美]戴维·J.格伯尔：《二十世纪欧洲的法律与竞争》，冯克利、魏志梅译，中国社会科学文献出版社2004年版，第24页。

③ [美]戴维·J.格伯尔：《二十世纪欧洲的法律与竞争》，冯克利、魏志梅译，中国社会科学文献出版社2004年版，第24页。

选议会是在18世纪末大革命后出现的，并且在反反复复的政治斗争中，选民资格的范围也经常受到不同程度的限制，至少在波旁王朝复辟阶段，民主化程度是很低的。第一帝国时代，在拿破仑的强势统治下，法国的民主程度也非常有限。大洋彼岸的美国，18世纪末建立起了民主政治。但此时的选民并不包括黑人与妇女，因而民主化程度也是非常有限的。19世纪，英国的宪章运动，法国共和政体的最终胜出，美国黑人的解放及获得选举权，都在相当程度上体现了政治系统的民主化，这个过程中，选举权等政治权力范围在扩大。随着选举权等政治自由范围的扩大，中下层民众相比以往更有机会通过选票去影响政府的决策。① 欧洲大多数国家都在19世纪设立了经选举产生的议会，到这个世纪末时，这些机构变得更为强大而民主。② 民主选举意味着在政治领域内，至少预设有投票权的人是平等的（就西方主要国家而言，19世纪的普选权还没有扩展到所有公民，英国、美国的妇女获得选举权要到20世纪"一战"以后），可以平等地参与政治，选择代议者，参与国家的政治决策。在经济自由主义条件下，极大的贫富差距下人们所拥有的经济能力的不同又是非常现实的。这种情况下，民主政治的平等一人一票与经济领域强者的强经济支配力形成了一种日益加剧的紧张。某种程度上更多代表了资本利益的学界，发展出一套用于抵御民主政治领域平等倾向而有利于经济领域资本利益的意识形态，③ 宪政主义关于财产权神圣的观念某种程度上就与这种意识形态（这种

---

① 从19世纪上半叶的宪章运动开始，其实英国就一直存在扩大选民范围的相关民众诉求及政治回应。到了19世纪下半叶的1867年和1884年，英国先后两次扩大了选举权，1884年后英国绝大多数男性拥有了投票权。参见［美］罗伯特·达尔：《论民主》，李风华译，中国人民大学出版社2012年版，第145～146页。

② 参见［美］戴维·J.格伯尔：《二十世纪欧洲的法律与竞争》，冯克利、魏志梅译，中国社会科学文献出版社2004年版，第31页。

③ 这里的意识形态不含贬义，指得是曼海姆意义上"中性"的意识形态。曼海姆的相关论述可参见［德］卡尔·曼海姆：《意识形态与乌托邦》，黎鸣、李书崇译，商务印书馆2005年版。

意识形态保证了人数众多的无产者选民不能用选票去瓜分有产者的优势资产）有关，而政治系统需要中立、不能干预经济系统的运行同样与这种意识形态有关。某种意义上，正是这种意识形态的需求使得斯密的主张在 19 世纪的英国最终胜出（当然，李斯特的历史主义能够在德国胜出，或许与一个重要的政治前提有关：当时的德国政治不像英国那样民主，所以选民通过选票削弱有产者优势的隐忧相对小一些）。19 世纪经济学家对于市场的迷恋与极度推崇，重要原因之一即是"只有市场才能够提供摆脱了所有'政治'（就是危险的平均主义）影响的'中立'原则"。[①] 总之，在这个年代，日益民主化的政治国家，在自由主义意识形态的支配下，通过政策干预经济却失去了以往所具有的正当性。

（四）19 世纪法律的形式理性化[②]

19 世纪法学及法律制度本身的发展也值得重视。法学领域中最值得重视的事件乃是自奥斯丁开始，分析实证主义法学的兴起。实证主义法学不再奉自然法的相关理念为圭臬，强调法律与道德的分离，将法学研究的对象主要限定在"实在法"，强调对法律术语概念及技术的研究。这一系列的研究与探讨，某种程度上为法律制度走向形式理性化奠定了智识基础。与此同时，法律制度走向形式化还有一种内在的动力，即巩固当时工业革命以及自由市场经济既得利益者的利益。

---

① [美]莫顿 · J. 霍维茨：《美国法的变迁：1780—1860》，谢鸿飞译，中国政法大学出版社 2004 年版，第 387 页。

② 形式理性法是一个来自韦伯的经典概念。这一概念中，"形式"是指一种法律制度是否使用内在于这种法律制度之中的决策标准，这决定了它的系统自治程度。"理性"，即一种法律制度是否按照一种统一的决策标准处理类似案件，这决定了该制度所确立的规则的一般性和普遍性程度。参见郑戈：《法律与现代人的命运：马克斯 · 韦伯法律思想研究导论》，法律出版社 2006 年版，第 112 页。需注意，这里的形式理性法，与昂格尔、诺内特、塞尔兹尼克提的自治法几乎类似，都强调了法律系统的自治性、用内在标准决策。另外，需注意，形式化与法律精确性，以及正确预测法律后果有关。

如霍维茨所言,在美国,法律形式主义的兴起完全可以和这些实质性的法律变革紧密相连,即使一种灵活的、工具性的法律观念对促进美国独立战争后法律制度的转型也是必要的,一旦这种变革的主要受益人达到了它们的大部分目的后,这种法律观念就没有存在的必要了。[①]"以前,人们认为法律是保护性的、管制性的、父爱性的,最重要的是,法律被认为是社会最为重要的道德感的表达,但现在,法律逐渐被认为是用以实现个人欲望的工具,而且,它反映的仅仅是现存的经济和政治权力组织的利益。"[②]在德国,亦有论者认为当时的私法在具有"抽象并且具有中立的外观"的同时,"牺牲社会上经济弱势的阶级,而偏向工业革命之先驱与收益者",[③]这种私法"无论多么善意,支配其想法的主要仍是市民经济社会的利益"。[④] 法律系统的独立,某种程度上与经济系统的独立是相辅相成的,经济系统的独立,也即市民社会获得自律的时刻,也是"在依据私法组织起来、以法治为保障的经济社会在经济上能够自我操控的时刻"。[⑤]

与此同时,还需要注意到,法律形式主义的兴起在某种意义上是与维护法律人的职业利益相关联的,"法律形式主义是(表明)独立战争后法律界力量兴起的大致尺度,而且表明法律界将法律视为一种客观的、中立的、非政治性的制度,其自身独立的、自治的专业利益也达

---

① 参见[美]莫顿·J. 霍维茨:《美国法的变迁:1780—1860》,谢鸿飞译,中国政法大学出版社 2004 年版,第 384 页。

② [美]莫顿·J. 霍维茨:《美国法的变迁:1780—1860》,谢鸿飞译,中国政法大学出版社 2004 年版,第 383 页。

③ [德]弗朗茨·维亚克尔:《近代私法史——以德意志的发展为观察重点》(下),陈爱娥等译,上海三联书店 2006 年版,第 436 页。

④ [德]弗朗茨·维亚克尔:《近代私法史——以德意志的发展为观察重点》(下),陈爱娥等译,上海三联书店 2006 年版,第 462 页。

⑤ 参见[德]哈贝马斯:《公共领域的结构转型》,曹卫东等译,学林出版社 1999 年版,第 11 页。

到了顶点”。[①]

无论内在动因如何，在欧美，19 世纪下半叶私法为主的法律体现都走向了形式理性化。在欧洲，潘德克吞学派构建了一个相对封闭的、体系化的、严谨、抽象的法学体系，构筑了“法学的概念天国”，[②]在此基础上最终制定了《德国民法典》，并将这种形式理性化倾向辐射到其他法域。而美国法亦走向形式理性化：发展出极度抽象的“契约法”，[③]成功地排除了公正价格观念而将契约有效的焦点转移到是否存在“意思一致”上；通过发展抽象的、形式化的法律范畴，压制衡平法上的个体化调查；[④]等等。

与法律走向形式理性化同时发生的，是法治作为一种重要理论及话语实践的勃兴。上文述及了 19 世纪政治民主化的进程，正是这一进程，某种意义上导致了戴雪等作者提出了暗含系统独立倾向的法治理论（注意，戴雪之前，虽然早有论者谈及法治，但那个时代的法治并不包含这种系统独立的倾向）。有政治思想史家认为，以 1880 年为界，将维多利亚女王时代的前期称为个人主义时代，后期称为集体主义时代。[⑤] 19 世纪 80 年代正是英国选举权扩张到所有成年男性公民的年代，政治系统民主化、平民化；与此同时政治思想领域也发生了进一步向社会功利目标、集体主义的转化。[⑥] “1884 年选举权的扩大更

① ［美］莫顿·J. 霍维茨：《美国法的变迁：1780—1860》，谢鸿飞译，中国政法大学出版社 2004 年版，第 390 页。

② 耶林描述了这种“法学的概念天国”，并对之提出了深刻的批判。参见［德］鲁道夫·冯·耶林：《法学的概念天国》，柯伟才、于庆生译，中国法制出版社 2009 年版。

③ 关于美国契约法相关理论的诞生和发展，以及其和自由放任市场经济的关系，可参见［美］吉尔莫：《契约的死亡》，曹士兵等译，载梁慧星主编：《为权利而斗争》，中国法制出版社 2000 年版，第 53 ~ 158 页。

④ 参见［美］莫顿·J. 霍维茨：《美国法的变迁：1780—1860》，谢鸿飞译，中国政法大学出版社 2004 年版，第 395 页。

⑤ 参见［英］欧内斯特·巴克：《英国政治思想——从赫伯特·斯宾塞到现代》，黄维新等译，商务印书馆 1987 年版，第 11 ~ 12 页。

⑥ 参见何永红：《戴雪宪法理论研究》，知识产权出版社 2015 年版，第 4 ~ 5 页。

是加剧了这种恐慌感”，“19 世纪的最后几十年，政治舆论中弥漫着一种对民主之兴起的忧虑情绪”。① 正是在这一背景之下，戴雪出版了名著《英宪精义》，系统地提出了其某种意义上可以视为法律系统抵御日益民主的政治系统“不当”介入的法治主张。戴雪在《英宪精义》中归纳出他的著名的法治原则的三个要素：(1)绝对的或超越的法治，反对政府有专断的、自由裁量的无限制的特权，英国人可以因破坏法律而受处罚，但不会因为其他任何事情而受处罚；(2)法律面前一律平等，英国人不分阶级受治于同一法律体系，为同一法院所管辖；(3)对于英国人来说，宪法不是一切法律规范的渊源，而是个人权利与自由的结果，而英国人的权利和自由是由宪法根据习惯法予以保障的。任何人的权利受到他人的侵害，都有权通过法定的救济办法获得补救。② 以上原则某种意义上都可以从法律对政治国家的独立意义上来解读，法律系统不是依靠政治权力获得必要的权威；而是独立于政治系统、超越于政治系统之上自主获得合法性。当然，这不意味着戴雪之前西语世界中的法律界没有这种自治性，但需要注意的是，传统上西语世界各个法域，一则法律职业系统相对于政治系统的独立是不一样的；二则，在法律与道德分离命题被正式提出以前，自然法理念下法律与政治伦理等交织在一起，那时的法律某种意义上不同于戴雪时代以及现代的法律。在戴雪之前，西方法律经历了一个去伦理化的过程，这个意义上法律及法学本身才具备了现代意义上的独立性。

二、三大系统间的关系与竞争法的诞生

总之，通过对 19 世纪社会的观察，我们能够发现经济系统、法律

---

① 何永红：《戴雪宪法理论研究》，知识产权出版社 2015 年版，第 5 页。

② 参见[英]戴雪：《英宪精义》，雷宾南译，中国法制出版社 2001 年版，第 244 ~ 245 页。

系统相对于政治系统具有强烈异常的独立性。经济系统通过经济自由主义理念,不断发出让政治远离的呼喊,预设了理性人自己按照市场的逻辑,在中立法律的帮助下,能够自行解决好经济的问题,并带来经济的繁荣。法律系统通过走向形式理性化,采用专业的、抽象的、相对封闭的、内在的话语体系,以及法律人专业自治团体的强化,彰显了法律系统对于政治的独立性,抵御着来自政治国家可能的影响。法律系统本身将自己型塑为维护市场自由的、不含干预意图的、中立的规则体系。在这个过程中,法律的形式理性为经济的市场自由筑起了抵御政治国家干预的有效屏障,二者在维护既有利益分配格局,抵御可能来自政治国家的变动方面形成了某种程度的联盟。正如霍维茨所言,“法律形式主义反映了法律界精英的利益与新兴的、强有力的商人和企业集团利益的汇合”。①

然而,这个经济自由化与法律形式化共同构筑的战略同盟,却没有能给欧美社会带来天堂;相反,19 世纪末经济的大萧条、市场竞争的发展到自我消除或者限制竞争这两个事实,使得人们不再轻信竞争的市场,不再相信市场的自生自发能解决这些问题。于是,对政治国家干预经济的需求再次出现了;当然,这种干预的需要也与当时民族国家之间日益严酷的竞争相关。然而,此时法治主义话语已经滥觞,一种政治行为不披上法律的外衣是难以想象的;②而已经形式理性化、“中立化”、内在地反对干预化意图的形式理性法却无法胜任这种干预的意图,于是,一种不同于典型的形式理性法——民法的新型法律——竞争法诞生了。

---

① [美]莫顿·J. 霍维茨:《美国法的变迁:1780—1860》,谢鸿飞译,中国政法大学出版社 2004 年版,第 390 页。

② 哈贝马斯探讨了这种现代社会政治与法律的关系,他认为:“法律和政治力量的同源构成和概念交叉要求进行一种范围更广的合法化,也就是说,要求国家的制裁权力、组织权力、行政权力本身必须通过法律的渠道。”“法律使政治权力合法化,权力也把法律当作一种组织手段加以利用。”[德]哈贝马斯:《在事实与规范之间——关于法律和民主法治国的商谈理论》,童世骏译,生活·读书·新知三联书店 2003 年版,第 165、176 页。

需要注意的是，竞争法之诞生，肯定与应对当时复杂而巨变的经济环境有关。然而，仔细研读最初的竞争法立法实践，同样能够发现，竞争法的立法，同样也内含着政治国家不再囿于经济自由主义的教条，试图更为主动地通过法律干预经济的企图。以上两者是相辅相成的，经济系统自身的问题给了政治系统更多的干预理由；而政治系统一定程度上本身同样有着通过法律影响经济格局，改变利益分配的原动力。后一点，在美国《谢尔曼法》的立法过程中显露无疑。在欧洲，"应当把竞争理解为经济政策的一部分，还是理解为一种'法律'体制，是欧洲竞争法发展中始终存在的问题"。[①] 这种两难选择意味着在欧洲同样存在着强烈的政治系统干预经济系统的动机；至少这种干预是否要经过法律系统作为中介，似乎不太确定。因为欧洲的法律形式理性程度更高，竞争法很难达到一个自治的法律系统所需要的那种形式理性，这也隐含了欧洲竞争法的诞生，是一种不同于既往法治话语下经典的形式理性法的可能。

总之，关于竞争法的诞生，或如格伯尔所言："这是一个经济、法律和政治因素相互作用的迷人故事。"[②]在更为准确地理解19世纪政治、经济、法律三大系统的关系时，将有助于我们更好地理解竞争法的诞生这一历史事件，也更好地理解竞争法诞生对于这三大系统间关系的意义，从而更好地理解竞争法的功能。

《谢尔曼法》通常被认为是竞争法的起点。然而观察《谢尔曼法》的立法过程，就能发现，首先，《谢尔曼法》的立法者虽然痛恨垄断行为，但是他们当时并没有给出足够的智识上的理由。在那个年代，经济学界对于垄断是否有害以及垄断到底在多大程度上有害，或者哪种形式的垄断有害，都缺乏相对严谨深入的探讨。同样情况

---

① [美]戴维·J.格伯尔：《二十世纪欧洲的法律与竞争》，冯克利、魏志梅译，中国社会科学文献出版社2004年版，第16页。

② [美]戴维·J.格伯尔：《二十世纪欧洲的法律与竞争》，冯克利、魏志梅译，中国社会科学文献出版社2004年版，第4页。

也存在于欧洲。卡特尔出现时,关于卡特尔到底对经济发展是好是坏,充满着各种争议。关于这一问题,下文还将详述。然而在缺乏必要智识支撑的情况下,美国的《谢尔曼法》经由合法的立法程序通过了,这并不是因为《谢尔曼法》在学理上、在政策科学维度上有多大的说服力,而是因为《谢尔曼法》保护的对象——中小企业主——虽然在市场竞争中无法与垄断化的大企业抗衡,但是在民主政治中他们有足够的选票以使议会通过这一法案;也就是说,在现代民主社会领域,以拥有财富、资本为代表的经济力量与一人一票的政治力量出现了不对称。因而,《谢尔曼法》的通过,一方面意义在于,对于经济系统本身的运作而言,政治国家再次开始通过立法形式对经济中出现的新问题进行调控;另一方面意义在于,政治系统已经再次试图通过法律系统对经济系统进行干预,从而改变相应的利益分配格局,这一点未必是因应经济系统本身的要求。[①] 然而,到了 19 世纪末,当政治系统试图通过法律系统调控经济,影响经济系统时,面临的却是一个相当形式化、相对封闭保守的、一定程度上接受自由放任经济理念、标榜中立的法律系统。这就不难理解,《谢尔曼法》在立法之初,很少得到法院系统按照当初立法的决定力量——中小企业主——的诉求去实施。与此同时,还需要注意到,在法律系统本身走向形式化以后,一套相对封闭的、精致的话语体系,与实质性的政策诉求之间,某种程度上存在着天然的紧张关系。实质政策的诉求,尤其是竞争法领域的诉求,很难简单对应或者转译成已然高度形式理性化的私法话语。私法中"概念不但要精确,还要遵照演绎逻辑原则形成一个体系。保护竞争的法律不可能符合这种要求——这种观念太新颖了。它的用语不可能做到概念精确,至少无法做到私法中那样的精

① 罗伯特·达尔既认为,"在民主国家里,缺乏政府干预和管制的市场资本主义是不可能存在的。""当不受限制的竞争和市场决定作出的决策一旦给人带来伤害时,人们一定会提出疑问"。解决这种问题,公民"不可避免地转而救助于政治和政府"。[美]罗伯特·达尔:《论民主》,李风华译,中国人民大学出版社 2012 年版,第 146 ~ 147 页。

确,因为它不能依靠私法所享有的数十年至数百年的分析”。[①] 这就注定了新出现的竞争法,不能简单地依托既有形式理性法已经相对成熟的话语体系,而需要某种“法律类型”以及话语技术上的创新。这一点在欧洲尤其突出,正如戴维·格伯尔指出的那样:“欧洲竞争传统的核心特征一直是这样一种观点:竞争法是特殊的,用法律保护竞争超出了正常法律的范围。”[②]“按照这种观点,竞争法是一种新型的法律,它所处理的是传统法律机制不适于处理的问题,所以它也相应地需要非传统的方法和程序。”[③]

在美国,尽管其法律的形式理性化程度没有欧洲大陆尤其是德国高,甚至不如同为英美法系的英国,[④]但波斯纳仍然指出“记住规范贸易的传统普通法跟谢尔曼法之间的不连续性是非常重要的”,[⑤]从而强调竞争法不同于传统法律的特殊性。他认为,虽然传统英美普通法历史上有关于垄断与限制贸易的术语,“所以人们会很自然地认为谢尔曼法是对垄断问题的传统法律关注达到了顶峰;但这是错误的。垄断和限制贸易的普通法有一堆混杂的目标,它们跟竞争和效率基本上无关,有时还格格不入”。[⑥]

---

① [美]戴维·J. 格伯尔:《二十世纪欧洲的法律与竞争》,冯克利、魏志梅译,中国社会科学文献出版社 2004 年版,第 47 页。

② [美]戴维·J. 格伯尔:《二十世纪欧洲的法律与竞争》,冯克利、魏志梅译,中国社会科学文献出版社 2004 年版,第 15 页。

③ [美]戴维·J. 格伯尔:《二十世纪欧洲的法律与竞争》,冯克利、魏志梅译,中国社会科学文献出版社 2004 年版,第 15 页。

④ 关于英美两国在法律形式化维度的差异,可参见[美]P. S. 阿蒂亚、R. S. 萨默斯:《英美法中的形式与实质——法律推理、法律理论和法律制度的比较研究》,金敏等译,中国政法大学出版社 2005 年版。

⑤ [美]理查德·A. 波斯纳:《反托拉斯法》,孙秋宁译,中国政法大学出版社 2003 年版,第 39 页。

⑥ [美]理查德·A. 波斯纳:《反托拉斯法》,孙秋宁译,中国政法大学出版社 2003 年版,第 37 ~ 38 页。

三、竞争法产生的语境之一：形式理性法的中立性、独立性与政治国家干预意图的紧张

由此，我们可以总结出竞争法产生的第一个前提：形式理性法的中立性、独立性与政治国家干预意图的紧张。虽然国家通过法律或者法令干预经济与社会，在前现代社会中就普遍存在过。但需注意，这种干预总体上在方式、规模、深入社会的能力等方面，都与现代社会19世纪下半叶兴起的国家干预有所不同。前现代社会，法律系统的独立性在有些法域，比如欧洲社会比较强，但在其他法域，典型如传统中国，基本上谈不上存在封闭独立的法律系统；但是无论哪种情况，政治国家对经济系统的干预，都不太需要借助于相对自治或者不自治的法律人团体。更多情况下，政令自上而下，不太需要一个法律人群体帮助其在技术上完善、在话语层面转换为法律的代码，而更多的是直接依据行政命令的方式实施。然而，竞争法出现时，法治国理念已深入人心；在当时的西语社会，政令如果不通过法律的形式表达，是无法获致必要的合法性的。在这个时代，虽然危机重重，但试图"脱嵌"自主运作并且具备了一定独立性的经济系统，对来自政治的干预始终怀着潜在的敌意，除非这种干预是在法律的框架下进行的，因为如前所述，经济系统某种意义上与法律系统结成了一定的同盟。这也使得政治国家的干预，不得不依靠法律(而非以往可能的政令)这种形式。这时的法律系统，经历了实体服从换程序自治的历史性交易，[①]已经非常强大；在美国，政治系统的立法甚至要经受来自法律系统的违宪审查。欧陆社会，法律系统自命为市民社会的代言人，也用着精致的抽象的话语技巧抵制来自政治系统的干预。关于这一点，有论者认为："萨维

① 参见[美]P. 诺内特、P. 塞尔兹尼克：《转变中的法律与社会：迈向回应型法》，张志铭译，中国政法大学出版社2004年版，第64页。

尼和学说汇纂法学实现了私法的内容主要是:将政治排除于国家法学之外。"①某种意义上而言,如上文所言,现代国家政策的工具性、权宜性、变动性,与法律系统的自主性、内在一致性、稳定性之间始终存在一种紧张关系。这种紧张关系对于竞争法这种新型法律而言尤为重要:传统的自足的法律系统,竟然很难在系统内安置这样一个新生事物。这就在一定程度上隐含了竞争法具备不同于主流的形式理性法的新功能的可能。

四、竞争法产生的语境之二:相关知识储备之不足与分歧

竞争法产生的第二个重要前提,是当时人们对于市场竞争以及与市场竞争有关的知识储备的严重不足,并且存在较大的根本分歧。这一点也是竞争法与以民法、刑法为主的传统法律的一个极大不同。传统的民法、刑法,经过人类社会生活数千年的沉淀,在最基础的内核方面不会有太大的分歧,与基础的社会伦理基本保持一致;某种意义上属于哈耶克所言的自生自发秩序。民法领域,人们要诚实守信,不得随意占有或损毁他人财物;刑法领域,不能杀人、不能伤人、不能偷盗,等等,也不会有太大疑义。当然,这不意味着这些法律是不发展的,也不意味着这些法律在技术层面是没有争议的。但总体而言,这些法律调控的是一个社会上已知的领域,在重大的知识前见上,法律界和社会公众分享着相对一致见解,并且这种见解往往本身能够得到来自本法域传统的支撑。由此,我们不难理解,西语世界民法从罗马法始,两千余年的传承,很多制度并未发生太大的变化。② 正是基于这种对社会经验事实一种明确肯定的把握,我们归纳的经典的法律规则逻辑结

---

① [德]霍尔斯特·海因里希·雅科布斯:《十九世纪德国民法科学与立法》,王娜译,法律出版社2003年版,第57页。

② 关于这个问题,我国台湾地区学者苏永钦有过精辟的论述,参见苏永钦:《走入新世纪的私法自治》,中国政法大学出版社2002年版,第4~5页。

构是:“行为模式+法律后果”。[①] 这里面,要求行为模式是明晰的,法律后果是明确的。经典的法律规则应该是建立在对某种社会行为进行广泛观察抽象之后的权威而明确的判断基础之上。然而,竞争法领域,对很多行为的认知,却是从一开始就充满着争议,甚至到今天为止仍旧没有定论。

例如,关于在市场经济中加强竞争,对于社会经济到底意味着什么这一问题,在19世纪就曾经发生过理念上的重大变迁。正如戴维·格伯尔所言,当时“对竞争的认识,与对其结果的看法分不开”。[②] 19世纪的欧美社会,对于竞争至少有三种不太一样的态度。前两种的共同基础是承认竞争对于发展经济有益,“十九世纪中叶以来,竞争的潜在经济益处就在欧洲得到普遍承认”。但这种情况下,对于如何更全面地评估竞争,仍旧存在分歧。一种观点强调竞争的好处,主张允许并鼓励充分的市场竞争。而另一种观点“则更看重不受限制的竞争所导致的消极面,例如经济和政治权力的集中化,对中小企业的损害或对特定共同体或社会群体的损害”。[③] 在19世纪70年代的经济大萧条后,对于竞争能够改善经济的信条也发生了动摇,出现了第三种观点:与竞争相关的“更大的经济自由并没有提供经济稳定和不断增加的财富,它的社会成本要高于预期”。“它的经济许诺已经破灭,而

---

① 关于法律规则的逻辑结构,法理学界在表述方面一直存有争议。本书采用的是沈宗灵老师的观点,参见沈宗灵主编:《法理学》,北京大学出版社2000年版,第46~47页。其他的观点大致有:分为“假定+处理+制裁”,这是前苏联流行过的观点(沈宗灵,前著第48页);分为“假定+处理+后果”,这里的处理相当于行为模式,可参见张文显主编:《法理学》(第3版),法律出版社2007年版,第116~118页。对比这三种不同观点,三分的逻辑结构某种意义上其实可以分别视为对“行为模式”和“法律后果”进行了深度细分。两分的方法,即“行为模式+法律后果”已经能够说明问题了。故本书采纳此说法。

② [美]戴维·J.格伯尔:《二十世纪欧洲的法律与竞争》,冯克利、魏志梅译,中国社会科学文献出版社2004年版,第12页。

③ [美]戴维·J.格伯尔:《二十世纪欧洲的法律与竞争》,冯克利、魏志梅译,中国社会科学文献出版社2004年版,第13页。

它的社会后果引人注目。”[①]这种观点已经对于经济自由意义上的竞争是否能够促进经济繁荣持一种怀疑态度了。而这种观点在德国等法域,影响力一度非常之大。19 世纪下半叶的德国,“人们日益把竞争视为一种丑恶的、靠不住的力量,不能依靠它来取得财富与稳定,直到下个世纪中叶,在德国没有多少人觉得竞争从本质上说是一种积极的社会互动方式”。[②] 在上述三种对竞争不同的评价的前提下,关于是否需要竞争法,哪些领域哪些行为需要竞争法调整,在需要法律调整的前提下,应该用什么样的法律手段去调整,人们需要运用竞争法达到什么样的目标,都充满着争议,某些争议甚至延续到今日,尽管部分争议被芝加哥学派等“主流学说”在某种程度上遮蔽了。

与此同时,当时的人们对竞争法的另一个核心概念:垄断,在认识上也同样充满着争议。在美国,正如波斯纳所言,“谢尔曼法的制定者们关心的是托拉斯问题,但什么是他们所认为的托拉斯问题并不清楚,而且实际上还自相矛盾”。[③] 例如,“保护竞争者不受低价的损害跟保护消费者不受高价的损害是不可兼容的目标,只有罕见的几个例外”。[④] 可见,当时的美国立法者们在立法时,其实对以托拉斯为主要形式的垄断,并没有充分的认识;为何要反垄断?如何才能更好地反垄断?这些问题并非经过了智识上理性的考量,而更多体现的是中小企业主与大企业主在利益层面的争夺。

对于另一种垄断形式:卡特尔,甚至在同一时代在不同法域也有着截然相反的认识。在美国,到了谢尔曼法颁布以后的 1898 年,“最高法

---

① [美]戴维·J. 格伯尔:《二十世纪欧洲的法律与竞争》,冯克利、魏志梅译,中国社会科学文献出版社 2004 年版,第 32 页。

② [美]戴维·J. 格伯尔:《二十世纪欧洲的法律与竞争》,冯克利、魏志梅译,中国社会科学文献出版社 2004 年版,第 84 页。

③ [美]理查德·A. 波斯纳:《反托拉斯法》,孙秋宁译,中国政法大学出版社 2003 年版,第 38 页。

④ [美]理查德·A. 波斯纳:《反托拉斯法》,孙秋宁译,中国政法大学出版社 2003 年版,第 39 页。

院确立了无论所固定的价格有无合理性，卡特尔和其他固定价格的协议都属于非法这一原则”。[①] 然而，同一时代，奥地利是欧洲唯一在立法中规定卡特尔协议无效的国家。并且奥地利的相关法律也只“发挥了法律的一项功能——确认不可接受的行为，但没有发挥另一项功能——制止受到禁止的行为”。[②] 而与奥地利相邻的德国，主流的历史主义经济学界甚至有这样一种观点：“卡特尔是对这一时期的生产过剩和不稳定作出的自然反应，所以也是恰当的反应。”[③]并且，“卡特尔促进了积极的伦理态度，如对经济活动中的节制与忠诚，以及对弱势竞争者的关怀”，因此，“卡特尔的伦理特点，经常被拿来跟美国的托拉斯作比较”。[④] 而对于德国法学界而言，“觉得卡特尔是个全新的现象，法学家几乎没有时间对它作出分析和评论”。[⑤] 在这一背景下，1897 年，也就是美国最高法院判定所有卡特尔非法的前一年，德国最高法院在萨克森州木纸浆案中作出了与美国法院截然相反的判决，以保护公共利益的理由认定了一项卡特尔协议的合法性。[⑥] 并且，这一判决影响了日后德国多年的司法实践。由此可见，当时，尽管同在欧美的法文化背景下，不同法域对于同一现象的认知与评价差异之大。站在当代视角，人们可能会倾向于认为德国当年的判决是错误的而美国是正确的；然而，回溯到当时具体的语境，考察两种判决在各自法域的社会后果，恐怕不能简单地作出这种评价。

---

① ［美］理查德·A. 波斯纳：《反托拉斯法》，孙秋宁译，中国政法大学出版社 2003 年版，第 40 页。

② ［美］戴维·J. 格伯尔：《二十世纪欧洲的法律与竞争》，冯克利、魏志梅译，中国社会科学文献出版社 2004 年版，第 64 页。

③ ［美］戴维·J. 格伯尔：《二十世纪欧洲的法律与竞争》，冯克利、魏志梅译，中国社会科学文献出版社 2004 年版，第 105 页。

④ ［美］戴维·J. 格伯尔：《二十世纪欧洲的法律与竞争》，冯克利、魏志梅译，中国社会科学文献出版社 2004 年版，第 107 页。

⑤ ［美］戴维·J. 格伯尔：《二十世纪欧洲的法律与竞争》，冯克利、魏志梅译，中国社会科学文献出版社 2004 年版，第 109 页。

⑥ 参见［美］戴维·J. 格伯尔：《二十世纪欧洲的法律与竞争》，冯克利、魏志梅译，中国社会科学文献出版社 2004 年版，第 111 页。

综合以上论述可知,在竞争法产生的那个年代,人们对于竞争法涉及的有关社会经济现实的认知有多大的差别;事实上,直至今日,关于竞争法的许多认知仍有许多可商榷之处。这种认知分歧之大在其他法律部门是难以想象的。某种意义上,竞争法诞生于这样一个背景:风暴来临了,航船必须离开,却不知该驶向何方。竞争法既不是传统的内生于市民社会的自生自发秩序,如典型的民事商事法律;也不是相对理性构建的结果,如某些公法规范以及专利法、著作权法等新兴法律。① 竞争法自诞生之日起,其发展及运行一直伴随着人类对于市场领域未知或者争议现象的探索;这同样隐含了竞争法具有不同于普通形式理性法的新功能的可能。

另外值得注意的一点是:与人们对竞争法知识储备严重不足相对应的是,竞争法从产生以后,在工具层面被赋予了极高的使命,而缺乏一种通过自主独立价值彰显抵御外来评价的机制,这使得社会对竞争法规则的合法性乃至科学性维度提出了更高的要求。传统的法律,如民商法,可以彰显其对自由平等价值的保障,放任市场交易自行完成,而不太需要对真实的市场运行负责;在经济运行出现危机时,人们不太会质问是否是由于民商法的立法或者运行出现了问题。而刑法,从社会对其的需求层面,某种程度应当对社会治安、预防犯罪等问题担负起相应的责任;这种责任对刑法的量刑的罪责刑相适应、行刑处遇的妥当性等问题提出了相当高的要求,真正做到这一点需要现实中非常严苛的实证刑事政策科学知识。然而,现实中各国的刑法很难真正做到这一点,但刑法学通过话语层面对于"法律工具主义"的抵御成功地摆脱了这种不利局面。规范刑法学凸显刑法独立存在的价值:保障人权、保护社会,通过人权话语下的轻刑主义理念等,而成功地摆脱或者遮蔽了外界对刑法的工具性要求——预防犯罪、对社会治安负责。

① 关于专利法、著作权法的建构历史,参见黄海峰:《知识产权的话语与现实——版权、专利与商标史论》,华中科技大学出版社 2011 年版。

这使得整个刑法话语系统可以在一定程度上摆脱来自社会需求层面的评价的情况下通过彰显人权等价值话语而自行运作，从而形成与其他学科、与社会公众的“专业槽”。[①] 然而，竞争法很难具备这种机制，无论是哈佛学派对于社会层面的多元价值考量，还是芝加哥学派对于效率的高度追求，深层次的共同点都是：不否认竞争法是达到某种社会目标的工具，都在预设着竞争法需要对某种社会状态负责。这种情况下，竞争法的相关运作无法向一种自定义的内在价值领域逃离，而必须面对外在的政策效果的审视；无论预设的价值目标是什么，竞争法都需要更为“科学”地迈向这些目标；而这些目标多少是在社会上实际能观察到的。出现经济的增长和衰退、市场出现混乱、国家竞争力的下降等现象，人们都很容易与竞争法的运行状况联系在一起。因此，现实中人们对竞争法有着极高的工具性的政策科学要求。而这种工具性政策科学要求之高则进一步凸显了竞争法领域知识储备之不足。

第四节　竞争法的产生语境与竞争法的三大功能

上文回顾了 19 世纪末竞争法诞生之际所面临的政治、经济、法律环境及三大系统间的关系，以及人们关于市场竞争现象的相关智识储备与分歧。我们可以简单地概括，普通形式理性法存在于这样一种系统间关系：政治系统赋予了法律系统自治运行的权力，法律系统中立地为经济系统的自在运行提供基础规则；经济系统彰显着其对于法律系统、政治系统的独立性，而法律系统彰显着其对于政治系统的独立性。这种系统间的关系，在相当程度上决定了形式理性法的基础功

① 刑法研究的“专业槽”这一概念较早由陈兴良老师提出并阐述（参见陈兴良：《刑法哲学研究论纲》，载《中外法学》1992 年第 3 期，第 1～6 页），这种概念与相应学术立场的提出对于之后中国刑法学的影响不可低估。相关探讨可参见马荣春：《“专业槽”：刑法学知识转型中的一个原本、扭曲与回归》，载《中国政法大学学报》2014 年第 3 期，第 69～78 页。

能:稳定行为预期。法律系统之所以能够提供稳定的行为预期,首先需要获得来自政治系统的保障:政治系统保证法律系统的自治性,与法律系统完成了一个“实体服从换程序自治”的历史性交易。法律系统之所以需要提供稳定行为预期的保障,源于经济系统运行中人们对于自由地理性计划参与经济事务的需求,源于自由市场环境下每个主体作出必要市场决策时需要减少信息成本、减少不确定因素的规则保障。这时的主要法律,也即形式理性法,最直接的目标在于明晰并保护产权,并且提供一套有利于当事人意思自治的交易规则,同时保障相关规则在现实中发生作用、使人们按规则的行为能够获得预期的法律效果。“法律行为”这一概念的提出,以及对法律行为的效力评判机制和保障机制非常典型地说明了这一点。在这种系统环境下,我们可以更好地将稳定行为预期理解为形式理性法的基础功能。这种系统间关系,正是19世纪中叶经典的系统间关系。这种系统间关系,其实就是自由主义理念的对三大系统的要求;当自由主义市场在19世纪后半叶出现危机时,这种系统间关系必然需要受到重新的审视。

危机首先出现在经济系统。如前文所述,19世纪70年代欧州经济在自由放任理念下出现了一次大萧条,而美国则大规模地走向了垄断化。自由竞争的市场经济在两个方向都出现了问题:自由放任的竞争造成了经济的无序与混乱乃至萧条;自由放任的竞争导致垄断的出现,从而内在地预留了自己走向消亡的可能。这两个方面的问题在上文所述的以往三大系统关系之下几乎无解:政治系统首先不能干预法律系统与经济系统的运行;而主要为当事人意思自治的交易提供规则保障的法律系统相对于经济系统的中立、自治要求,使得法律系统无法帮助改善由自由放任竞争形成的无序、混乱乃至萧条;也同时更无法介入自由竞争导致的可能的后果——垄断的出现,并最终消灭竞争;而消灭竞争,其实也就意味着斯密经济学所预设的“看不见的手”的机制不再起作用了,自由主义经济学指导下的经济运行自我走向了自身的反面。经济系统自身出现了无法靠自身力量处理的危机;而法律系统,单单依靠传统的自治的形式理性法,对经济系统出现的问题也已无法解决,这种情况下,首先政治系统的介入就成为必须的了,其次对法律系统提出了某些改进机制或者发展出新机制的要求。竞争法的两大功能正是因应这两大需求而产生的。

政治系统介入经济系统,在现代法治语境下,如若要获得合法性,则必须依托法律系统作为媒介,将政治话语、政策意图转译成法律代码,使之嵌入法律系统并成为法律系统的组成部分,再作用于经济体。在涉及市场竞争的领域,政策意图嵌入的法律系统的组成部分往往是竞争法。这意味着,竞争法担负着一种将政策意图用法律的方式表达,并作用到经济系统的功能。本书将这种功能概括为竞争法的政策功能。这种政策功能不同于普通法律的稳定行为预期功能,一方面,在政策决策作出并贯彻下来时,往往和经济领域行为者基于既有规则的行为预期并无必然关联,行为者对政策本身在更多情况下是没有精准的预期的,这个过程中,竞争法努力的方向是用法律的话语使行为者接受预期外或者与预期无关的政策意图。回到卢曼的理论,竞争法此时完成的并不是一种"对失望的认知性解释",因为当政策意图贯彻下来时,尤其在行为者已经"习惯了"政策的出台与变动时,行为者可能既不存在基于规范的预期也不存在对于规范的失望,需要做的只是通过竞争法的机制明确政策意图,在此基础上形成新的预期。另一方面,将如下文所论述的,当竞争法成为这种政治系统与经济系统沟通的中介时,竞争法所担负的将不仅仅是将政治系统政策意图灌输给经济系统的职责,同时还在事实上担负着从经济系统运行中收集相关信息反馈给政治系统,从而帮助政治系统更好地作出政策决策的职能。总体上而言,这种竞争法的政策功能,相当程度上已经超出了卢曼关于法律系统功能学说可能的解释范围,而是事实维度实实在在存在的一种新的功能。完整的竞争法政策功能是一种这样的功能:竞争法系统从输入端接受政治系统的政策决策,将之转译、嵌入竞争法系统内,然后在输出端作用于经济系统;同时,竞争法系统从输入端接收经济系统的各种信息反馈,对之进行筛选加工之后,在输出端传送到政治系统帮助政策决策。总之,竞争法担负了一种通过政策的形成与实施沟通经济系统与政治系统的功能,并在这个过程中构建、形成了一些特殊的机制。关于这一功能及其实现的相关机制将在本书第二章中详细展开论述。

除了政治系统通过法律系统的介入以外,经济系统在自由放任的竞争中出现的两种不可欲的情况——无序的乱竞争——使得真正的优秀经营者(市场经济预设这些经营者应该能够在竞争中胜出)不能胜出、其权益得不到保障;走向垄断而导致的某些领域内削弱竞争甚至消除竞争。这两种情况也对法律系统提出了一种新的要求:这时的法律系统不能再简单地预设中立的交易规则,而需要参与型构并维系一种有序的竞争秩序,对竞争者的竞争行为进行调控,对市场的竞争程度进行掌控。

如前文所述,19 世纪之前,商人阶层自治的商业伦理以及行会对竞争行为有着调控与限制。这种情况下,充分的竞争本身就不是一种值得追求的目标;而违反商业伦理的竞争方式会导致来自商人自治团体的抵制甚至商人内部规则的制裁。因此,19 世纪之前的国家实定法,总体上确实没有更多地建构一套竞争规则、调整竞争行为的需求与意图。

然而到了 19 世纪,如前文所述,上述情况发生了大的变化。首先是自由主义思潮对竞争的强调,使得各种商事主体在市场上的竞争行为不但不再受到限制,反而不断加剧、升级,很多新竞争行为被发明并普及,而且竞争的烈度不断加强。其次是行会等调控竞争的传统组织的解体。最后,更重要的是,19 世纪分离命题下,普通民商事法律走向了形式理性化,并在这个过程中出现了一种强烈的非伦理化、反伦理化倾向,①使得伦理本身在法律系统运行中的作用大为降低,同时伦理

① 日本学者川岛武宜详细探讨了现代资本主义社会(市民社会),法律的非伦理化及反伦理化问题。参见[日]川岛武宜:《现代化与法》,申政武等译,中国政法大学出版社 2004 年版,第 1 ~48 页。

对社会的调控机制也被弱化。这种情况使得竞争大量出现、被“植入”社会,然而调控机制出现了缺失。曾经一度有主张认为,一个充分竞争的市场经济社会,能够通过竞争治愈自身的弊病(今天很多市场原教旨主义者仍旧“信仰”这一断言),然而,残酷的经验事实却给出了相反的答案:过度、无序的竞争导致经济混乱;竞争的胜者用各种机制放大竞争优势却在根本上消灭竞争。这种情况下,经济系统单单靠自己已经无法独立、自治地有效运行,而需要法律系统介入,对竞争行为进行调整、构建并维系竞争机制。

某种意义上,在人们预设竞争本身能够治愈自身的弊病时,同时也是在预设竞争行为都是合法的、值得捍卫提倡的,这时法律系统不必介入竞争行为。然而,在竞争的弊端显现出来时,就产生了一种新的需要:必须甄别哪些竞争行为是有利的值得提倡的、哪些竞争行为是不利的需要控制的,并引入法律的机制对之进行调控。而法律机制进行调控的前提则是运用法律系统的二值代码——合法/非法对竞争行为进行界分、识别,在区分出合法的竞争行为与非法的竞争行为后,在法律上赋予合法的竞争行为以肯定性后果、对之予以保护,对非法的竞争行为予以否定性后果、对之进行必要的制裁。这种情况下,因应调控市场竞争秩序而新诞生的竞争法,就需要具备一种功能:对竞争行为进行合法性识别,区分合法的竞争行为与非法的竞争行为。

竞争法的这种功能不同于普通形式理性法的稳定行为预期功能。形式理性法运行中,规则是预设的,某种类型行为的合法或者非法通常是通过规则确定下来的,现实中普通案件是将被认定的事实涵摄于规则的行为模式,从而推断出法律后果是否合法;疑难案件复杂一些,但通常借助于法教义学的解释方法,仍旧能够使得形式上预设的规则最终对案件事实进行合法性判断。这种情况下,行为者对自己的行为有着相应的法律上的预期,利益相关人同样基于对规则的认知对行为者的行为有着法律后果方面的预期。法律系统的功能是使行为者的规范性预期能够得到保障,或者对于失望作出必要的认知性解释。总体上,法律的功能仍旧是稳定行为的预期。

而竞争法系统对于行为类型进行识别时,通常而言,行为者对于自己行为是否合法并不存在强烈的规范性预期,尤其是被不断创新出来的新的行为类型。不仅行为者本身对其行为的法律后果没有确定的预期,其他利益相关人同样对该行为的法律后果抱着不确定的态度。这时,竞争法的功能是对行为的合法性进行识别,给出一个合法或者非法的后果。本研究将竞争法的这种功能概括为识别功能。

竞争法的这种识别功能不同于卢曼、拉兹所论述过的纠纷解决功能(在卢曼的理论体系里,纠纷解决只能是从属于稳定行为预期的副功能)。一方面识别新类型竞争行为不一定以纠纷的存在为前提(后文还将论述,存在一种经营者在行为做出前主动申请识别的机制),另一方面也不仅仅以解决纠纷为目的(识别的后果更大意义是有可能产生一种新的规则)。其他法律也会遇到法律没有明确规定的纠纷的情形,通常视这种情况为"法律漏洞"。然而,后文将论述,这种对于"法律漏洞"的填补机制与竞争法的识别功能有着根本的不同。一方面,法律漏洞的填补一般尽可能运用教义学的方法,而竞争法的识别引入了更为复杂的机制;另一方面,也是更重要的,"法律漏洞"的出现在其他部门法中通常被视为非常态的,但竞争法由于其本身知识的不确定性、鼓励竞争机制下新竞争行为的层出不穷等因素,竞争法运行中出现需要识别的行为是常态的,竞争法由此构建了一套复杂并且相对完善的识别机制。关于竞争法的这种识别功能,及其涉及的各种机制,本书将在第三章予以详细探讨。

经过上百年的积累,人类对市场竞争领域的规律已经有了更多的知识储备,也对某些类型的竞争行为逐渐形成了相对稳定的认知。尽管,在更为宏大的历史长河叙事中,我们会发现,有些认知并不一定稳定、而新类型的竞争行为还将在"竞争"这种机制本身的激励下不断涌现出来,所以上文所述的竞争法的识别功能不会在可预见的未来消失;然而,这种阶段性逐步积累的共识,仍旧使得立法者有可能在某些领域概括出一套相对稳定的、类似形式理性法的竞争规则。反不正当竞争法,其核心领域基本的发展脉络就是:新出现竞争行为——法律进行识别与试错——概括出普遍的规则。

这种情况下,部分各国的反不正当竞争规则在给未来的识别留出一定空间(比如设置一般条款、兜底条款)的情况下,一定程度上走向了形式理性化。如前文所述,这种法律的形式理性化,意味着法律更高程度的确定性与稳定性,行为者可以基于已知的规则规划自己的行为,并相信自己合法的行为能得到法律的保障;行为者同样可以根据法律合理预测他人的行为,相信合法行为会受到保障、违法行为会受到追究与制裁。这种情况下,相关领域的行为人就基于法律形成了合理的预期,而法律系统能够稳定、保障人们的这种预期,这就是法律的稳定行为预期功能。当部分反不正当竞争法走向了形式理性化后,这部分反不正当竞争法就具备了和其他形式理性法一样的稳定行为预期的功能。

而反垄断法领域,也存在某些共识的形成与发展,只是相比之下要少很多。但反垄断领域也在某些有助于行为人对自己及相关当事人行为在法律上的性质努力构建更好的能被保障的预期的机制,如出台指南性文件、建立事先合法性识别机制。这些举措,虽然不足以导致整个反垄断法走向形式理性化,但是在一定程度上可以给行为者提供更大程度上可被法律保障的预期。与此同时,无论是德国弗莱堡学派试图将反垄断法司法化及私法化的努力,还是美国芝加哥学派试图缩限反垄断执法范围、将价值目标缩限为单一的效率目标意图,都在一定程度上有助于提高反垄断执法的可预测性。尤其是芝加哥学派缩限了反垄断法的执法范围,其实就是预设了更多情况下导致垄断的行为或者垄断经营者行为的合法性,这种情况下,相关行为者及承受行为者对于行为都有了确定的预期——行为是合法的。而将反垄断目标缩限到效率,虽然如下文所述,很多情况下尚不足以真正为纠纷提供确定性的答案,但是单一的目标相对于多元的目标,毕竟需考量的因素减少了，而且经济学方法的引入总体上更能给人答案确定的感觉，因而，总体上更有利于行为者基于规则及相关知识形成有可能获得保障的预期。综上所述，总体上而言，反垄断法形式理性化的程度还比较有限，但有向法律确定性发展、给当事人提供更多行为预期保障的努力与趋势。

无论是反不正当竞争法的部分形式理性化，还是反垄断法向法律确定性发展、给当事人提供更多行为预期保障的努力与趋势，都在事实维度提供了一种功能——在相关领域内保障、稳定行为人预期的功能。这种功能是其他法律普遍具有的功能，在竞争法中也存在，并且有可能在未来的竞争法中更重要，因为法律系统有一种追求确定性的本能。关于竞争法的稳定行为预期功能，本书将在第四章中详述。

本章小结

本章首先厘定了所探讨的竞争法的范围：包括反垄断法与反不正当竞争法，包括美国、欧洲等所有有竞争法实践的法域，从而将更为广泛的经验事实纳入观察视野。继而对比探讨了两种不同的法律功能理论，选取了卢曼等学者的法社会学系统功能理论作为主要的理论分析框架，将稳定行为预期功能预设为法律的基础功能。然后回顾了竞争法产生之际政治、经济、法律三大系统的关系，以及这种特殊历史语境对竞争法的影响。在 19 世纪末的特殊语境下，民法等传统法律走向了极端形式理性化，已然无法为现实的国家政策通过法律系统介入经济系统提供必要的空间；而政治的民主化以及经济系统本身的危机又导致了政策介入经济运行的需求。这种情况既直接影响了竞争法的诞生，又使得竞争法具备一种以往形式理性法不具备的功能：政策功能。与此同时，市场竞争在不断鼓励竞争行为的创新，而学界对与竞争有关的诸多现象缺乏稳定的认知，使得竞争法与普通形式理性法不同,需要更多面对一个开放而未知的世界,于是,对不断涌现的新行为进行合法性识别催生了竞争法的另一项独特功能——识别功能。政策功能与识别功能的出现,加上稳定行为预期的法律基础功能,使得竞争法在功能维度,同时具备三种不同的功能。

第二章　竞争法的政策功能

第一节　政治国家与竞争法的政策功能

一、竞争法领域两种不同意义的政治国家在场

通过上文的探讨，我们可以发现竞争法不同于以民法为代表的形式理性法的一个重大特征是：竞争法的立法、执法、司法诸环节，面临着更多来自政治国家层面的政策意图。总体上而言，竞争法本身并没有像民事法律那样依托市民社会自治伦理而传承下来的相对统一的内在逻辑以及外在概念术语体系，本身不具有那种对于政治国家而言独立意义上的“私法自治”。当然，这并不排除部分竞争法规则制度走向形式理性化。但是，相当数量的竞争法规则只是规定了行政政策介入的程序，同时赋予了行政当局较大的自由裁量空间。这一点，并非体现竞争法的不完善或者缺乏“法治”精神，恰恰是现代国家对竞争法的一种不可避免的要求。某种意义上毋庸讳言，竞争法本身的存在更大程度上是工具意义上的，从《谢尔曼法》产生之初，其实竞争法就面临两种不同的问题：在经济领域如何做大蛋糕；如何在社

会经济领域更好地分配蛋糕。主流的芝加哥学派把竞争法的目标锁定为前者,而最初的《谢尔曼法》立法者、哈佛学派的学者则至少同样关注后者。无论如何,竞争法之出现,是因为选民为了利益而非所谓的“理念”通过政治系统的压力而立法的,这既不是内生于市民社会本身的自生自发秩序,也不是来自法学家为代表的法律系统的有意识建构。至少,在最初的美国,竞争法的出现就是来自政治压力。

与此同时,必须注意到,尽管存在一定的争议,然而在现代社会,政治国家制定相关政策对经济进行调控,是一种实然存在的现象。无论经济学界赞同与否,即便在新自由主义滥觞的 20 世纪 80 年代,西方各国依然普遍存在国家对市场的调控,而这种调控中,对竞争政策等经济政策的运用非常重要。国家要在哪些产业内强化竞争机制,在哪些领域内弱化国内的竞争,默许某种程度的国内企业联合从而对抗国际竞争者,等等,都有一定的考量。例如,出于与欧洲空中客车公司进行国际竞争的需要,美国当局赞成波音与麦道的合并,尽管这种合并事实上使原本相互竞争的两个企业在美国国内形成了垄断的局面。①

某种意义上而言,民法等私法,作为“市民社会自治法”,现实中的运行并不以政治国家的在场为必要条件;在某些战乱的地区或者处于无政府状态的地区,最基础的民事规范仍旧能够得到运行;用哈特的经典理论,人们是以一种内在观点②看待民事法律的。基于私法自治的原则,民事纠纷不发生时,根本无须诉诸政治国家;③即便发生,也可以寻求调解、仲裁等非政治国家的解决方式。除涉及人身关系与风俗的领域外,不同法域的民事法律在具体制度内涵方面,总体上而言具

① 案情详见李彬:《竞争法的基本范畴研究》,知识产权出版社 2016 年版,第 161 ~ 169 页。

② 内在观点在哈特的理论中,指一种主动接受、维护规则的心理状态。参见[英]哈特:《法律的概念》,张文显等译,中国大百科全书出版社 2003 年版,第 90 ~ 92 页。

③ 关于民事法律的这一重要特征,可参见[日]美浓部达吉:《公法与私法》,黄冯明译,中国政法大学出版社 2003 年版,第 33 ~ 41 页。

有更多的共性；民族国家的在场并不是那么强烈。一般而言，民事法律中虽然也有时会提到国家利益，但是在基础原则层面通常只涉及公共利益与公序良俗，国家本身作为民事主体时，和其他主体是平等的；我国的民事法律也会提到国家政策，但这种政策只是在法条等规则资源不足以解决问题时的补充，并且将国家政策作为法源受到了学界的广泛置疑或者限制性解释，后来通过的《民法总则》《民法典》没有再明确把国家政策列为法源。在涉及涉外纠纷时，准据法的选择可以是外国法律；纠纷可以选择国际仲裁；在部分情况下，甚至可以执行外国法院的生效判决，等等。并且，基于私法自治的原则，尤其是程序层面，是否把纠纷交付国家处理完全取决于当事人的意思自治，这种情况下，通过民事政策及立法干预经济社会很难达到效果。例如，前文述及的，虽然奥地利法律很早就认定卡特尔协议是无效的，但只要卡特尔协议的签订者不将该协议诉诸法院，事实上执行该协议，政治国家依然是无可奈何的。总之，在以民法为代表的典型的形式理性法领域，我们看到的是一种政治国家的缺场或弱在场。

竞争法领域则不然，尽管时至今日，全球化话语已经滥觞，然而从客观经验事实层面考察，则不难发现，各国的竞争法领域都能明显地感受到"民族国家"的在场。戴维·格伯尔名著《全球竞争：法律、市场和全球化》的第一大部分，标题使用的就是"作为全球竞争框架的国家主权"，这已然表明了尽管可能的趋势是全球化，但国家主权的在场乃是竞争法领域不可回避的问题。

这种在场体现在两个维度。

其一，竞争法的执法，更多情况下需要政治国家权力的主动介入。这主要体现在竞争法的公法制度领域。各主要法域的竞争法制度，尤其是反垄断法的制度设计方面，公法机制（在美国视为公共执行）都是最主要的实施机制，这种机制中行政当局的地位非常重要。在涉及垄断协议、滥用市场支配地位等情况时，行政机构需要主动介入，进行调查，作出裁决或者提起诉讼；在涉及企业合并等问题时，企业需主动向行政机关报备,相关合并行为需得到行政机关的允许。这种情况下,政治国家需作为执法方在场;这一点明显不同于普通民法领域纠纷的解决。我们可以设想,国家公共权力短期缺场的情况下,普通民事领域的市民社会自治能够继续进行;但我们难以想象,国家公共权力缺场的情况下,某些竞争法规范仍旧能够很好地自觉地得到实施。

其二,除了作为执法一方在场外,竞争法领域,政治国家还有一种同样重要的使命,就是将国家政策意图贯彻到竞争法的实施中去。如前文所述,虽然受到新自由主义等经济学派的反对,但是在经验事实层面,政治国家对经济系统的干预是通常存在的,这也包括对竞争法调控领域的竞争秩序的政策干预。按照学者刘桂清的观点,反垄断领域的这种干预至少可以涉及两种不同的国家政策——竞争政策①与产业政策。他认为:"反垄断法作为一国竞争政策的核心体现,其存在的根本目的在于维护本国竞争政策并以此保障自由公平的竞争机制能够充分发挥资源配置作用。但事实上,任何一个国家反垄断法的制定与实施都不仅仅纯粹是竞争政策的体现,而是还融合了对产业政策合理诉求的考虑,从而使反垄断法表现出了明显的对产业政策的兼容性。"②所谓竞争政策,有学者将之定义为"政府使用的、决定市场竞争机制运作条件的一系列方法和制度工具"。"这些方法和工具既可能是促进竞争的,也可能是限制竞争的。"③所谓产业政策,有学者将之界定为:"一国政府为实现特定的经济和社会目标,如实现产业结构调整和转换、经济振兴与赶超、增强产业国际竞争力等,以各个产业甚至产业内部的企业为对象所实施的引导、促进、保护、扶持、限制等干预

① 关于竞争政策和反垄断法的关系,相关探讨可参见徐士英:《竞争政策与反垄断法的实施》,载《华东政法大学学报》2011 年第 2 期,第 110～116 页;顾敏康:《竞争政策对竞争法制的影响》,载《法学》2011 年第 9 期,第 102～108 页。

② 刘桂清:《反垄断法中的产业政策与竞争政策》,北京大学出版社 2010 年版,第 1 页。

③ 应品广:《法治视角下的竞争政策》,法律出版社 2013 年版,第 21 页。

措施的总称。"[①]这两种不同的政策,其实涉及国家政策通过竞争法机制干预经济系统的两种不同的目标。竞争政策关注的是竞争本身的维护、促进或者限制(当然,这是一种非常中立的视角,不是竞争本身必然在所有领域都是值得追求的;并且,我们必须正视这样一个事实:某些社会生活领域过度的竞争并不一定是有益于效率的提高以及经济体的健康发展的)。这里面,关注的核心是对市场竞争本身的调控;竞争本身构成了国家政策的一种元叙事。而产业政策则不同,产业政策关注的重点乃是产业的发展或者限制(当然这也是一种非常中立的视角),是一个民族国家范围内经济体本身更好地运行;产业经济的发展构成了产业政策的元叙事。这种情况下,是否有利于竞争则有可能不在政策考量范围内,或者更多仅仅具有工具意义。竞争政策与产业政策这两种政策构成了目前影响竞争法立法、执法、司法的两种主要政策。但需要注意,竞争法领域涉及的政策有可能不限于这两种政策,如学者提到了竞争法领域可能涉及贸易政策等。[②] 更需要注意的是,竞争法领域涉及的政策并不一定只是出于经济方面的考量,如反垄断领域,早期各国多有过"强烈的经济民主和政治民主诉求,将反垄断视为维护或造就一国经济民主和政治民主的一项手段;只是到法律发展的后期和成熟阶段,才逐步转向经济学视角及其所代表的效率目标"。[③] 反不正当竞争领域,同样通过对"不正当"的界定而隐含着某些可能的伦理诉求。尽管时至今日,主流学界较少谈到这些诉求,或者干脆对竞争法领域里的这些诉求持否定态度;然而笔者认为,如果我们不预设一种经济中以货币计算的财富总量等同于社会福利、而社会福利最大化是包括竞争法在内的法律的最终目标的话,那么,我们完全没有理由认为,竞争法仅仅只能是关于经济发展或者货币形式的

---

① 刘桂清:《反垄断法中的产业政策与竞争政策》,北京大学出版社 2010 年版,第 10 页。

② 参见应品广:《法治视角下的竞争政策》,法律出版社 2013 年版,第 14 页。

③ 应品广:《法治视角下的竞争政策》,法律出版社 2013 年版,第 3 页。

财富增长的。企业的存在状态、竞争的强度，以及与之相关的人们的生活状态，等等，都可以构成一种政策乃至法律维度可关注的问题。从政治哲学角度，一个法律共同体里共同生活的人们有权利以形成公意的方式选择、决定自己的生活方式，而无须服从经济学家从外部赋予的目标。当然，这只是理论上有这种可能。现代社会激烈的国与国之间的竞争，某种程度上使经济目标得到凸显；但我们依然不能说，竞争法"只能"是关于竞争与经济的。即便目前没有或者少有其他政策诉求影响竞争法立法、执法、司法的现象，但现代民主社会的决策机制以及正当化理论基础预留了这种可能性。并且，观察经验事实，也不难发现现代国家很多政治系统对经济系统的干预，也并不是完全出于发展经济的目标，完全有可能出于保护劳工、外交、教育文化、卫生、环境等其他政策目标。① 而这些政策目标在实施时，同样可能涉及竞争法领域的立法、执法与司法。例如，瑞典反限制竞争法的法律起草人就强调，"社会的另一些利益在特定情况下，可能比该法律中提到的那些经济结果更重要。例如，在这种情况下发现的重要因素，包括反竞争的安排对利用医疗设备和区域性劳动力市场的就业状况的影响。"②从而明确了在适用该法一般条款中的公共利益衡量时，需尊重经济利益之外的公众利益。

二、政治国家在场与竞争法政策功能之关联

竞争法领域中上述两种意义上的政治国家的在场，意义是不同的。第一种，也即政治国家作为执法主体的在场，体现的其实更多是

---

① 经济法学界多承认国家干预经济虽然更多是基于经济目的，但同时不否认国家有可能基于社会目的干预经济。参见薛克鹏：《经济法基本范畴研究》，北京大学出版社 2013 年版，第 28 页。

② ［美］戴维·J. 格伯尔：《二十世纪欧洲的法律与竞争》，冯克利、魏志梅译，中国社会科学文献出版社 2004 年版，第 247 页。

政治国家对经济系统的服务。这里面,维护好经济系统的运行本身是目标,而政治系统,主要是行政系统,只是一种工具。如果经济系统在没有外在干预的情况下本身就能够顺畅运行,那么这种工具的价值将大大弱化甚至无须存在;尽管现实中这基本是不可能的乌托邦。竞争行政执法系统作为一种服务主体,与行政法中其他行政主体、刑事司法中的公安检察系统是类似的。

然而,第二种意义上的政治国家在场,则意义明显不同。这时的公权力更少"行政"和服务的因素,更多"政治"和调控干预的因素。这种情况下,调控干预的目标很可能是完善竞争政策,但如上文所述,也可能是基于其他目标,如产业政策等。这时候政治国家不仅仅再是一个服务于市场竞争系统良好运行的工具,而是某种意义上能够形成独立意见(当然这种意见需要通过必要的法律程序形成)的主体,而且能够通过立法系统、行政系统以及司法系统将这种意见通过竞争法机制施加于经济系统。如果说得再直白一点,那么,在某种意义上,这时的竞争法机制相对于国家政策而言,更多具有工具意义,而更少具有以民法为典型的形式理性法的那种相对于政治国家的独立性。现实中,美国官员经常将反垄断法作为一个谈判筹码,使之有利于美国企业;[①]这与普通民事领域法律要求的中立、公正相去甚远。美国企业背后指向的乃是更为抽象意义上的美国国家利益。关于这一点,一些学者并不讳言。如加利福尼亚大学伯克利分校法学教授 Guzman 就曾经指出,一个国家的反垄断政策与一国的贸易类型有关。他认为每一个国家都是自利的国家,即国家通常旨在最大化其本国国民经济福利而不是最大化全球福利。Guzman 以此为基本假设建立了经济模型作

① 参见[美]戴维·J. 格伯尔:《全球竞争:法律、市场和全球化》,陈若鸿译,中国法制出版社 2012 年版,第 248 页。

为分析一个国家如何实施其反垄断法律的框架。[①]

在国家基于国家利益，通过政策影响反垄断法实施方面，日本的做法具有一定的代表性。当日本在经济及技术不够发达，还主要处于技术进口国的地位时，日本公正交易委员会于 1968 年 5 月公布了《有关导入国际技术契约的认定指南》，规定企业不得签订含有不正当交易和不公正交易方法事项的国际协定或国际合同，以此保障日本企业不受优势外方滥用垄断地位的侵害。此时的日本，采取的是利于被许可人而不利于许可人的"本身违法"。依靠这种非常严格的反垄断政策，日本保障了本国的经济安全，使本国技术竞争力大大增强。大约从 20 世纪 70 年代开始，日本自主研发的技术水准大大提升，开始向技术出口型国家转变。这个时候日本反垄断法关于知识产权许可的政策转而体现技术出口型国家的利益需求。1988 年日本公正交易委员会公布《有关规制专利、技术诀窍许可协议中不公正的交易方法的适用指南》，废弃了 1968 年指南规制技术许可合同限制条款的严厉态度，转为"通过个别具体地判断其对竞争秩序所产生的影响来决定"许可协议中的限制是否构成不公正的交易方法。[②] 这种政策的转向非常明显地体现了政治国家利益的在场。

当然，尽管抽象层面的意义不同，但现实中上述两种政治国家的在场经常是交织在一起的。例如企业合并的审查，通常既是国家行政系统依据竞争相关法律的一种对市场竞争的"服务"，但在服务的同时，也同样有可能存在国家政策意图的渗透影响，这时的审查往往并不是法治意义上消极依法"客观中立的"，而是带有积极政策偏好的，

---

① 参见郑鹏程、肖小梅：《论我国反垄断法规制知识产权许可限制的基本立场——兼评〈关于知识产权领域反垄断执法的指南〉》，载《河南社会科学》2013 年第 3 期，第 43 ~ 46 页。

② 参见郑鹏程、肖小梅：《论我国反垄断法规制知识产权许可限制的基本立场——兼评〈关于知识产权领域反垄断执法的指南〉》，载《河南社会科学》2013 年第 3 期，第 43 ~ 46 页。

当然,在现代法治国家,这种政策偏好本身也需要由国家政治系统按相应程序作出并符合合法性的要求。并且需要注意,尽管似乎第二种意义上的政治国家在场,也即国家政策意图对竞争法领域的影响非常重要;但现实中,这种国家政策意图对于竞争法领域的影响,经常要通过第一种意义上的政治国家在场,也即行政机构作为执法主体的在场而得到贯彻与实施。这一点,下文还将详述。

由于第二种意义政治国家的在场,使得竞争法担负了一种特殊的政策功能:沟通政治系统与经济系统,整合经济系统、法律系统、政治系统的关系,使其能够顺畅地运行。吴宏伟老师曾经认为:"竞争法的最直接、最基本的功能,就是借助竞争法的权威达到贯彻、落实、实现国家竞争政策的目的,即竞争法的政策功能。"①笔者认同吴老师关于竞争法存在政策功能,并且政策功能中"竞争法的权威达到贯彻、落实、实现国家竞争政策的目的"非常重要的论点。但笔者认为,政策功能虽然重要,但如前文所述竞争法还有其他一些功能。并且,将政策功能不仅仅定位于一种单向的国家政策意图的输出,而同时意识到政策功能对政策的形成以及系统间的沟通的意义也很重要。这种经济、政治、法律三大系统之间的沟通功能,在其他某些经济法领域也存在,已有学者指出,这是经济法不同于普通的民法在功能维度上的一个重大特征。② 作为经济法的一个子部门法,竞争法系统具备并在事实上承担了这种功能。

从最广泛的意义上来说,政策可以包括某些主导竞争立法的基础性原则。德沃金将法律原则区分为公理性原则与政策性原则,这里的

① 吴宏伟:《论竞争法的政策功能》,载《中国人民大学学报》2001 年第 2 期,第 84 ~ 89 页。

② 参见肖伟志:《论经济法的系统间整合功能——基于哈贝马斯法哲学思想的一种理解》,载《法制与社会发展》2008 年第 6 期,第 66 ~ 75 页。

政策性原则即可归入国家政策的维度。[①] 而这种政策考量意义上的立法,其实在多数法律中都会存在,如在德国民法中物权变动采物权形式主义,就是一种基于保护交易安全的政策考量;现代侵权责任法上的严格责任亦含有政策考量因素;李斯特也是从对立法的意义上强调刑事政策。[②] 但是这种意义上的政策不是本研究考察的主要对象;这些政策事实上是长期存在、稳定的、非权宜的,与形式理性化的法律内容交织在一起不可分的,某种意义上已经内在于法律系统的;更重要的是,这种政策考量的主体并不一定是"政治"的,而更可能是法律系统自身在无法根据系统内原有概念规则资源作出准确判断时从外部环境资源引入的一种考量因素。这种政策体现的更多的是提供市场基础的规则,而非调控市场的措施。学者单飞越认为,"政策是国家或政党为实现一定的政治、经济、文化等目标任务而确定的行动指导原则与准则,具有普遍性、指导性、灵活性等特征"。[③] 本研究将主要在这样一种意义上探讨政策问题。也即,政策更主要的是来自政治的需求,追求政治后果,而不是为了法律本身的自恰性与融惯性。或者说,政策是一种来自政治系统对法律的要求。有学者更明确地将政策与普通民事等法律的这种区分归纳为:"经济政策追求的是社会效果,民事法律追求的是法律效果。"[④]而"法律效果更多地侧重于对法律规范的常规适用,反映法律适用的一贯性和恒定性;而社会效果更多地侧

① 德沃金认为:通过表明一项政治决定促进或保护了作为整体的社会的某些集体性目标,政策的论点证明这项政治决定的合理性。参见[美]罗纳德·德沃金:《认真对待权利》,信春鹰、吴玉章译,中国大百科全书出版社 1998 年版,第 117 页。

② 参见梁根林:《现代法治语境中的刑事政策》,载《国家检察官学院学报》2008 年第 4 期,152~160 页。

③ 单飞跃、张玮:《经济法中的政策——基于法律文本的实证分析》,载《社会科学》2012 年第 4 期,第 89~97 页。

④ 潘军锋:《论经济政策的司法融入——以政策在民事审判中的介入机制为研究路径》,载《法制与社会发展》2012 年第 1 期,第 90~97 页。

重于特殊情形下的政策考量,反映法律适用的灵活性和应变性”。[①]本书主要观察的政策——竞争政策、产业政策等,某种意义上更多情况下,体现的不是一种形式法律系统自身运行所要求的稳定性、长期性、中立性,而是来自政治系统的一种更多具有短期性、权宜性,内含一定政策目标的措施。

在这种划分下,欧洲国家以及其他很多法域,立法系统以及政府内部作出不仅仅针对个案的普遍性的决策的机构,可以视为出台政策的政治系统;而普通的司法和行政执法部门、不作决策的其他行政部门,可以视为相对于政策决策系统的普通竞争法律系统的组成部分。美国的划分则明显复杂一些,因为如下文将要提到的,美国法院将担负更多公共政策方面的功能。当然,如果要更严格地划分政治与法律系统,则只能是在某种程度上基于理想类型的抽象。经验意义上的政治系统和法律系统,在组织机构上会有所重叠,有可能同一组织机构有时进行相对单纯的执法,有时进行政策决策。例如,作为司法机构,法院通常更多是适用法律、而非作出政策决策的部门,但在某些情况下,法院也可能担负某种程度的政策的决策与贯彻功能;再如美国的联邦贸易委员会,作为一种“第四权力”机构,其也同时担负着政策制定与执法功能。有学者考证,我国的最高法院其实担负了很多公共政策方面的功能。[②] 在不同法域中,美国的法院系统通常担负着相比于其他法域法院系统更多政治意义上的功能。在法律实践中,美国法院的裁判更多体现政策因素,美国法官更习惯于在法律推理时加入实质性考量,而使法院裁判有可能体现更多政治变革的而非法律的形式稳定性和确定性,典型的如布朗案、罗伊案,美国最高法院其实已经在处理公共政策乃至政治问题,而不是通常意义上的法律问题,这些问题

---

① 宋亚辉:《公共政策如何进入裁判过程——以最高人民法院的司法解释为例》,载《法商研究》2009 年第 6 期,第 111 ~ 121 页。

② 相关探讨可参见侯猛:《最高法院公共政策的运作:权力策略与信息选择》,载《北大法律评论》2005 年第 7 卷第 1 辑,第 115 ~ 130 页。

在其他法域通常不是由法院系统或者至少普通法院系统处理的。需要注意的是，我国最高人民法院在某种意义上也通过发布司法解释等规范性文件以及确立指导性案例，而在某种程度上担负了政策决策功能。由于相关政治因素的存在，有些国家，如美国、法国，因为考虑到竞争法实施中“专业考量和政治考量”的适当分离，而采取了竞争法实施机构体系中二元主管与法院协调运作的模式。[①] 美国司法部之外另单独设立了联邦贸易委员会，委员会的委员中同一政党不能超过3人，这种设置一定程度上就是为了区别于联邦政府下属的司法部更多政党政治的政策倾向。

此外，需要说明的是，多有学者采取了一种学术立场：认为竞争政策的目标就是促进竞争，并且，反垄断法的制定与实施就是为了贯彻竞争政策。我国2022年新修改的《反垄断法》亦在第4条新增规定：“强化竞争政策基础地位”。然而强化竞争政策的基础地位，并不意味着反垄断法的制定与实施就只是为了贯彻竞争政策。因此本书不采纳“反垄断法的制定与实施就是为了贯彻竞争政策”的立场，原因在于本研究将尽量秉持一种价值中立的学术立场，尽量不涉及价值评判。自由放任的竞争本身是否就一定有利于社会福利最大化的经济学目标；促进竞争是否需要更多以及如何运用反垄断法，这些在学界仍然是有很大争议的。[②] 按照弗里德曼曾经的观点，反垄断法本来就没有存在的必要，[③]如果秉持这种价值偏好，不仅本书，多数探讨反垄断法的论著都没有必要了；而弗氏的论断明显是与经验事实无关的：无论好坏、无论是否有存在的必要，目前竞争法作为一种制度事实，已在世界范围内的诸多法域广泛存在。因此，本研究并不试图在充满争议的价值评判中寻求一种立场作为前见，而是尽量着眼于观察

---

① 参见李国海：《反垄断法实施机制研究》，中国方正出版社2006年版，第99页。

② 注意，已有学者论述，竞争法的政策可以不仅仅限于经济目标。参见焦海涛：《反垄断法上的社会政策目标》，中国政法大学出版社2019年版。

③ 参见应品广：《法治视角下的竞争政策》，法律出版社2013年版，第3页。

实然层面竞争法可能在做什么，而不首先预设并规定竞争法应该干什么。

如上文所述，竞争法担负了一种特殊的政策功能：沟通政治系统与经济系统，整合经济系统、法律系统、政治系统，使得政治系统的意图能够通过竞争法系统作用于经济系统，并且使经济系统的相关诉求能够通过竞争法提供的相关机制反映到政治系统。[①] 因此，具体而言，竞争法系统发挥政策功能，其实涉及三个维度：其一，在实施法律、平时的日常信息收集、接受企业的各种备案、信息披露以及面对执法的诉求时，面向经济系统搜集必要的信息、企业的相关诉求，将之通过正式的法律途径转换为一种政策语言，输出给政治系统，为政治系统的决策形成政策提供必要的基础信息和参考意见。例如，通过竞争法的执法可以了解到，某行业垄断具有某些特殊形式，或者某地方有变相限制竞争的规章措施，或者通过了解被执法企业的申诉，了解到某些行业的发展情况，等等。其二，竞争法系统内某些机构，在得到更高权力授权的情况下，也会就相对具体一些的涉及竞争法领域的事项作出政策决策。其三，通过立法、执法、司法的过程，将政治系统已经形成的政策，转译成规范的法律代码，再通过法律调控经济系统的运行。前两者涉及的是通过竞争法机制，政策的形成；后者涉及的是通过竞争法机制，政策的实施。在现实中，竞争法机制尽管重要，但并不是政策形成的唯一渠道，影响政策形成的因素很多、对政策形成施加影响的渠道很多，但如若想更为科学地制定相关政策，竞争法机制回馈的信息、竞争法自身的运作机理至少是不可忽视的。而竞争法机制则是

---

① 关于这一点，学者肖伟志曾经探讨过竞争法的上位法经济法的相应功能。他认为："经济法作为政治权威的国家与经济活动系统之间的交往媒介，既是一个不断从政治系统和经济系统获取信息，并将这些信息转化为法律规则的知识系统，也是一个不断协调政治系统与经济系统之间的冲突、促使两者交流和沟通的行动系统。"肖伟志：《论经济法的系统间整合功能——基于哈贝马斯法哲学思想的一种理解》，载《法制与社会发展》2008 年第 6 期，第 66 ~ 75 页。

实施与市场竞争相关政策最主要的渠道。

第二节　竞争法中的政策决策信息收集机制

作出合理的政策决策需要必要的信息搜集,然而,这并不是本书探讨的主旨。因为如上文所述,竞争领域的政策涉及面很广,需要权衡的因素很多,需要收集的信息也很多,事实层面信息来源途径相应的也很多。如何合理地作出相关决策,涉及的问题非常复杂,有论者将之视为一个多方利益博弈的过程。但这种利益博弈解释仍然只是一种实然层面的描述,这种描述其实无助于人们更好地在规范层面改进政策的产出。如前文所述,本研究的主旨在于尽量客观地观察认知基础上的描述、揭示,尽量秉持一种价值中立的立场,因此,关于如何作出更优决策的问题本书暂不探讨,而是将之留给专业的政策科学研究去探讨。当然,必须陈明的一点是,不管政策基于什么目的、出于什么考量、捍卫何种价值,一种政策能否顺利地实施的一个前提都是:对客观存在的竞争法运行机制与客观经济情形的把握。本研究仅探讨可能的来自竞争法领域的决策信息收集问题。

竞争法运行中的决策信息收集机制包括两种:常规执法的信息收集;专门的信息收集制度。这两种机制对于政策决策的意义不太一样:后者乃是专门为政策决策收集信息的机制,某种意义上,后者收集到的信息,在正常情况下相应地会引起政治决策系统的注意;前者则是附带的,其收集到的信息能否引发政治决策系统的关注更多情况下具有一定的偶然性。

一、专门的信息搜集制度

事实上,在欧洲尚未出台正式的竞争法之前,就存在系统地通过一种机制专门收集市场竞争领域某些信息的构想。那时候,人们对卡特尔等现象是否有害于社会并不存在共识,需通过更多的信息认知这一现象在现实中究竟扮演什么样的角色。因此,奥地利学者门泽尔在谈论卡特尔问题时,确立了两条原则,其一就是:"国家必须能够获得有关卡特尔的信息。"[①]1902 年的"德语法学家大会"上,在讨论是否制定卡特尔行为标准未取得共识的同时,已经有论者提出构建一种要求各卡特尔向政府部门提供其活动信息的建议。[②] 1904 年的"德语法学家大会"上,奥地利前司法大臣科莱因则主张成立一个专门的价格委员会,研究卡特尔恶劣行为的各种事例,并公布其研究结果。[③]

上述想法在日后欧洲一些国家的法实践中得到了实施。1925 年瑞典颁布了法律,授权政府调查卡特尔和垄断性企业,以便确定它们对价格和竞争的影响,并且授予政府对没有提供所要求充分信息的企业进行罚款的权力。[④] 在更早的 1920 年,挪威立法要求限制性协议和占市场支配地位的企业必须登记,并授予政府官员广泛的权力调查滥用经济权力的行为。[⑤] 1926 年挪威进一步出台了《竞争限制和价格滥用管制法》,并依该法成立了管制局。法律要求卡特尔、支配市场企业和某些其他类型企业到管制局登记;拥有超过限制的资产和共有资本的企业,也必须申报每年的财务状况。从而正式确立了登记及信息披露制度,使决策者有了更多必要信息来源。

而到了"二战"后,德国《反对限制竞争法》(通常也简称卡特尔

---

① [美]戴维·J. 格伯尔:《二十世纪欧洲的法律与竞争》,冯克利、魏志梅译,中国社会科学文献出版社 2004 年版,第 68 页。

② 参见[美]戴维·J. 格伯尔:《二十世纪欧洲的法律与竞争》,冯克利、魏志梅译,中国社会科学文献出版社 2004 年版,第 123 页。

③ 参见[美]戴维·J. 格伯尔:《二十世纪欧洲的法律与竞争》,冯克利、魏志梅译,中国社会科学文献出版社 2004 年版,第 124 页。

④ 参见[美]戴维·J. 格伯尔:《二十世纪欧洲的法律与竞争》,冯克利、魏志梅译,中国社会科学文献出版社 2004 年版,第 192 页。

⑤ 参见[美]戴维·J. 格伯尔:《二十世纪欧洲的法律与竞争》,冯克利、魏志梅译,中国社会科学文献出版社 2004 年版,第 192 页。

法）则明确确立了相关反垄断部门对整体经济运行情况进行调查与评估，出具意见，并将意见反馈给立法部门的机制。该法第 44 条规定："垄断委员会每两年制作一份鉴定书，对德意志联邦共和国企业集中化的现状和预期发展作出评估，对有关合并监控的法律规定的适用作出评价，并对其他竞争政策方面的现实问题发表意见。"①"垄断委员会将其鉴定书提交给联邦政府。联邦政府将第 1 款第 1 句规定的鉴定书即时呈交给立法机构，并在适当期间内对此发表意见"。② 第 53 条规定："联邦卡特尔局每两年发表一份有关其工作活动及其业务领域现状和发展的报告。报告中应包括第 49 条规定的联邦经济部的一般性指示。此外，联邦卡特尔局不间断地公布其行政原则。"③"联邦政府即时将联邦卡特尔局的报告转呈给联邦议会，并附上自己的意见。"④与此同时，德国《反对限制竞争法》也明确规定了相关部门的调查权限，如该法第 59 条规定，"以为履行本法赋予卡特尔当局的任务所必需为限，卡特尔当局可以：1. 要求企业或企业联合组织提供其经济关系的情况，并要求其提交有关资料"⑤，从而构建了一个反垄断机构调查市场情况、反馈给政府再反馈给立法机构的完整制度。需注意，这种由行政部门作出评估并发表意见的机制，意味着行政部门不仅仅是一个消极的信息"传声筒"，更是一个积极的信息加工者，担负了一种把经济系统代码转换为政治决策系统代码的职责，并且过滤了一些不必要的信息，加入了执法当局基于自身立场的考虑。执法当局的信息收集视角、信息加工偏好，对于政治决策系统而言，显然是不可忽视的。

德国法律规定的信息收集直接面对的是市场信息。与德国略有

① 尚明主编：《主要国家（地区）反垄断法律汇编》，法律出版社 2004 年版，第 25 页。
② 尚明主编：《主要国家（地区）反垄断法律汇编》，法律出版社 2004 年版，第 25～26 页。
③ 尚明主编：《主要国家（地区）反垄断法律汇编》，法律出版社 2004 年版，第 29 页。
④ 尚明主编：《主要国家（地区）反垄断法律汇编》，法律出版社 2004 年版，第 29 页。
⑤ 尚明主编：《主要国家（地区）反垄断法律汇编》，法律出版社 2004 年版，第 31 页。

不同的日本则将信息收集的对象放在了竞争法的实施情况方面。日本《禁止私人垄断及确保公正交易法》第44条规定："公正交易委员会应经内阁总理大臣向国会报告每年该法的施行情况。于此场合，应出示根据第十八条之二第一款[价格统一上调报告的征收]规定所要求报告的概要。"①竞争法的实施情况，某种意义上仍旧涉及甚至主要就是经济系统的运行情况。因而这种对竞争法实施情况的报告，在相当大程度上仍旧是以对市场竞争情况的调查为基础的，仍旧可以归为通过竞争法机制对经济系统信息的收集。该法第44条同时规定："公正交易委员会可经内阁总理大臣，就实现本法之目的的必要事项，向国会提出意见。"②这一条赋予了公正交易委员会更主动向决策系统提交信息及意见的权力。

相比之下，法国则在其信息收集制度中区分了"任意咨询"与"强制咨询"，其《关于价格和竞争自由的法律》第5条[任意咨询]规定："(1)就法律提案及任何有关竞争之问题，竞争审议委员会得受国会委员会的咨询。(2)应政府的请求，竞争审议委员会会对任何有关竞争的问题提供意见。应地方团体，职责及劳工组织，经认可之消费者团体、农会、手工业工会或商业及工业公会之请求，竞争审议委员会也得对相同的问题提供意见，但以涉及上述团体或组织的利益为限。"③第6条[强制咨询]规定："对用于建立新制度而直接产生下列效果的行政命令草案，竞争审议委员会必须被政府咨询：1. 对职业活动或进入市场为数量上的限制；2. 在某些地区创设排他权利；3. 强制实施同一价格或出售条件。"④

与德国、日本等国这种定期收集信息并评估，然后提交相应信息

① 尚明主编：《主要国家(地区)反垄断法律汇编》，法律出版社2004年版，第447页。

② 尚明主编：《主要国家(地区)反垄断法律汇编》，法律出版社2004年版，第447页。

③ 尚明主编：《主要国家(地区)反垄断法律汇编》，法律出版社2004年版，第75～76页。

④ 尚明主编：《主要国家(地区)反垄断法律汇编》，法律出版社2004年版，第76页。

给决策机构立法机构的做法相比,美国等国家也规定了相关机构相应的调查收集信息及提交信息给立法机构的权力,但其职权因素更强一些,职责因素更弱一些。美国的《联邦贸易委员会法》第6条也规定了联邦贸易委员会"随时收集、编制和调查有关从事商业或其活动影响商业的个人、合伙人、公司的组织、经营活动及管理等方面的信息",以及"随时将获得的上述信息,为了公众的利益予以公开,向国会编制年度报告或特别报告,并向国会增加立法的建议"的权力。① 同样构建了一个相关机构调查收集市场信息以及反馈给立法决策机构的制度。

需注意上述德国、日本、法国与美国的相关规定,尽管有所不同,德国、日本、法国的制度更倾向于一种常规性的由竞争法实施机构定期收集信息反馈给政治决策系统;美国的制度则只是提供了一种相关机构在需要时收集信息并反馈给立法决策机构的制度通道。但这两种相对正式的制度建构,都在一定程度上提供了一种经济系统通过法律系统而与政治决策系统专门的正式的沟通机制。这种信息收集反馈不以存在需处理的案件为前提,因而属于专门的信息收集机制。在这里面,无论是德国的垄断委员会、联邦卡特尔局,还是美国的联邦贸易委员会,都在一定程度上担负了一种沟通整合不同系统的专门职责。

二、附带信息收集机制

与不以个案存在为前提的专门信息收集机制并存的是,相关机构处理竞争法案件时更多情况本身就以收集必要的市场信息为前提。与专门的信息收集机制相比,这种信息收集最直接的目的是解决个案,而不是全方面地了解掌握市场信息;因此收集来的信息能否顺利转达并影响到政治决策系统,有一定的随机性。当然,某些重要案件

---

① 参见尚明主编:《主要国家(地区)反垄断法律汇编》,法律出版社2004年版,第208页。

的处理，本身就能够引发政治决策系统的必要关注，这种情况下，这类案件收集的信息影响政治决策系统的可能性非常大。

在企业合并案件的处理中，各国通常都规定了拟合并企业的申报义务，而且申报义务中多含有拟申报企业市场占有份额等相关信息。如德国《反对限制竞争法》第 39 条就规定了相关企业的申报义务、报告义务，并明确了申报书中需有销售额、市场份额等相关信息。①

与此同时，各国竞争法也大多规定了竞争执法机构对案件的主动调查权，如德国《反对限制竞争法》第 57 条规定，"卡特尔当局可以进行一切必要的调查，并获取一切必要的证据"。日本《禁止私人垄断及确保公正交易法》第 40 条同样规定："公正交易委员会于执行其职务有必要时，对于国家机关、依特别法令设立的法人、事业者或事业者团体及其职员，有权要求其出面接受调查或者提交必要的报告、情报或资料。"②该法第 41 条进一步规定"公正交易委员会于执行职务有必要时委托国家机关、依特别法令设立的法人、学校、事业人、事业者团体或者有学识经验者进行调查"，③从而确立了委托调查制度，延展了调查主体。此外，需注意，日本《禁止私人垄断及确保公正交易法》第 43 条规定："公正交易委员会为保证本法的正确实施，可公开发表事业者的秘密之外的其他必要事项"。④ 这一规定意味着调查获取的资料可以公开，从而更容易进入政策决策者的视野。

在美国这样的法院系统具有比较强司法能动性的判例法国家，法院系统的决策本身就带有很强的政策性，一定意义上法院与政策决策系统是交融的，而且遵循先例的原则使得以后的判决要受相应影响。因此，单个案件处理中收集的信息，不仅可能影响本案的政策性决定，

① 参见尚明主编：《主要国家（地区）反垄断法律汇编》，法律出版社 2004 年版，第 22 页。

② 尚明主编：《主要国家（地区）反垄断法律汇编》，法律出版社 2004 年版，第 446 页。

③ 尚明主编：《主要国家（地区）反垄断法律汇编》，法律出版社 2004 年版，第 446 页。

④ 尚明主编：《主要国家（地区）反垄断法律汇编》，法律出版社 2004 年版，第 447 页。

也很有可能通过判例影响未来案件处理的政策性权衡，从而影响政策决策系统。需要注意的是，在美国的诉讼法律架构中，通常是司法部代表美国作为原告起诉，因而案件中相关信息的收集者通常是司法部。美国《克莱顿法》第5条规定，司法行政部门代表美国起诉时："任何对该建议的书面评论和美国对此评论做出的反应，也要送达区法院"，"随着建议的送达，除非有法院的其他指示，美国将向区法院送达竞争性影响说明书，并在联邦注册簿上予以公布，并应任何人的要求，提供给竞争性影响说明书"。[①] 这种机制，使得行政执法机构调查的市场相关信息，成为法院决策的考量基础。同时，《克莱顿法》该条还规定，相关材料应当"在联邦注册簿上予以公布，该建议和其他材料以及美国认为对形成该建议有决定性作用的文件，应当使该法院区的公众得以利用，或法院指定的其他区的公众能够利用"。[②] 这种公开机制与前述日本的机制类似，使其他政策决策部门以及能够影响到政策决策的普通选民能够获知更多的由行政部门收集的关于市场竞争的信息。

第三节　竞争法涉及的政策决策机制

一、内嵌于竞争法系统的政策决策机制

前文已然谈到，本研究对于政策与法律的区分，乃是基于这样一种立场："政策更主要是来自于政治的需求，追求政治社会后果，而不是为了法律本身的自恰性与融惯性。"而相比之下，法律有着相对长期的稳定性，并且作为一个系统，有着一套自身的运作体系、组织机构、

① 尚明主编：《主要国家（地区）反垄断法律汇编》，法律出版社2004年版，第192页。
② 尚明主编：《主要国家（地区）反垄断法律汇编》，法律出版社2004年版，第192页。

话语机制。在这种区分视野其实强调的是法律自身形式理性化机制与政治决策机制的不同。现实中政策决策的作出与法律系统的运行，在很多情况下不能简单地依机构的不同而进行区分；如前文提到的美国法院系统，有时作为法律机制只是政策的忠实执行者，而有的情况下在事实上成为了政策决策者。其他法域的竞争法实施机制中，亦多存在这种既担负普通法律执法，也担任政策决策者的机构。如德国的联邦卡特尔局，除了执法之外，其一项重要职责就是“不间断地公布其行政原则”，这种行政原则在一定程度上就是基于市场情况而为的政策权衡。美国《联邦贸易委员会法》第 18 条亦规定，联邦贸易委员会可以规定“关于影响商业规定的不公平的或欺骗性行为方面的政策说明，或解释性规则”，“规定特定的行为，活动(惯例)是影响商业的不公平的欺骗性的行为规则”，①这赋予了联邦贸易委员会相应的政策决策权力。日本的《禁止私人垄断及确保公正交易法》第 27 条亦在规定了公正贸易委员会相关执法权力的同时，规定其“调整经济法令”②的权力，从而赋予了公正贸易委员会政策决策的权力。上述国家的竞争法机制中，相关机构都同时具有执法权和政策制定权，并且这些机构都处于整个竞争法运作系统的顶层位置。美国法院系统在竞争法政策决策中的地位与这些高层行政部门、专门委员会类似，只不过，美国法院是通过对个案的裁判作出政策权衡，通过判例将这种政策意图传递下去，而不是制定规范性文件。

从政策决策层面，这种内嵌于竞争法机制的决策机构，相对而言，能够更好地利用由竞争法机制收集来的专门信息，作出针对性决策；而且，能够更好地通过发布规范性文件、裁决个案、监督其他部门等方式，使相关的政策得以实施。并且这种决策机制不必触及常规的立法及行政决策系统，耗费的资源相对较少，系统间的沟通更为顺畅。然

① 尚明主编：《主要国家(地区)反垄断法律汇编》，法律出版社 2004 年版，第 214 页。
② 尚明主编：《主要国家(地区)反垄断法律汇编》，法律出版社 2004 年版，第 444 页。

而，这种机制也有一定的缺陷，从其通常具有的行政部门或者“第四权力”部门的属性来看，这种决策机构汇聚了少数高层决策精英，更加注重决策的“科学性”，而在一定程度上缺乏更为广泛民意的基础，有可能使得专业化官僚化的决策遮蔽了更多普通民众在竞争法领域，尤其是与经济整体增长或者所谓效率无关的诉求。当然，只是说存在这种可能性。真实的情况尚待于对相关法域法经验事实更为深入地实证研究。并且，如前文所述，何种竞争法领域的政策更好，并非本研究所要探讨的目标。此外需要说明，这种内在于竞争法机制内的政策制定，通常只是着眼于市场竞争环境，更广泛意义上的政策，如产业、贸易等领域的政策，上述机构基于自己的立场、视角等限制，自身通常无法通过自身搜集的信息作出决策。

二、外在于竞争法系统的政策决策机制

如上文所述，本研究不持这样一种芝加哥学派立场：认为竞争法领域的决策只是与经济效率提升有关，而竞争是导致经济效率提升的有效因素。在这种情况下，来自外在于竞争法的、出于不同政策目标、体现不同政策诉求的任何政策，都是有可能的。这些政策是否能够通过竞争法机制成功实施并达到其政策目标，是另外一个问题；但这些政策本身可能出现，却是不可忽视的事实。本研究不及涉及古典自由主义、新自由主义与凯恩斯主义的历史恩怨，只需陈明事实：外在于竞争法的立法机构以及政府，有可能对竞争领域作出决策，这些决策将通过竞争法机制实施即可。具体而言，这种外在于竞争法的政策决策系统，通常包括竞争机构的上级政府和立法机构两种不同的机构。这两种机构决策机制不尽相同，但共同特点是拥有更高的政治权威，更为广阔的政治视野，需要考量更多的政治经济因素，但同时也需要重视现实存在的竞争法机制以及客观的经济规律以及法律运作规律。通常而言，立法机构作出的决策更为权威、更为抽象，而政府部门作出

的决策更为具体一些。

除了竞争法机构、立法机构、政府主管机构能够就竞争问题作出政策决策外，德国等国家同时采取了一种比较特殊的决策机制：由相关非企业间组织自行制定竞争规则，再由行政当局予以确认。德国《反对限制竞争法第》第 24 条规定：(1) 经济联合会和企业联合会可以为其领域制定竞争规则。(2) 竞争规则，是指那些规范企业在竞争中的行为，以抵制竞争中之有悖正当竞争原则或有效的效能竞争原则的行为，并鼓励在竞争中符合这些原则的行为的规定。(3) 经济联合会或企业联合会可以向卡特尔当局提出承认竞争规则的申请。[①] 在这种机制中，政策决策信息来源于“市场—企业”，政策规则的拟定由企业组织完成，然而其效力来自竞争法系统的认定。这有点类似于国家有权机关对习惯的“认可”。从最终效力的产生而言，政策的法律制定仍旧应视为竞争法系统。经济联合会、企业联合会扮演的更像是一个深度加工信息的提供者。

上述两种政策决策系统虽然是外在于竞争法机制的，但其决策却仍然要通过竞争法机制加以实施。这种情况下，决策能否得到顺利实施，在一定程度上仍旧取决于竞争法系统本身的态度、立场以及权威度。在竞争法实施系统不配合、而外在决策系统缺乏必要权力的情况下，政策决策经过竞争法系统有可能发生一定程度的偏离。如最初的美国的《谢尔曼法》，体现的是立法当局控制大企业垄断的政策意图，然而在实施时，具体实施的司法当局等实施机构并不认同这一政策意图，很少用该法打击大公司大企业的垄断行为，而把矛头指向了工会组织。笔者不评判相关是非，只是指出这种经验事实确实存在。不同国家、不同时间段，具体的立法机构、政府与竞争法机制中的相关机构，其真实的权力关系是不尽相同的。从应然角度，立法机构与上级

① 参见尚明主编：《主要国家(地区)反垄断法律汇编》，法律出版社 2004 年版，第 15 页。

政府的政策应该得到无条件的贯彻；而从实然运作角度，立法机构与上级政府的决策，能否顺利传达给竞争法实施机构，能否得到竞争法实施机构的正确实施，仍旧存在一个信息意图顺畅沟通以及事实维度权力运作的问题。相比之下，事实维度权力运作的问题，涉及的因素太多，各国法治文化、政府地位，甚至相关负责者个人的性格等原因都有可能对之造成影响，非本研究所能从宏观层面观察探讨清楚的；而信息意图顺畅传达问题，则涉及一个系统与环境之间的问题，需要的是某种程度上政策语言能够为竞争法系统准确识别、转译为能为执法部门、在某种情况下经济主体能够识别的规范法律语言，从而嵌入执法主体的执法活动并影响到经济主体的相关运行。

第四节　竞争法对政策的吸纳及贯彻机制

无论是外在于竞争法机构还是内嵌于竞争法机构，其作出的政策性决策，最终仍旧需要通过竞争法机制吸纳、贯彻并在现实中实施，才能成为在现实执法中真正发挥作用的政策，也才能成为能够真正影响到经济系统运行的政治决策。这种竞争法对相关政策的吸纳与贯彻，在现实中涉及两种不同的举措：相关竞争法机构依据政策制定指南等性质的规范性文件；相关竞争法机构在个案执法中贯彻政策意图。

一、由竞争法执法机构发布各种指南性的文件

各种指南性的文件，通常是高层执法机构颁布的对下级具体工作的一种规范性指引。通过这种指南性质的文件，来源不同的政策考量，通过高层竞争法执法机构，形成一种规范性文件，对下级具体执法机构的相关行为进行具体的指引与规约。

美国等国较早开始在企业兼并、技术贸易、知识产权反垄断等方

面颁布指南性文件。美国1975年通过的《麦格纳森—莫森担保法》(又称《联邦贸易委员会改进法》),明确规定联邦贸易委员会能够"对商业中或影响商业的不正当或欺骗性的行为或做法制定解释性的规则和发布普遍性的政策声明",制定一些规则来"规定哪些特定的行为或做法是商业中或影响商业的不正当或欺骗性的行为或做法"。[①] 联邦贸易委员会之外,美国司法部也会发布相关指南,如关于合并的1968年指南和之后的1982年指南(基于不同时期的政策以及法律方法的发展,后者对前者有较大的修改)。此外,美国司法部和联邦贸易委员会也会联合发布指南,如《美国司法部和联邦贸易委员会横向合并指南》(1992年发布、1997年修订),该指南是根据《克莱顿法》第7条、《谢尔曼法》第1条和《联邦贸易委员会法》第5条发布的,"叙述当局分析合并时通常使用的框架和特定标准"。[②] 类似的指南还有《美国知识产权许可反托拉斯指南》,该指南直接陈明"本《指南》说明美国司法部和美国联邦贸易委员会(单独或统称为"主管机构")有关受专利法、版权法和商业秘密法保护的知识产权和专有技术许可方面的反托拉斯执法政策"。[③]

相比美国指南的不定期出台,德国则通过立法规定相关政策性文件必须定期公布,德国《反对限制竞争法》第52条规定:"联邦经济部就依本法应作出或不应作出处分向联邦卡特尔局作一般性指示的,应将这些指示在联邦公报上公布。"第53条规定:"联邦卡特尔局每两年发表一份有关其工作活动及其业务领域现状和发展的报告。报告中应包括第49条规定的联邦经济部的一般性指示。此外,联邦卡特尔局不间断地公布其行政原则。"[④]这两条法律其实明确了联邦经济部需明确就某些问题作出"一般性指示",并且,卡特尔局需明文公布其行政原则。

---

① 李国海:《反垄断法实施机制研究》,中国方正出版社2006年版,第53页。
② 尚明主编:《主要国家(地区)反垄断法律汇编》,法律出版社2004年版,第223页。
③ 尚明主编:《主要国家(地区)反垄断法律汇编》,法律出版社2004年版,第251页。
④ 尚明主编:《主要国家(地区)反垄断法律汇编》,法律出版社2004年版,第29页。

上述这种政策性文件,其稳定性通常不如位阶更高的反垄断立法,并且会随着市场情形、国家政策的变动而修改。例如,上文提到的,日本基于其本国企业在技术贸易中的不同地位,先后出台了1968年《有关导入国际技术契约的认定指南》以及1988年《有关规制专利、技术诀窍许可协议中不公正的交易方法的适用指南》,体现了不同时期的政策意图。而1994年出台《关于禁止垄断法第九条适用于风险资本的意见》时,废除了之前的《关于禁止垄断法对风险资本的处理》;日本的《关于审查公司拥有股份的事务处理基准》《关于审查公司合并等的事务处理基准》等指南性文件,在出台后也先后进行了多次修订。

总体上,这些指南性的文件相对高位阶立法文件而言,更为细致,更为灵活,更为体现一个时代国家政策的变动以及法律方法的发展。如有论者认为,美国司法部1982兼并指南,相对于之前的1968年指南,其变化是革命性的。该指南为分析横向兼并对竞争的影响设定了一个统一的概念框架。这个框架分为5个部分:(1)为评价兼并对竞争的影响定义了相关市场;(2)运用赫芬达尔—赫什曼指数(HHI)计算市场的集中度;(3)对市场进入难易度的评价;(4)对影响成功地合谋的其他竞争因素的评价;(5)兼并的效率收益(主要是成本节约)分析。最后,权衡这5个方面,确定兼并对竞争的影响。[①] 该指南将效率引入作为抗辩的理由,体现了芝加哥学派的基本立场和方法。

二、通过个案处理贯彻实施政策

现实中,更为常见的贯彻实施政策的方式是相关执法、司法部门在领会政策意图的前提下,在处理具体案件时执行、贯彻相关政策。

---

① 参见王继平、陈甬军:《美国反垄断兼并指南变迁中经济学家的作用及其启示》,载《产业经济研究》2007年第2期,第73~78页。

这种最终端的政策贯彻,有可能是通过对相关"指南"等政策性文件的适用,也可能是一种决策者基于政策的自由裁量。

总体上而言,竞争法在现实中的实施涉及行政执法、司法两个不同的部门。这两个部门中,由于行政部门与政府更为紧密的隶属关系,这种关系意味着行政部门对政策只有更为严格的贯彻义务,因此,更多的政策贯彻在理论上应该是由行政部门完成的。在竞争法执行体系中,反垄断领域,虽然多有法域规定了受害人可发起民事诉讼(有论者用私人执行来指称、概括这种现象),但实践中,更多的法域,无疑是行政当局在相关执法中扮演了重要角色,欧盟曾大力推动反垄断民事诉讼,然而效果并不理想。包括德国在内的诸多法域,法律上赋予了相关当事人对行政裁决不满提起行政诉讼的权利,但这种行政诉讼对反垄断案件本身的审查是有限的,法院本着司法的保守性很少主动介入(其实也无权介入)行政当局的政策决断。因此,在更多的法域,行政执法对反垄断政策的贯彻更为重要。

相比之下,美国的法院系统更为强势。这一方面源于在制度的设计上,美国没有受公私法二分的束缚,行政当局、尤其是司法部无权就某些问题直接作出裁决,而是需要到法院提起诉讼。与此同时,美国用三倍惩罚性赔偿等方式刺激、鼓励私人受害者直接到法院起诉,而不必以行政部门的处置为前置程序,这使得美国有着相对发达的反垄断民事诉讼。上述情况使得美国法院有机会对更多的反垄断问题作出司法裁决。另一方面源于美国法院系统自身在国内宪政体制下,一种更为重要的地位及更高的权威(如美国最高法院有宪法解释权,这种权力在其他国家不一定是由普通法院系统享有的),以及美国法院在审判案件时更为注重实质推理、更为强调司法能动性、更为强调在审判案件时进行政策考量,这使得美国法院系统主观上更愿意、更有能力在反垄断领域实施相关政策意图。

在美国,一些不同时期的执法、判决能够非常清晰地体现该时期政策的痕迹。布朗鞋业案、美国铝业案,体现的是一种相对较强的政府干预、防止大企业主宰市场的政策意图。在这些案件中，基本政策权衡是尽量防止企业之间合并，避免可能出现大企业的市场垄断。1980 年代以后，随着里根政府的上台以及新自由主义的崛起，国家放松对市场的监控管制成为这一时期反垄断执法的主旋律。波音与麦道的合并案中，美国当局明显充分考量了做大美国企业与他国抗衡的政策意图。而 IBM 案件，甚至后来微软案的处理，美国执法、司法当局显然也贯彻了新自由主义减少国家干预的政策意图。（反讽的是，这种减少国家干预市场的政策，明显也是一种“政策”）

在各国的立法中，多为反垄断执法机构、司法机构贯彻相关政策意图预留了规则“通道”，从而缓解了政策的多变性与规则的稳定性之间的紧张。如德国《反对限制竞争法》第 10 条规定：“应申请，第 5 条至第 8 条所称的协议和决议，可以由卡特尔当局作出豁免适用第 1 条禁令的处分。”①这种条文明显有利于相关执法机构基于政策意图而豁免某些本来可能构成违法的行为。该法第 8 条具体规定了相关政策实施的前提：“（1）具备第 2 条至第 7 条规定的要件的，联邦经济部长可以批准协议和决议豁免适用第 1 条的禁令，但以在例外情况下出于整体经济和公共利益方面的重大事由必须对竞争进行限制为限。（2）某个行业的大多数企业的生存面临某种直接危险的，只有在无法及时采取其他法律上的或经济政策上的措施，并且限制竞争足以消除这种危险时，才能为前款之豁免批准。此项豁免批准只有在特别严重的个别情况下才是合法的。”②瑞典竞争法亦规定了竞争局可以基于某些政策权衡而对某些禁止事项进行豁免。该法第 8 条规定：“如果协议满足以下条件，瑞典竞争局可以在个案中确认对第 6 条规定的禁止的豁免：（一）有利于改善生产或销售，或促进技术或经济进步；（二）能够使消费者公平地分享协议产生的利益；（三）只适用于企业

---

① 尚明主编：《主要国家（地区）反垄断法律汇编》，法律出版社 2004 年版，第 7 页。

② 尚明主编：《主要国家（地区）反垄断法律汇编》，法律出版社 2004 年版，第 6 页。

为实现第一项规定的目标所必需的限制;且(四)此种限制不会从根本上消除企业所在领域的竞争。"①

通常而言,在竞争法执法体系中,经营者集中的审查方面,会考量更多的政策因素,因为这种集中有可能会改变整个市场结构,甚至影响到整个经济的安全。并且各国立法时,通常预留了足够的空间给审查当局进行政策权衡,关于经营者集中的审查,法律层面更多是程序性规定,而较少实体性规则约束。卡特尔等垄断协议方面,法律采用的是类似上文所述德国的方法,留给执法当局一定的基于政策自由裁量的空间,对一些特定情况下的卡特尔进行"豁免"。而滥用市场支配地位等方面,执法当局同样会从"滥用"的认定方面进行相关的政策权衡,使得政策意图能够更好地贯彻。综观各国反垄断立法体系,通常为执法、司法过程中贯彻政策意图预留了相应的规则通道。并且,在法律实施时,合理原则的扩展运用,也给政策实施留下了更大的空间。而反不正当竞争法,政策的干预会相对少一些。部分反不正当竞争涉及的问题,已经被一定程度地权利化,这使得相关民事主体可以直接发起民事诉讼,寻求对自己权利的保障;这种情况下国家政策介入的空间就会很小。

本章小结

本章从探讨竞争法与以民法为代表的普通形式理性法的一个重要不同之处:竞争法领域国家的强在场入手,进一步区分了竞争法领域中国家在场的两种不同意义。一种意义在于竞争法的实施需要政治国家的更为主动的介入;另一种意义在于竞争法领域中,国家意志、利益得到了更多的表达。第二种意义上的国家的在场,或许是某些学

① 尚明主编:《主要国家(地区)反垄断法律汇编》,法律出版社2004年版,第109页。

者，尤其是秉持古典自由主义理论的学者所反对的，然而不可否认的是，在任何一个竞争法存在并能够在现实中运行的法域，竞争法场域中政治国家的意志、利益都是客观存在并得到表达的。这种国家意志的表达即为政策。这意味着，现实中竞争法担负着一种特殊的功能：吸纳政治国家的意志并将之转译成法律代码，使之通过法律的形式作用于经济系统。本研究将这种功能概括为政策功能。

任何一种真正意义上能够对经济系统起到预期作用的政策，其形成的前提离不开对经济系统本身的把握，而竞争法系统由于其面对的是市场竞争这样一个特殊的领域，因而通常能够从其执法过程中收集到一些关于经济系统运行的信息，进而反馈给政治系统，从而帮助政治系统更好地决策。因此，竞争法系统对于政策之意义，不仅仅在于政策的执行与贯彻，同样还在于政策决策的作出以及与政策决策相关信息的收集。因此，事实上，正常运行的竞争法系统，通常承担了一种双向的通过法律系统实现政治系统与经济系统沟通的功能。竞争法系统的存在，一方面能够帮助政治系统更好地将政策意图通过执法施加于经济系统，另一方面，也可以通过法律代码的转译这一特殊中介，对政治系统的“任性”作出必要的限制。由于政治话语必须经由竞争法系统转译成法律话语，再发挥作用，这一过程中，某些不能与法律话语兼容的政治话语有可能被过滤掉；而法律的程序性规定则从政策产生的程序性维度限制了政治决策可能的“任性”。我们并不能简单评价这一过程，竞争法系统对于整个社会的作用是好是坏；甚至有可能想象到，有时候当竞争法系统在代表经济系统向政治系统输入信息、代表政治系统向经济系统表达政策决断时，有可能夹杂入法律系统自身的一些利益诉求和价值偏好；但是我们必须承认，这种功能是客观存在的。

当然，在竞争法以外的其他法律领域中，也能够发现一些国家的在场以及政策的存在。但总体上，民法领域强调其市民社会自治法的属性，法律系统尽量扮演一个相对中立的裁决者，而非国家利益的捍卫者。我国原《民法通则》曾经规定国家政策可以作为一种补充性的法律渊源;并且现实中也有“通过私法的国家强制”,但民法整体上是无须甚至国家作为自身利益的表达者而在场的。因此,民法领域,国家政策的参与度相对比较弱,尽管司法者也会以“公共政策”的名义在审判中做某些权衡。在刑法领域中,刑事政策是一种相对重要的话语,然而现实中罪刑法定原则本能地限制了刑事政策的发挥空间,并且刑事政策本身是相对稳定的,我国刑法学界更多对于基于治安状况调整刑事政策的做法持一种批判态度。因此,在这些法律领域,政策虽然存在,但相对于稳定的法律而言,更多是补充性的,甚至为法律系统本能地排斥。但竞争法领域政策的意义完全不同。上文所论述的竞争法领域国家作为一种利益主体的强力在场,竞争法不排斥、贬斥政策,甚至需要建立一种使政策更为科学化、政策干预更为顺畅的机制。

第三章　竞争法的识别功能

第一节　法律的不确定性对于形式理性法与竞争法的不同意义

一、形式理性法中的不确定性——需要填补的“漏洞”

上文已述及，从韦伯到卢曼、哈贝马斯等德系法社会学家，始终强调现代法律（主要是形式理性法）的一种基础功能：保障人们的规范性预期能够得以实现。法律系统之所以能保障行为者规范性预期能够得以实现，有一个重要的前提是：规则本身是预设的、明示的、是先于行为者的行为而存在的。这一点是与现代法治理论高度契合的，富勒、拉兹等人提出的经典法治原则中，都明确包含了法律必须是：明确的、明示的、稳定的、不得溯及既往的要求。[①] 这里面

① 富勒的相关观点参见［美］富勒：《法律的道德性》，郑戈译，商务印书馆2005年版，第40～45页；拉兹的相关观点参见［英］约瑟夫·拉兹：《法律的权威：法律与道德论文集》，朱峰译，法律出版社2005年版，第187～190页。注意，富勒是新自然主义法学的代表人物；拉兹是持排他性实证主义的大师。他们在很多问题上分歧很多，而他们的共识，或许可以视为当今法治理论的“最大公约数”。

其实蕴含了一个深层次的认识论前提:立法者面对的是一个相当大程度的已知的世界,立法者能够有效地认知这个世界并对这个世界的各种行为进行识别后概括成行为模式再赋予其相关法律后果,从而归纳出法律规则以便为人们的行为提供足够的规则保障。为了做到这一点,现实中立法者及法学家也确实需要殚精竭虑地思考更多的现实行为的可能性,以及各种情形可能的后果,从而总结出一套完备、尽可能赋予更多行为明确法律后果、尽可能更大范围地涵盖社会生活的规则体系,并且使规则在现实中能够真正发挥作用,从而为人们的行为提供充分的预期保障。合法的行为,法律给予肯定的评价,保障行为者可以得到某种可欲的后果;违法的行为,法律给予某种否定的评价。也即,人们的行为"服从规则的治理"。

实现上述理想的法治状况,其实有着一个相当高的要求:存在一个德沃金意义上"赫拉克勒斯式"①(或者也可以用柏拉图的隐喻:立法哲学王)的全知全能的立法者。在19世纪的立法过程中,人们力求立法尽量考虑周全,立法者在努力向"赫拉克勒斯"靠近(当然,完全达到这个标准是不可能的)。德国民法典的杀青,其经历的历史法学派对民事现实生活的梳理、潘得克吞派对概念体系的提炼,等等,相关努力几乎贯穿了整个19世纪,总体上已经能够有效应对德国社会的绝大多数民事问题。正是在这种规则体系尽量趋于完备的基础上,韦伯提出了著名的关于形式理性法运行"自动售货机"的设想。总体上,伴随着19世纪末20世纪初科学主义滥觞的时代,分析实证主义法学对法律的确定性的追求与承诺也达到了一个新的高度。在"法学的概念天国"里,概念几乎能够涵盖一切社会现象,准确地理解概念似乎就能够给一切法律问题正确的答案。

尽管,事实上,随着法社会学对法律实际运行的研究的开展,法学界逐渐发现了实践维度法律其实存在比人们想象的大得多的不确定

---

① 古希腊中的大力神,德沃金在《法律帝国》一书中用这一符号隐喻一种全知全能型的法官。

性;而20世纪哲学的语言学转向以及日常语言哲学的兴起,则在方法论上质疑了一种依靠话语系统维系法律确定性的可能性。然而,主流的法学家,在部分地承认了某些情况下不确定性是不可避免的同时,仍旧在尽力捍卫法律确定性的承诺。[①] 哈特诉诸于语词的核心含义与边缘意义的二分,在承认法的开放结构中不确定性存在的前提下,捍卫了法律主要领域的确定性承诺,而承认规则理论,则在某种程度上为捍卫开放结构中法的确定性提供了方法上的可能。德沃金则是通过"整体性"叙事以及唯一正解的预设在本体论层面捍卫法律的确定性。而哈贝马斯等学者则试图在方法上引入商谈理论等重构法律的确定性。[②]

法律具有确定性这一承诺意义非常重大,"现代世界体系(亦即资本主义世界经济)需要高效运行,需要较高精确度的预测。如果没有这种预测,那么对其运行至关重要的投资方式将永远不会达到其发展与繁荣的广度与保险水平"。[③] 没有确定的法律,则高精度的对行为后果的预测是基本不可能的。而"直截了当地撤回对法律确定性的任何保证,意味着法律体系最终必须根本放弃法律的稳定行动预期的功能"。[④]

在这种对法律确定性具有较高要求的现代法治理论语境下,法律在事实上具有不确定性虽然被承认,但被贬斥到一个相对于确定性而言比较边缘的地位。哈特预设在核心含义区法律是确定的;不确定性只存在于边缘地带。按照拉兹等学者的观点,"法律无规定的案件是

---

① 关于法学史上法的确定性受到质疑以及不同法学家捍卫法律确定性的努力,可参见黄金荣:《法的形式理性论——以法之确定性问题为中心》,载《比较法研究》2000年第3期,第289~310页。

② 参见邱昭继:《法律的不确定性与法治——从比较法哲学的角度看》,中国政法大学出版社2013年版,第222页。

③ [美]伊曼纽尔·沃勒斯坦:《知识的不确定性》,王昺等译,山东大学出版社2006年版,第20页。

④ [德]哈贝马斯:《在事实与规范之间——关于法律和民主法治国的商谈理论》,童世骏译,生活·读书·新知三联书店2003年版,第249页。

指法律问题没有明确答案的案件,即适用本案的法律存在漏洞”。[①]拉伦茨等学者则强调:“法律的漏洞并非未为任何规定,毋宁是欠缺特定——依法律的规定计划或其整体脉络,得以期待——的规则,此点如何强调均不为过。”[②]“只有在非属法外空间问题上欠缺规则时,才有漏洞可言。”[③]存在法律漏洞,是“法律违反计划的不圆满性”。[④] 在拉伦茨这里,法律漏洞的存在无疑是一种难以避免的缺憾。

各种不同的部门法,大体上都秉持着将法律确定视为常态、不确定或者漏洞的存在视为一种需要解决的非常态或者病态的态度。公法领域里,刑法秉持罪刑法定原则,对于法律没有明文规定需要处罚的行为,法律从原则上只能推断为无罪。行政法对行政行为进行了各种限定,使政府的行为必须基于合法的授权,从而反向推定了没有获得授权的行政行为的效力。私法领域里,民商法则更多地运用各种解释方法以及公序良俗等原则,使既有的规则体系能够涵盖更多的行为类型。总体上,各个部门法都在方法上,力求使得规则的实际运用更具有确定性;至于对于实在无法完全避免的现实中存在的法律漏洞,则求助于法官造法、从而创造新规则弥补漏洞等予以解决。注意,在当代法治社会,主要部门法领域,法官为法之续造都不是一种常态,而是在发现法律漏洞时不得已而为之的弥补措施。而且,漏洞填补之后果往往是出现新的规则,从而使原本不确定的法律确定下来。

二、竞争法中法律不确定性的意义——刻意为之留白

与上述所有的其他领域的法律实践不同,竞争法在相当大程度上,并没有致力于规则本身的细致与完备(这一点下文将有详细论

---

① 邱昭继:《法律的不确定性与法治——从比较法哲学的角度看》,中国政法大学出版社 2013 年版,第 121 页。

② [德]卡尔·拉伦茨:《法学方法论》,陈爱娥译,商务印书馆 2003 年版,第 251 页。

③ [德]卡尔·拉伦茨:《法学方法论》,陈爱娥译,商务印书馆 2003 年版,第 250 页。

④ [德]卡尔·拉伦茨:《法学方法论》,陈爱娥译,商务印书馆 2003 年版,第 251 页。

述)。竞争法领域,规则比较宽泛、原则,相对有着比其他法律剧烈得多的不确定性;竞争法领域,不确定性不但被承认,并且被认为是有价值的,[①]甚至有学者认为"不确定性就是反垄断规则的本质属性";[②]在竞争法领域,不确定性某种意义上并没有被视为立法不够完善而留下的漏洞,而是在一定程度上,更可视为立法者有意为之的留白。[③] 基于上文所探讨的竞争法的政策功能,为方便政策的有效、合法介入,竞争法领域"不确定性成了经济政策的核心动力"。[④] 关于这一点,有论者进一步阐述,"反垄断法具有鲜明的框架性、原则性的特点,其法律条文多属于高度抽象和富有弹性的一般原理。这不仅是无奈,而在较大程度上是立法者积极的选择,因为原则性的法律规则有助于反垄断法介入市场的灵活性和有效性"。[⑤] 我国学者岳彩申等认为,竞争法的上位法"经济法的不确定性具有巨大社会价值和特殊的优势功能,保障了市场经济中集体理性的实现,更好地满足社会经济不断发展的需要"。[⑥] 进一步肯定了包括竞争法在内的经济法具有不确定性的积极意义。

在主观维度为政策介入市场的灵活和有效性而保留某些领域竞

---

① 潘丹丹、沈敏荣、刘乃梁等研究者,都已注意到不确定性不是竞争法的缺陷,而是特征之一。可参见沈敏荣:《法律的不确定性——反垄断法规则分析》,法律出版社 2001 年版;潘丹丹:《反垄断法不确定性的意义研究》,法律出版社 2015 年版;刘乃梁:《反垄断规制功能的行业限定——兼论银行业反垄断规制的功能定位》,载《法制与社会发展》2017 年第 4 期。孔祥俊老师亦有过概括:"从国外的竞争法理论和执法来看,一般将竞争法的模糊性、原则性作为其突出特点和固有属性。"孔祥俊:《反不正当竞争法原理》,知识产权出版社 2005 年版,第 30 页。法律的模糊性、原则性某种意义上必然导致不确定性。

② 叶卫平:《反垄断法价值问题研究》,北京大学出版社 2012 年版,第 115 页。

③ 下文将要讨论竞争法实体规则的缩限,这种缩限,可以视为一种为应对未来的留白。

④ [美]戴维·J. 格伯尔:《二十世纪欧洲的法律与竞争》,冯克利、魏志梅译,中国社会科学文献出版社 2004 年版,第 210 页。

⑤ 郝俊淇、刘维俊:《反垄断指南的功能探讨》,载《中国价格监管与反垄断》2015 年第 9 期,第 29 ~ 32 页。

⑥ 岳彩申、杨青贵:《论经济法不确定性的成因与功能——解释法律规范性的新视角》,载《法学评论》2012 年第 2 期,第 37 ~ 45 页。

争法的不确定性的同时,竞争法规则不确定更有其客观基础:某种意义上,在现时语境下某些竞争法的规则根本无法走向确定化。

在竞争法领域,基于市场竞争本身的特性,在竞争法涉及的领域,法律系统提供的确定的能给行为者预期保障的规则始终与行为者不断创新行为模式的意图存在着一种紧张关系,这种紧张关系使得竞争法领域中法律的不确定性成为一种常态(相对于其他法律里的病态与边缘化)。同时,在竞争法发展的历程中,人们也逐渐认识到了人类对竞争行为(包括既有竞争行为和竞争参与者不断创设出来的新型竞争行为)之认知相当有限;以人类目前的知识储备,尚不足以对某些竞争行为在市场上可能引发的后果进行终局性评价。这种由知识的不确定性引发的法律的不确定性已然深深地嵌入竞争法内部。为了有效应对(而非解决)这种深嵌入竞争法内部的不确定性,竞争法需要并已经发展出一种新的常规的功能:识别功能,也即对经济系统里不断出现的新的有可能影响竞争的行为类型进行合法性识别、或者在认知发展的前提下对旧的引发争议的行为类型进行新的识别,从而有效维护经济系统通过不同利益主体有序竞争方式而维系的运行,保证在竞争的基础上尽量将过度、不当竞争可能的危害控制在一定限度内。

某种意义上,传统的形式理性法是在处理一个"已知"世界的问题,而且这个已知的世界通过预设的规则对各种可能导致法律层面纠纷的行为的合法性进行了认定。竞争法某种意义上,却要不断地面对一个"未知"的世界。这是竞争法系统需要发展出识别功能的认识论基础。

第二节　竞争法的不确定性与识别功能的产生

如上文所述,竞争法与民法、刑法等典型的形式理性法的不同之处在于,竞争法在立法、司法、执法等维度有着更为强烈的不确定性。

其他法律领域也会或多或少地面临这种法律的不确定性,然而,相比之下,由于人们对竞争领域相关现象认知的分歧以及竞争这一领域比较特殊的现象:政治国家相对更为频繁地将政策施加于竞争法系统,从而使得竞争法领域规则更为频繁地变动;竞争参与的行为者,基于竞争本身的特性,有非常充分的动力对竞争行为推陈出新。这些因素,都将进一步加大竞争法的不确定性。下文详述之。

一、现有竞争法知识的不确定性

人们对竞争法调整的相关行为的认知有着较大的不确定性。这种认知涉及价值、事实两个维度。

在价值维度,对于同一种现象,不同论者有着不同的价值评判。例如,从垄断行为中获利,有论者认为垄断地位如果是垄断者通过公平的市场竞争得来的,则获得垄断利润并无不当(弗里德曼等经济学家就持此类见解);而有论者则认为通过垄断行为获得额外利润损害了市场的公平价值,因而不具有正当性。又如卡特尔,在19世纪末的美国被认为是有损于消费者利益的,而在当时的德国则被认为是有助于国民经济稳定发展的。这种价值维度的争议在竞争法领域十分常见,以至于今天人们在价值领域对于竞争法立法执法应当遵循哪些价值指针、处理纷争时哪些价值更为优位,仍旧充满了争议。哈佛学派与芝加哥学派之主要分歧,某种意义上就体现在价值领域。[①] 这种价值领域的争议极大地影响了竞争法的确定性。如博克(Bork)所言,美国"现行反垄断法缺乏简明操作优点的原因在于最高法院引入了相互矛盾的多元目标"。[②]

---

① 关于美国反垄断法在历史上不断存在的价值分歧,可参见郭跃:《美国反垄断法价值取向的历史演变》,载《美国研究》2005年第1期,第77～93页。

② See Robert H. Bork, *The Antitrust Paradox: A Policy at War with Itself*, New York: Basic Books, Inc., Pubishers, 1978, p. 7.

试图使反垄断目标单一化的芝加哥学派现在影响颇大,然而,并不能简单地认为该学派已经终局性地给出了竞争法诸维度价值评判的最后指针。姑且不论后芝加哥学派现在对芝加哥学派提出的某些挑战[①](这种挑战目前还是非常有限的、并且事实认定的分歧多于价值分歧),如果我们引入关于"合法性"或者"正当性"的更多理论的话,我们甚至可以发现,芝加哥学派本身更多是"预设"了"效率"等价值的优位,而并没有也不太可能从学理上给予这些价值更为充分的辩护,甚至从芝加哥学派的论证路径在方法论上本身也很难提供这种辩护。某种意义上,芝加哥学派是在工具理性意义上提供了一个如何帮助人们更好获得"效率"的功利主义方法,而无法正视及回应来自规范伦理学义务论(如罗尔斯、德沃金等学者,就从不同维度对功利主义进行了深刻批判)的挑战,也无法正视及回应政治实践领域中人们对于多维价值的诉求。因此,尽管有芝加哥学派的优势地位及其对价值问题的遮蔽(用效率优先来压制其他价值诉求),但竞争法领域的价值分歧从来没有真正得到缓和、消解。

需注意,在不同法域,不同的学派影响有所不同。这也表现在不同法域对价值问题的认知不尽相同。"在价值理念上,欧盟除以芝加哥学派效率理论作为主流观点外,同时受后芝加哥学派影响颇深,考虑更多元的、更具前瞻性的综合因素。其实,美国'二战'后在德国和日本占领区强制推行反托拉斯措施具有明显的政治色彩,已经凸显出了欧盟竞争法的非经济目标。"[②]

今天,在我国反垄断领域,芝加哥学派的影响当然不可忽视。尤其是诸多学者试图在反垄断实践领域中更多引入经济分析方法时,他们有意或者无意地接受了芝加哥学派的效率优先论甚至效率价值唯

---

① 关于芝加哥学派与后芝加哥学派的分歧,可以参见任剑新:《美国反垄断思想的新发展——芝加哥学派与后芝加哥学派的比较》,载《环球法律评论》2004 年第 2 期,第 234 ~ 245 页。

② See Louis B. Schwartz, , *Justice and Other Non-Economic Gouls of Antitrust*, 127 *U. Pa. L. Rev.* 1979, p. 1077.

一论作为前见,因为这种效率优位的价值前设使得能够在效率问题上具有更多发言权的经济分析方法有了更大的施展空间。但王晓晔等学者明确而系统地对芝加哥学派的某些理论提出了批评。根据王晓晔教授的考察,芝加哥学派至少存在三点明显的缺陷:第一,该学派认为市场有完美的自愈能力,这与事实不符。在集中度过高的市场条件下,垄断企业势必会操纵市场。第二,该学派反对政府干预,认为在没有政府干预的条件下,自由竞争能够产生最好的经济效益,这也是错误的。任何人或社会集团出于自身利益的考虑,都有阻碍和限制竞争的自然倾向,需要由国家承担保护竞争的任务。第三,该学派从大企业利益出发,所谈的效率只是大企业的效率。[①] 更有学者认为,如果仅将经济效率作为唯一考量的内容,则可能造成"反垄断法向效率促进法的沦丧"。[②]

当然,价值分歧现象也同样存在于其他法律领域。但民法领域的公序良俗、诚信等原则,使得民法可以通过诉诸于传统伦理、习俗解决、规避某些问题;刑法可以诉诸于强力的罪刑法定原则回避某些基于实质正义的价值诉求。而竞争法,尤其是反垄断法本身较少能够从社区伦理、传统习俗中找到必要的正当性依据。

另一种不确定性在于事实判断维度。各国的竞争法实践中,普遍把行为可能引发的后果因素作为一种重要考量因素。[③] 人们对于诸多竞争法领域已知事实会引发何种可能的后果,具有何种意义,在很多情况下仍旧是存有争议的。例如,对于曾经被视为反竞争的搭售、掠夺性定价行为,有论者认为搭售不过是垄断者市场力量无效率地使

① 参见王晓晔:《反垄断法》,法律出版社 2011 年版,第 16～17 页。

② 兰磊:《反垄断法唯效率论质疑》,载《华东政法大学学报》2014 年第 4 期,第 116～129 页。

③ 如"二战"以后的诸多欧洲国家的竞争法,"规范几乎无法让企业知道它们能够预期官员采取行动的处境"。"这些规范一般强调行为后果而非行为特征,通常授权政府官员在行为造成具体的有害后果时对其进行管制"。参见[美]戴维·J. 格伯尔:《二十世纪欧洲的法律与竞争》,冯克利、魏志梅译,中国社会科学文献出版社 2004 年版,第 215 页。

用,不会危害竞争;①而掠夺性定价发生的概率很低,其本质上是兼并而并非掠夺。② 又如,历史上结构主义者曾经认为只要有垄断的结构,就必然会导致损害竞争的后果。然而,行为主义者则不认可这一事实因果关联的真实性,认为垄断的结构不一定必然会出现导致损害竞争的后果。双方都能在经验事实领域找到一系列实例支撑;目前看来,行为主义占了上风,因为法律对滥用市场支配地位的介入可以在某种程度上遏制垄断者损害竞争的行为。但行为主义的这种认知未必是终局性的,因为法律对滥用市场支配地位的规制的效果仍旧依赖于诸多不一定可控的因素。

此外,需注意,即便是价值预设一致的情况下,例如,我们认同芝加哥学派关于竞争法领域效率的价值优位的前见,把效率作为一种元叙事,对于很多具体涉及竞争的行为是否最终有助于提高整体经济效率,以学术界尤其是经济学界目前的智识积累而言,仍旧是没有定论的或者无法定论的,这就是所谓"效率促进和效率阻却的不确定性"。③ 对一些具体行为是否是影响效率的问题,芝加哥学派与后芝加哥学派有着激烈的争论。著名的柯达案即是如此。对于柯达公司基于芝加哥学派提出的主张,"后芝加哥学派在该案中挑战了芝加哥学派的绝对效率观,增加了分析市场效率的更为丰富的因素"。"后芝加哥学派垄断经济学并不排斥经济效率带来的福利,对企业行为反竞争效果的关注需要以事实来证明,理念上仍然以效率最大化为标准。"然而,对于柯达公司所进行的同一行为是否有利于效率,后芝加哥学派与芝加哥学派有着不同回答。④

---

① See Keith K. Wollenberg, *An Economica Analysis of Tie-in Sale: Re-examining The Leverage Theory*, Stanford Law Review, 1987, 39(3): 737 – 749.

② See Robert H. Bork, *The Antitrust Paradox: A Policy at War with Itself*, New York: Basic Books, 1978: 144 – 148.

③ 焦海涛:《论现代反垄断法的程序依赖性》,载《现代法学》2008 年第 1 期,第 51 ~ 63 页。

④ 参见朱战威:《反垄断法中经济分析运用问题研究》,西南政法大学 2017 年博士论文,第 4 页。

上述分歧的出现并不是偶然的,因为现实中影响经济发展和效率的因素非常多、非常复杂,很多情况并不是相对简化为数据模型的经济学范式能够演算出来的;现实中经济学内部有不同的学派、在诸多经济问题的预测方面常有不准确之处,经济学虽然引入了大量的数学计量方法,但与纯粹的自然科学相比,客观性仍旧有一定的差距。因此,即便我们认同竞争法不应该禁止那些有利于效率提升的行为,但一种行为是否真正有利于效率提升,判断起来也比想象中困难得多。需注意,这里所言的事实判断并非个案中的"事实认定"(个案中的事实认定是指要弄清发生了什么,而这里的事实判断是这样的事实发生了,会有什么样的后果),而是基于对事实认知的不同而出现的对行为性质可能的不同的判断。

还需注意的是,以效率作为元叙事、并引入经济分析的做法,某种程度上不但不会降低竞争法的不确定性,甚至有可能加剧竞争法的不确定性。因为一种行为是否是有"效率"的,某种程度上是一种基于语境与可能后果的考量。同样的行为在不同情况下,对于"效率"的意义可能是不一样的;考量一种行为对于效率的意义,必须把这种行为所处的现实语境等更多因素考虑进来,这种基于可能后果的法律推理模式其实是更为实质的(相对于形式而言),也是更为复杂的。相对于简单地从规则适用中推演出法律后果,在法律需要考量效率等实质因素时,"这类协议的效果取决于它得以运作的具体经济环境"。"真正需要的是以效果为基础的方法,而不能或几乎不能单从协议的形式就得出法律的结论。"①引入经济分析方法,复杂的演算过程在某种程度上可以给人们后果是"确定"的幻像。现实中的经济分析,在操作维度上涉及因素太多,方法上也不那么统一,同一个问题不同专家运用经济分析,完全可能得出不同甚至是相反的结论。

时至今日,我们在竞争法领域,仍旧能看到一些曾经的判例受到

---

① [美]戴维·J. 格伯尔:《全球竞争:法律、市场和全球化》,陈若鸿译,中国法制出版社2012年版,第211页。

后来学者的诟病,如波斯纳就严厉批判了阿斯攀滑雪案[①]的判决;[②]但波斯纳的观点也并没有得到后来学界、司法界的一致认同。我们依旧能在一些领域看到竞争法案件的"剧情反转",这并不是一个简单的执法机构、法院犯错误的问题,而是不同时期不同立法机构、执法机构或者法院对于行为有了新的评价。"二战"后德国在弗赖堡学派的影响下,颁行了新的反垄断法律,"新法试图控制那些实力很强的企业的行为,有些行为以前不仅仅被认为是合法的,甚至还被认为是理想的"。[③]

此外需注意,由于影响不同时代人们对于竞争行为的认知的因素颇多,如当时占主流的政治社会形势、占优势地位、主导主流的话语的社会阶层的利益诉求,等等,我们到今天为止,对于某些人类历史不同时代对于类似竞争行为的不同评价,不能简单地贴上"进步""发展"的标签,不能简单地勾勒出一部逐渐上升的线性叙事。不可否认,随着一百多年时间的流逝,人类对于很多竞争行为(尤其是其可能的对于市场形势乃至社会经济的影响)的认知已经深入很多,但是,对于某些竞争行为的评判法律及主流学界评判的更迭(而非演进),或许体现的并不是某种认知上的进步,而只是其他影响评判者评判的因素发生了变化。

并且,在同一时间段,不同法域对于同一类型的竞争行为的判断也可能不一样。19 世纪 20 世纪初,在美国、奥地利卡特尔是违法行为,而德国则在萨克森木纸浆案中支持了卡特尔的合法性。现今,包括我国在内的多数法域,则认为纵向垄断是违法的,但伯克等学者坚

① 该案详情可参见黄勇、董灵:《反垄断法经典判例解析》,人民法院出版社 2002 年版,第 153 页。

② 波斯纳批评该案以及之前的终端铁路案,并没有维护公众利益,而是设定了"公平分配垄断利润这样一个从反托拉斯规则中莫名奇妙冒出来的义务"。[美]理查德·A. 波斯纳:《反托拉斯法》,孙秋宁译,中国政法大学出版社 2003 年版,第 282 页。

③ [美]戴维·J. 格伯尔:《全球竞争:法律、市场和全球化》,陈若鸿译,中国法制出版社 2012 年版,第 192 页。

持认为："每个纵向限制竞争行为都是合法的。"[①]目前"欧盟的法律仍然谴责那些在美国被认为是无害的行为，要求成功的公司将其投资收益分享给其竞争者，从而导致国际协调努力的失败"。[②]

总体而言，竞争法领域作为法律推理出发点的相关知识仍旧非常"不确定"。相关知识处于持续的分歧、不断的更新中（关于这一点，笔者不倾向简单地用"发展"而将之概括为一种线型上升的图景）。

二、政策因素与竞争法的不确定性

政策因素的引入，会在一定程度上加大竞争法的不确定性。通常而言，政策的变动可能会影响到既有规范的稳定性，这是不言而喻的。关于这一问题，我国学者潘丹丹认为"反垄断法的不确定性就是在各种利益、各种价值之间进行权衡和选择的政策导向性"。[③] 笔者虽不认同反垄断法的不确定性皆是由政策权衡和选择导致的，[④]但认同政策考量本身会导致不确定性这一主张。上文论述过，竞争法领域，由于政治国家的在场，政策通常会更为频繁地变动、更为深入地影响到竞争法的执法与司法，从而造成竞争法领域规则更大的不确定性。并且，由于必须考量到可能的政策介入及政策变动，竞争法实体立法本身也需要保持一定的宽泛性、模糊性，方便政策的介入。

这里需要区分两种形式不同的政策。一种政策体现为公开明示的政策性文件，如上文探讨过的各种指南性文件。这种情况下，政策

---

① See Robert H. Bork, *The Antitrust Paradox: A Policy at War with Itself*, New York: Basic Books, Inc. Pubishers, 1978, p. 288.

② Alan Devlin and Michael Jacobs, *Antitrust Divergence and the Limits of Economics*, Northwestern University Law Review, vol. 104, 2010, p. 254.

③ 潘丹丹：《反垄断法不确定性的意义研究》，法律出版社 2015 年版，第 50 页。

④ 如上文所述，竞争法领域本身就存在异常强烈的知识的不确定性。这种知识的不确定无法简单地归入政策选择和权衡。一个明显的区别是：当人们在进行政策权衡和选择时，一般是基于一种对于知识信息的"已知""确定"；而面对知识本身的不确定性时，往往面临的是"未知"或者"不确定"。

的出台本身会改变规则,从而引发法律规则的不确定性;但与此同时,政策本身提供了一种相对稳定的、更为明确的法源,能够在未来一定时间段内给行为人提供稳定的、明确的行为指引,在这种意义上,政策有可能在一定时间内增强法律的确定性而非相反。

另外一种政策不体现为公开明示的政策性文件,或者不直接体现为竞争法领域的政策性文件。这种政策变动,通常体现为更高层次或者更大范围内政策的变动,如美国 1980 年新自由主义兴起背景下,美国国家政策层面整体上减少对市场的管制、赋予市场主体更多行动空间。此外,像一国的产业政策、贸易政策等,也不一定直接体现为竞争法领域的规范性文件。这种情况下,政策本身对于行为者而言,不一定是能够预先明确知晓的;执法、司法机构是在个案的判断中,将政策性因素作为实质推理的因素之一考量进来。这种情况下,政策的变动本身不直接体现为规范性文件、但能够影响到个案的法律后果,甚至执法、司法当局在进行政策权衡时,到底需要考虑哪些因素、需要在何种程度上考虑政策因素,也不尽相同,这种情况下,不在竞争法领域明示的政策很可能会加大竞争法的不确定性。

三、新型竞争行为导致的不确定性

基于其自身的性质,在市场的压力下,商事领域内新的类型的竞争行为本身会不断推陈出新地涌现。这一现象使得竞争法所要调整的社会生活领域与其他法律调整的社会生活领域不太相同。

在一般的社会生活领域内,多数行为人会选择按已知的、既定的行为模式行为,从而由规则保障其对于行为后果的预期能够实现,省去了"合规"成本,规避了违反规则招致惩罚或者预期不能实现的相应的风险。然而市场竞争领域不太一样,竞争本身即意味着鼓励人们用"新"的类型的行为去在市场中争取更大的利益,从而胜出。也即,现代市场经济总体上而言对于经营行为的创新是持一种鼓励而非禁止的态度。创新本身就成为一种重要的竞争方式。[①] 因而,有论者认为,反垄断法在调整经济关系时需考虑“保护并促进产品或服务创新方面的竞争”。[②] 并且,2022 年我国在修改《反垄断法》时,在第 1 条中的“保护市场公平竞争”后专门增加了“鼓励创新”的立法目的。由此可见,创新对于竞争之重要性。当然,竞争法需面对的创新决不仅仅限于产品或服务,还包括营销方法、商业模式[③]等诸多方面。

古代的商业社会肯定也存在不同市场主体之间的竞争,但中世纪以及更早时代这种竞争受限于行会等组织,商事主体同为行会成员,相互之间的竞争一般不会导致你死我活,竞争的强度与现代社会不可同日而语;同时古代社会,商业伦理、商业习惯等对商事主体的商事行为发挥着较大的调整作用,违背这些伦理者会受到整个群体的某些制裁。这些都使得竞争不可能过于激烈,而有悖伦理的竞争行为有可能在商人自治组织内部被限制。因此,这个时间段,像今天这样不断推陈出新的、挑战现有规则的竞争行为不太可能过于泛滥。

然而,到了竞争法产生的时间段——19 世纪,注意,这个时间段同时也是传统民法走极端形式理性化的时间段。这一时期调整人们市场行为的民法,以“价值中立”的名义,走向了去伦理化乃至反伦理化。与之几乎同时的是,在“分离命题”滥觞的背景下,法律与道德在法实践领域明确的分殊,法律相对狭义地被限定为国家实定法,而没有被吸纳进国家实定法的道德等被排除出司法实践之外,“合法律性”的要求在一定程度上替代了以往司法对于正当性的诉求。上述背景下,单独违反伦理而并未被实定法限制的行为,在一定程度上丧失了被法律惩罚的可能性。这从某种程度上潜在鼓励

---

① 参见杨文明:《滥用市场支配地位规制中的正当理由抗辩研究》,西南政法大学 2016 年博士论文,第 65 页。

② Carl Shapiro. Antitrust in Network Industries. Address before the American Law Institute and American Bar Assn, January 25, 1996.

③ 关于商业模式属于经营者重要的竞争手段,参见吴莉娟:《互联网不正当竞争案件中商业模式的保护》,载《竞争政策研究》2015 年第 2 期,第 43 ~ 49 页。

着竞争参与者“解放思想”,把更多法律没有明文限制的行为运用到竞争中来。

在传统的伦理(没有能够写入法律的那部分)逐步丧失了对市场竞争行为的约束能力的同时,19 世纪在各种因素(包括自由主义者将“竞争”植入市场的努力)的作用下,行会等传统共同体逐渐解体,[①]从而也失去了对市场竞争行为可能的约束功能。

与此同时,在自由放任思想主导的市场经济环境下,很多领域的竞争趋于白热化,可能的竞争压力来源更多,[②]竞争中的胜利与失败相对于很多商主体而言,有时就是生死存亡,胜负的后果都被强调自由竞争的市场机制放大(如果对比一下传统社会的竞争,可以认为传统的竞争或许更多只是决定盈利的多少,而较少直接指向商主体的极度扩张与破产)。这迫使企业必须为在竞争中胜出付出更多的努力。与此同时,现代市场本身又趋于极度的复杂化,商业行为不是简单地以传统作坊式的生产产品—销售产品这么简单。因此,争取在竞争中胜出的努力中,产品与服务质量的提升只是一个方面(虽然仍旧是很重要的一个方面),而营销渠道及策略、品牌经营、盈利模式的选取等越来越多的领域,都逐渐成为商业竞争的手段。总之,商主体有压力在越来越多的领域采取越来越多的手段进行竞争,尽可能创新竞争模式和竞争行为。

总之,到了 19 世纪自由放任主义滥觞的时期,一方面,日趋惨烈的竞争使市场主体为了在竞争中胜出不得不付出更多努力,不断创新竞争行为;另一方面,传统的伦理、行会组织对竞争行为的限制大为削弱。走向形式理性化,并且逐步与伦理道德分离的传统民法对这些新的竞争行为无法作出有效的规制,甚至持一种相对暧昧的态度。在这

---

① 欧肯等论者强调了这种经济环境的变迁,参见[德]瓦尔特·欧肯:《经济政策的原则》,李道斌等译,中国社会科学出版社 2014 年版,第 15 ~ 16 页。

② 关于这一点,现代“竞争战略之父”迈克尔·波特教授归纳过经营者在市场中面临的 5 个方面的压力:潜在进入者、现有竞争者、供方、买方以及替代品。参见[美]迈克尔·波特:《竞争战略》,陈小悦译,华夏出版社 1997 年版,第 3 页。

种情况下，新竞争行为被大量创新出来。

竞争法正是在这种竞争本身越来越激烈、竞争涉及的行为、手段越来越丰富的背景下诞生的。观察反不正当竞争法的发展史，可以发现在法律规制、宣布某些竞争行为为不正当行为的同时，越来越多的不正当竞争行为不断涌现，并成为法律禁止、规制的对象。早期的不正当竞争行为主要是模仿、仿冒其他商品的商标、装潢，是与商品识别有关的一些行为，后来又逐步拓展到发布商业广告进行虚假宣传，发布信息对商业对手进行诽谤、诋毁。反垄断领域同样存在这种新型竞争行为不断涌现的现象。美国各种反托拉斯指南的不断出台与更新，原因之一就是新竞争行为的不断涌现。例如，《美国关于竞争者之间合谋的反托拉斯指南》就明确指出："竞争者合谋种类的增加和使用的增多，要求进一步澄清其在反托拉斯法项下的有关待遇问题。"[①]这一过程中，尽管竞争法不断地对新出现的竞争行为进行合法性识别，并明确规定了某些竞争行为的违法性，但这并不能阻止竞争者不断创新竞争行为。更有论者强调鼓励竞争行为的创新是有益的。[②] 因此，尤其需注意，新的竞争行为并不一定都会被判定为违法，很多新的营销模式、新的促销方法、新的商业模式在导致行为者在竞争中胜出的同时，也得到了法律系统及社会的认可。如通过被授权品牌特许经营拓展更多市场及扩大品牌影响力、在相应区域规定独家代理销售保证销售渠道通畅与可控之类的行为在现代商业环境下已被广泛地接受、采用；又如不同形式的商业广告、赞助体育赛事等公共活动、利用促销活动进行推广等市场推广方式已经被广泛接受和普及，销售中附带赠品或者给予折扣的现象更是在商业竞争中司空见惯。

---

① 尚明主编：《主要国家（地区）反垄断法律汇编》，法律出版社2004年版，第321页。

② 如熊彼特认为："有价值的不是那种竞争，而是新商品、新技术、新供应来源、新组织形式（如巨大规模的控制机构）的竞争。"［美］约瑟夫·熊彼特：《资本主义、社会主义与民主》，吴良健译，商务印书馆1999年版，第148～149页。

总之,在越来越残酷的商业竞争中,新的竞争行为总是被不断地创新出来,这里面有些行为被认定为合法的、对市场有益,但也有些行为后来被认定为违法的竞争行为。关于这个过程,“正如美国纽约州法院在1950年的‘歌剧协会’一案中所说,在那些简单而平静的年代里,主要的不良商业行为是仿冒。随着商业竞争关系的进一步发展,也就不幸而产生了一些新的不正当竞争行为”。①

在市场机制迫使商主体不断“创新”竞争行为的同时,技术及与之相关市场环境的发展也为更多、更为复杂的竞争行为被“创新”出来提供了可能。例如,电视传播的普及,使得体育赞助商的利益被竞争者的隐形市场行为侵扰;互联网的出现使得“域名抢注”“不当链接”等行为成为现实中竞争法需要应对的新竞争行为;等等。技术的发展以及引发的商业领域的变革无疑成为新竞争行为被进一步创造出来的一个巨大基础动因。

此外,还需注意一种情况,即使在竞争法规则已经有明确规定的情况下,新技术、新市场环境、新盈利模式的出现,也可能使得有些竞争法既定规则在现实中某些情形下是否依然可欲成为疑问。例如,对于传统商品销售领域,竞争法有明确的禁止掠夺性定价的规则。然而,随着市场的发展,有些商品的盈利点出现转移了,例如大量的报刊,其销售本身不盈利,而且价格低于采编印制成本,主要靠大发行量带来的广告收入盈利;又如滴滴等应用软件,不但不向使用者收取费用,还曾经大力度补贴消费者,培养用户的使用习惯和忠诚度。上述行为,按严格的法律文义解释,似乎都有涉嫌掠夺性定价的可能;然而现实中几乎没有受到过多质疑;事实上,对于这些能够纳入既有行为模式的新市场环境下的竞争行为,由于具体适用法律的情景指涉有所不同,某种意义上仍旧可以视为一种“新”行为,(按照前述规则逻辑结构的三分法,可以认为“假定”发生了改变,而按照二分法,则可以视

① 李明德:《关于反不正当竞争法的几点思考》,载《知识产权》2015年第10期,第35～44页。

为“行为模式”本身发生了改变)竞争法仍然需要对其合法性予以重新识别。这意味着,一些看似已有定论的对于行为的认知,基于相关知识的不确定性和认知的更新,在新的案件和情景指涉出现时,在竞争法领域会面临需要重新进行合法性识别问题。这种不断进行的识别和试错,甚至改变,使得竞争法的不确定性远远超过了其他的传统法律。

尤其需要注意的是,反垄断法由传统的结构主义转向行为主义,使得需要法律予以识别的竞争行为大为增加。在结构主义模式下,垄断即违法,法律重在监控企业的市场份额而非行为,而基于垄断市场地位的诸多竞争行为基本不可能出现了。然而在行为主义模式下,垄断地位本身不意味着违法,只要垄断者控制好自己的行为,使得一个掌握市场支配地位的垄断者本身可以存在并从事各种竞争行为。这种情况下,垄断主体的各种竞争行为是否构成滥用市场支配地位、是否有害于竞争,对执法者提出了新的识别要求。

相对于这种行为方式创新层出不穷的竞争法领域,传统的形式理性法面对的是一个相对稳定、可以预期的社会,需要法律调整的行为更多已经被类型化编码为法律规则中的“行为模式”,然后对应于相应的“法律后果”。而竞争法领域不断出现的新的行为则很难被这样简单地纳入现有法律机制的“合法—非法”识别体系中。

由于竞争法调控的行为主体主要是商事主体,有些行为主体在采取新的竞争措施之前,对于既有的法律规则是有比较清楚的认知的。[①]这种情况下,行为方式的选择本身通常就选择在既有法律没有明确否定性评价的地带;但法律不能简单预设这种行为就是“合法”或者“正当”的(这里需注意,西语里的法谚只有公法领域的“法无明文规定不

---

① 在现代社会,通常具有一定规模的企业都会聘请律师或者自身设置法律部门对某些行为进行合规审查。

处罚”,而从来没有私法领域的“法无明文禁止即可为之”,[①]中国学界对这一知识一直有一种集体无意识的误解与传播),因为这样有可能使竞争对手遭受明显不公正的损失,消费者利益受到侵害,或者使正常的市场秩序被扰乱。这种情况下,为了维护必要的公正与秩序,法律必须对新的竞争行为进行合法性识别,对合法行为予以肯定,对非法行为予以限制、制裁。在这个识别过程中,竞争法将从总体上继续鼓励相关主体创设新的竞争行为类型,[②]从而保证竞争对人类社会的正功能,但又不至于使一个既有的竞争秩序与环境受到过大冲击,将竞争控制在一个合理的范围内。

四、识别功能的产生

在引发竞争法高度不确定性的上述三个因素中,前两者是对既有行为模式的再识别问题。某种意义上,法律面对的是一种看似已知的行为,行为者面对的是一种已知的规则,甚至对这种规则保障其规范性行为预期有着一定期望。但竞争法作为一种特殊的法律实践,由于

---

① 笔者请教过德语、英语、拉丁语、法语方面的专家,在这些语言中,确实没有这条法谚。我国20世纪80年代的论著中,也只有“法不禁止不为罪”的表述,而没有“法无明文禁止即可为之”的表述,后者最早在知网上出现于20世纪90年代中叶的某些论文中,并且都没有标注引用来源,后来在更多文章中出现。对于“法无明文禁止即可为之”类似的表述“法不禁止皆自由”,易军教授曾在《中国社会科学》专门撰文探讨(参见易军:《“法不禁止皆自由”的私法精义》,载《中国社会科学》2014年第4期,第121~142页),笔者承认易教授此文的学术贡献,但遗憾的是,易教授似乎并没有真正给出这一“法谚”的来源,只是就相关问题进行了探讨。“法不禁止皆自由”这一说法有可能的来源于我国学者对孟德斯鸠的解读,然而,需注意,孟德斯鸠的表述是:“自由是做法律所许可的一切事情的权利”,其强调的是法律对自由的限定,“如果一个公民能够做法律所禁止的事情,他就不再自由了”,并没有把法律的“禁止”视为自由唯一的边界,只是强调法律的“许可”对自由的必要性。可参见[法]孟德斯鸠:《论法的精神》(上册),张雁深译,商务印书馆1961年版,第154页。其实,在“不为罪”与“可为之”之间有一个从刑事责任到民事责任再到伦理责任的巨大鸿沟。如果真正“法无明文禁止即可为之”,则市民社会自我的伦理约束机制就基本上失去作用了。关于这一问题,笔者将专门撰文探讨之,于此不再赘述。

② 关于竞争法与创新的关系,可以参见[比利时]尼豪尔、克莱恩布吕格尔主编:《创新在竞争法分析中的角色》,韩伟译,法律出版社2020年版。

本身知识的不确定性、争议的存在以及贯彻政策的需要,需要重新考量、识别相关行为的合法性。在政策因素引发的不确定性问题中,对行为的再识别就是把新的政策贯彻的过程,将新的规范(这些规范并不一定是明示的)适用于既有行为,涉及的问题相对比较简单,多数情况下,比较简单的法律方法(逻辑涵摄和简单的法律解释)就能够胜任。但是在政策考量本身不明示甚至本身不太明晰的情况下,则需要一个将新的政策通过法律方法与既有的法律规范衔接的过程,同时需要一个对当事人的“论证—说服”从而正当化的过程,以消解当事人可能的对预期的失望,这在某种程度下,需要法官—执法者更强的法律推理能力。

对于认知的不确定性、分歧引发的对行为进行识别的情况,由于认知分歧的存在,事实上行为人及利害关系人(如竞争对手)本身很难对行为的后果有确定的规范性预期。这种情况下,由于相关知识本身的不确定性,对实体规则的法律论证技术其实也很难给某种行为类型一个相对确定、能为竞争者共同接受的法律答案(虽然这应该是一个努力的方向),个案的裁决者更多只能通过程序使当事人的意见得到充分表达,尽量减少可能的分歧,并依靠法律的权威最终作出个案的裁决。这种个案中需要重新考量行为模式的合法性,其实也即意味着个案在对相关行为进行新的合法性识别,而不是简单地适用既有规则。每次裁决的个案,能否具有判例法意义上先例的地位,则取决于该判决本身论证的妥当性、该判决社会后果的可接受性,以及人们对该判决涉及行为类型的认知的发展变化等因素。有些个案判决,有可能作为先例被援引,成为判例法的一部分,甚至其创设的相关规则进而被成文制定法吸收。

对于第三种情况,即市场上新竞争行为的不断涌现,事实上每一种新型竞争行为的出台,竞争法都面临着一个对之进行合法性识别问题。这种情况在竞争法产生之初就已经出现,早期的法国反不正当竞争法就主要体现为判例法形式,主要原因就在于新的竞争行为不断出现,有可能已经对其他当事人显失公正,但既有的法律条文没有对之进行规范,因而不得不通过创设判例的方式完成行为的合法性识别。其实,其他部门法在产生之初也有这类问题。如法国的行政法,刚开始也主要体现为判例法。但是,在行政法发展到一定阶段后,就主要更多地被立法行为纳入制定法范畴了,原因在于行政领域内可能的行为类型,法学界通过不断试错探索,已经有了一定的整体上的把握,已经发展出一套规则及原则体系覆盖主要的相关行为领域。而竞争法领域则很难做到这样,原因就在于上文探讨过竞争法的高度不确定性:人们对既有竞争行为的合法性认知会发生变动(其他法律也会发生变动,但一般不会像竞争法这样变动频繁、幅度大);外在于法律系统的政策会不断介入;新类型的竞争行为会不断涌现。因而,尽管在美国等法域也出现了大量关于竞争法的司法判例,部分判例能够与立法文件一起构成一个德沃金意义上的"整体性"的关于竞争法的叙事,但仍旧有很多判例游离于一个同一的法律叙事之外,彼此矛盾,相互推翻,同一判例在不同的年代获得的评价大不相同。当代的美国法官估计不会再援引布朗鞋业案、美国铝业案中的体现结构主义的主要判决理由了。但是,行为主义就真正终局性胜利了吗?笔者认为或许这是一个可以存疑的问题。

总之,需要不断地,甚至常规性地对新出现的行为类型(或者既有行为类型面临新的情况)进行识别,是竞争法的一种现实存在的功能。这种功能,是一种应经济系统自身运行的需求,向法律系统寻求对于相关行为的合法性识别,法律系统因此对于经济系统运行中出现的行为进行识别的功能。识别的后果首先是对具体相关行为的合法性进行认定,使得被归入"合法"范畴的行为其法律效力及预期的法律后果能够得到法律保障,被贴上"非法"标签的行为受到法律的否定甚至是制裁。这种识别总体上有可能使经济系统从相关行为引发的不确定性中解脱出来,在涉及的领域获得暂时的或者长久的确定性。[①] 从而使经济系统能够在信任法律系统所带来的稳定预期的基础上继续顺畅运行，市场主体继续在信任法律保障的基础上进行各种商事活动。这种识别，有时是产生新的规则，但并不一定都能产生稳定的新的规则，因为很多情况下单次的识别并不能获得稳定的知识。但从长远来看，这种不断地识别有可能使得竞争法规则走向丰富；但基于竞争法本身"鼓励"新竞争行为的特征以及政策介入的因素，这种识别功能不可能消失甚至弱化。

第三节　实体规则的简化与识别机制

一、反垄断领域实体规则的简化及除外情形的增加

由于上文所述的原因：竞争法部分知识高度不确定、竞争法必须给政策的介入留下必要的空间、竞争法必须要时常面对新的行为类型，与其他法律发展由判例法到制定法再到实体规则复杂完备体系自足的制定法不太一样，竞争法尤其是反垄断法甚至一定程度上出现了实体规则简化的倾向。[②] 这种倾向某种意义上反映的既是人们对竞争现象认知依旧不足的一种承认。这种认知不足与市场上不断出现的行为合法性识别要求构成一种紧张关系，为了有效消解这种紧张关

---

① 这里需说明，很多情况下，对行为的合法与非法识别有可能带来确定性。但情况并非总是这样。"合法—非法"识别是一种全有全无的界分方式，这种武断的二元划分也有可能使稳定不能得到有效解决反而加剧不确定。卢曼就清醒地认识到这个问题，他认为根据合法与非法二元划分这种"全有或全无的原则，终止纠纷会更为困难"。参见[德]尼克拉斯·卢曼：《法社会学》，宾凯等译，上海世纪出版集团2013年版，第428页。当然，此处卢曼或许有些悲观了，很多情况下规则的明确化本身就有利于不确定性的预防。不过，意识到武断的二元识别有可能不能有效终止纠纷，构成了下文将论述的竞争法执法中更多利用各种和解机制宽宥机制缩限识别负担的一个理由。

② 参见焦海涛：《论现代反垄断法的程序依赖性》，载《现代法学》2008年第1期，第51～63页。

系，竞争法中对行为的识别机制得到极大发展，这种机制首先体现在竞争法领域实体规则的缩限。

如上文所述，竞争法的立法，尤其是对新领域的立法，立法者越来越认识到现有认知可能的不足，从而倾向于强调立法的开放性，在更多领域中不再简单盲目地预设刚性的规则，而是更为强调原则、标准的作用，并且不再强调盲目地按照形式理性法的通常做法把相关行为模式类型化，而是尽量给未来司法中的自由裁量留下空间。对于已有立法的传统领域，“与实体规则竞争法史上并不乏这样的例子：成文法无关紧要，因为它们要么从未实施过，要么根本得不到支持”。[①] 也即，某些细致的竞争法规则实际上根本无法进入执法司法领域。在上述背景下，竞争法领域出现了实体规则在立法层面的简化与缩限。正如格伯尔所言，在竞争法的发展过程中，废除了无数的本身违法的类别后，“规则”被删减或削弱了。[②] 我国学者焦海涛亦有论述：现代反垄断的一个重要特征，就是实体规则逐渐简化，立法上对垄断行为的界定往往只是一个基本原则，大量的垄断行为认定，主要由执法机关根据个案具体分析、“相机抉择”。[③]

以美国为例，波斯纳认为，事实上美国主要的反托拉斯实体规则只有 6 条：《谢尔曼法》第 1 条和第 2 条；《克莱顿法》第 2 条、第 3 条和第 7 条；《联邦贸易委员会法》第 5 条。[④] 虽然美国出台了各种指南性文件对相对粗略的实体规则进行细化，但是需注意，这种指南往往只具有阶段性的政策文件的意义，而很难算作是稳定的法律规则。另外，有些指南性文件也强调执法、司法机构根据现实情况进行自由裁

---

① ［美］戴维·J. 格伯尔：《全球竞争：法律、市场和全球化》，陈若鸿译，中国法制出版社 2012 年版，第 9 页。

② ［美］戴维·J. 格伯尔：《二十世纪欧洲的法律与竞争》，冯克利、魏志梅译，中国社会科学文献出版社 2004 年版，第 159 页。

③ 参见焦海涛：《论现代反垄断法的程序依赖性》，载《现代法学》2008 年第 1 期，第 51 ~ 63 页。

④ 参见［美］理查德·A. 波斯纳：《反托拉斯法》，孙秋宁译，中国政法大学出版社 2003 年版，第 305 页。

量而非僵化贯彻指南的重要性，如《美国知识产权许可反托拉斯指南》中就有规定："主管机构希望对那些需要初步预测主管机构是否会认为一种做法具有反竞争性的人士提供帮助。"但是"本《指南》不能排除反托拉斯执法中的判决和自由裁量权。另外，本《指南》中规定的各项标准，必须适用于各种不可预见的情况。不同的情况需根据具体事实进行评估，要合理、灵活地使用本《指南》"。[①]《美国关于竞争者之间合谋的反托拉斯指南》更是明确指出："竞争者合谋及其所处的市场情形差别非常大。任何指南都无非就竞争者合谋产生的每一个反托拉斯问题提供专门答案。""本《指南》只是提供一种分析框架，帮助公司对一个或一个以上的竞争者进行合谋提出反托拉斯的可能性进行评估。"[②]该指南同样规定了"本《指南》不能排除反托拉斯执法中的判决和自由裁量权"。[③] 其他法域的情况与美国类似，如欧盟，其实体规则主要是《欧共体条约》第81条、第82条和《企业并购控制条例》。我国《反垄断法》总共70条的条文中，真正涉及对实体问题进行规制的条文其实也只有几条，所占比例非常低。而1960年的比利时竞争法，甚至几乎只完全依赖"滥用经济力量"这样一个概念。[④]

另外，需要注意的是，20世纪70年代以来，在美国等法域，大量原本适用本身违法的领域被合理原则取代，而"废除了无数的本身违法的类别后，规则被删减或削弱了"。[⑤]

实体规制简化的同时，即有的反垄断法规制规定了更多的除外条款，不再僵化地规定某些情形的法律后果，而是由立法将特殊情况交由司法、执法机构裁决。如我国2022年修改的《反垄断法》，第18条

① 尚明主编：《主要国家（地区）反垄断法律汇编》，法律出版社2004年版，第251页。

② 尚明主编：《主要国家（地区）反垄断法律汇编》，法律出版社2004年版，第321页。

③ 尚明主编：《主要国家（地区）反垄断法律汇编》，法律出版社2004年版，第321页。

④ 参见[美]戴维·J.格伯尔：《全球竞争：法律、市场和全球化》，陈若鸿译，中国法制出版社2012年版，第198页。

⑤ [美]戴维·J.格伯尔：《全球竞争：法律、市场和全球化》，陈若鸿译，中国法制出版社2012年版，第159页。

增加了第 2 款的规定:“对前款第一项和第二项规定的协议,经营者能够证明其不具有排除、限制竞争效果的,不予禁止。”这一除外条款是针对“禁止经营者与交易相对人达成下列垄断协议”而言的,典型的用合理原则取代了本身违法原则,豁免了经营者能够证明其不具有排除、限制竞争效果的情形下的垄断协议。而经营者提供的证据,是否能证明“不具有排除、限制竞争效果的”,则往往需要由相关机构裁决。这种除外规定无疑进一步加大了反垄断法的不确定性,弱化了行为者可能的预期。类似的新增规定还有第 26 条第 2 款“经营者集中未达到国务院规定的申报标准,但有证据证明该经营者集中具有或者可能具有排除、限制竞争效果的,国务院反垄断执法机构可以要求经营者申报”的规定。第 18 条的规定,某种意义上给了经营者更多豁免的机会;而这条规定,则赋予国务院反垄断执法机构更大的权限,即便经营者未达到相应的申报标准,但只要国务院反垄断执法机构认为“有证据证明该经营者集中具有或者可能具有排除、限制竞争效果的”,依旧可以要求相关经营者申报。这一规定同样弱化了未达到申报标准的经营者可能的预期,赋予了执法机构更大的权限。

实体规则的简化及除外条款的出台,使得反垄断法在诸多情况下很难为人们的行为提供一种稳定的预期保证。某些情况下,“预测反垄断法的适用结果就像‘走钢索’一样困难,企业违法很可能是无意的结果。实体规则往往只能说明垄断行为的模糊范围,却不能指出各行为之间的确切边界”。[①] 这种情况下,反垄断法的稳定行为预期功能取向弱化,而识别功能得以凸显。不预设行为的违法性,而是交由相关机构具体识别很早就出现于反垄断法的实践中。如 20 世纪初的德国认为:“所有卡特尔都有潜在的危害,但有些卡特尔存在稳定市场之类的经济上的好处,因而其存在有一定的正当性理由。国家的任务是

① 焦海涛:《论现代反垄断法的程序依赖性》,载《现代法学》2008 年第 1 期,第 51 ~ 63 页。

识别那些权衡地看造成损害的卡特尔,保护公众不受它们的侵害。"①这种情况曾一度被诟病,"二战"后在秩序自由主义影响下的德国竞争法,日益遵照司法原则与程序运作,而不再是建立在行政部门自由裁量权的基础上。意图使竞争法执法更有可预见性。然而,反垄断法发展至今,"根据合理原则判断一个行为,需要搜集大量的资料以分析具体事实条件下该行为的效果","可预见性也很低","企业通常无法确定他们的行为是否会显示出反竞争效果,是否违法了反托拉斯法"。②

二、反不正当竞争领域的实体法律规则

相比之下,反不正当竞争领域实体法律规则要比反垄断法领域相对丰富、细致一些。但是,综观各国反不正当竞争的立法进程,仍旧有以下两点值得关注。

其一,德国等国的《反不正当竞争法》规定了一般条款,从而给法院在个案中识别竞争行为的正当性并且发展不正当竞争规则提供了必要的空间。③ 德国的一般条款最早出现于1909年修订版本中,该条款规定:"在商业交易中,以竞争为目的违背善良风俗的,其他竞争者可以请求其不作为以及支付损害赔偿。"随后,"德国法院频繁诉诸'善良风俗'的一般条款,将依样模仿、不当比较广告、利用他人声誉纳入不正当竞争的范围,将附赠、折扣、有奖销售纳入不正当竞争的范围。至于立法者,又会在适当的时候,将法院所创设的事例予以法

① [美]戴维·J.格伯尔:《二十世纪欧洲的法律与竞争》,冯克利、魏志梅译,中国社会科学文献出版社2004年版,第71页。

② [美]戴维·J.格伯尔:《全球竞争:法律、市场和全球化》,陈若鸿译,中国法制出版社2012年版,第160页。

③ 除了德国以外,瑞士、俄罗斯等法域以及巴黎公约等都规定了一般条款,日本等法域立法对在不正当竞争领域设置一般条款比较抵触,但学界有引入一般条款的呼声。参见吕来明、熊英:《反不正当竞争法比较研究——以我国〈反不正当竞争法〉修改为背景》,北京知识产权出版社2014年版,第43~44页。

典化”。[①] 国际条约层面,《巴黎公约》第 10 条之二亦规定了一般条款,规定“任何”违反诚实信用的行为都属于不正当竞争行为。这种一般条款为成员国将更多的事例纳入反不正当竞争法留下了足够的空间。基于这一条款,美国和英国等国家将形象权的保护纳入反不正当竞争法中;德国和日本将依样模仿行为纳入反不正当竞争法的规制中。虽然有学者对这种大量运用一般条款的方法持反对态度,但亦有学者建议在我国《反不正当竞争法》中加入一般条款,或者规定“其他不正当竞争行为”作为兜底条款,从而为法律对新的竞争行为进行识别留下必要的空间。[②]

其二,对于新的竞争行为类型,如涉及网络的竞争行为,有学者提出了不应盲目通过类型化将其形式理性化的观点。如我国学者李扬认为:“由于互联网领域新型不正当竞争行为与技术联系紧密,大多不具有普遍性、稳定性和长期性,市场本身即可调整,市场本身无法调整的也缺乏足够案例群,通过个案即可解决,因而现阶段对互联网领域新型不正当竞争行为进行类型化,或者欠缺必要性,或者基础不足,类型化存在困难”。[③] 李氏的观点,其实意味着对互联网领域的新型竞争行为,立法最好留出足够的空间,在司法中进行个案识别,而无须盲目引入实证法体系中。这种态度,同样意味着实体规则层面要求反不正当竞争领域的立法强调开放性,留下识别空间,而无须在立法中盲目预设规则。

在司法实践层面,伴随着欧洲法律从形式理性到实质理性一定程度的回归,一些国家对某些领域的竞争行为,也更加倾向于不预设刚性规则,而是在个案中进行充分权衡。如对于模仿行为,20 世纪 90 年

---

① 李明德:《关于反不正当竞争法的几点思考》,载《知识产权》2015 年第 10 期,第 35 ~ 44 页。

② 如盛学军等老师就建议在《反不正当竞争法》中加入一般条款,参见种明钊主编:《竞争法》(第 2 版),法律出版社 2008 年版,第 110 页。该部分撰写者为盛学军老师。

③ 李扬:《互联网领域新型不正当竞争行为类型化之困境及其法律适用》,载《知识产权》2017 年第 9 期,第 3 ~ 12 页。

代之后的法国法官“似乎更倾向于个案认定，而不是在自由模仿、自由竞争以及不法寄生行为之间划定一条清晰稳定的界限”。[①]

三、实体规则简化与识别机制的预留空间

总体上而言，可以认为，竞争法与其他领域法律的一个重大不同，是其实体规则的简化以及极大的不确定性。单纯地依靠竞争法实体规则，实际上很难给行为者的预期提供必要的保障。这种情况下，整个竞争法的运行机制几乎无法用传统的法治理论进行说明。与传统法治理论预设一个稳定的、已知的世界不同，竞争法更多的是面对一个变动的、未知的世界。这导致了竞争法在功能维度与传统形式理性法的重要分殊，也即，竞争法机制始终要保障一种常设机制，对某些不确定的行为类型和新的行为类型进行合法性识别，或者运用新的规则（主要是因为政策因素的介入）对既有的行为类型进行新的识别。这种识别，与普通法律中疑难问题的解决不尽相同。普通法律中运用兜底条款解决新问题时，传统的法官通常通过文义解释、体系解释、法意解释、目的解释等传统教义学方法就能够胜任。虽然现今有社科法学对教义学方法的挑战，但现实中教义学方法仍旧是主要的方法，并且法教义学本身能够通过将经验事实（社科知识）与价值判断等因素“转译”或“编码转换”以参加法律论证和规范构造。[②] 然而，在竞争法领域，竞争法对新问题进行识别时，法教义学能够发挥的作用非常有限了。由于大量概念本身的内涵并不存在共识，并且不断变动，文义解释的意义被削弱了。“反垄断法中的概念更多地共享于经济学术语，比如竞争、垄断、限制竞争效果、市场支配地位、相关市场及市场份额等，这些经济学术语均源自经济学研究成果，尚未经过法教义学的

---

① ［德］弗诺克·亨宁·博德维希：《全球反不正当竞争法指引》，黄武双等译，法律出版社 2015 年版，第 273 页。

② 参见雷磊：《法教义学的基本立场》，载《中外法学》2015 年第 1 期，第 198 ~ 223 页。

洗礼从而获得确定性的法律意义。"①实体规则的极度简化使体系解释意义同样被削弱。政策的不断变动、知识的极度不确定使得法意解释(也即历史解释)很难发挥作用。由于价值领域的不断冲突,竞争法适用时也很难运用目的解释。总之,最坚持法条主义立场的法学家,恐怕也很难把法条主义立场贯彻到竞争法的实施领域。关于竞争法在现实中的运行,也很难用包容实证主义的立场进行简单化处理。必须承认,竞争法是一种与其他法律不同的新的法律,这种法律在很多情况下无法预设,必须不断面临新的情况,对新的行为类型保持一种传统法教义学之外的识别机制。下文将详细探讨这种新的识别机制。

第四节 竞争法中的具体识别机制

在新立法领域给未来未知行为留下更为充分的识别空间的同时,竞争法系统发展出了一套相对完备的识别机制,这种识别机制乃是为实现识别功能而构建的。概括而言,这种机制包括:程序构建、决策信息源的扩展、新方法引入三个方面。

一、竞争法对程序的发展、运用

关于现代竞争法对程序的重视,我国学者焦海涛针对现代反垄断法中存在的"执法困境"提出了命题:"现代反垄断法的程序依赖性"。焦氏从"程序的完善""执法程序日益具体细化并具有了相对的独立性""对执法者的程序性约束成为现代反垄断法的重要内容"等几个事实维度对这一命题展开了论证。笔者赞同焦氏的观点,同时认为焦

① 朱战威:《反垄断法中经济分析运用问题研究》,西南政法大学2017年博士论文,第8页。

氏论述可能的局限在于：没有将反垄断法与其他法律进行深层次的对比，从而凸显反垄断法及竞争法中程序格外重要的意义。笔者将就这个问题进行探讨。

（一）程序对于识别的意义

在竞争法中，由于识别问题的存在，程序的重要意义有以下三重：其一，通过程序使得更多的不同意见（包括但不限于专业意见）、更多的决策信息被引入识别的过程中，从而帮助司法、执法人员更好地在实体层面上完成对一种竞争行为的合法性识别；其二，通过程序，使得各方面的意见能够得到更为充分的表达，使得各种利益相关人能够参与，给各方当事人提供了更多通过谈判妥协解决纠纷的机会；其三，通过程序保证相关利益人的充分参与，保障当事人的程序权利，实现正当程序本身的价值。

就第一点而言，由于更多人员（包括但不限于当事人、利益相关人、专业人士）的共同参与，并就相关问题进行对话与商谈，最后作出决策的不再是一个孤独的“赫拉克勒斯”式的法官，而是参与人员在达成某种程度共识的基础上共同完成了某一类型竞争行为的合法性识别。这将可能充分体现哈贝马斯意义上的商谈理性与真理共识论，从而更好地保障识别结论的正确性或者妥当性。

就第二点而言，更多参与人员在信息更为充分基础之上的协商，用和解的方式解决纠纷，能够有效地避免法律规则适用“非此即彼”的困境。由于法律的形式化，现实中法律规则的形式正义与实质正义可能存在一定的紧张，尤其在立法还不够完备时。这时僵化地将规则付诸实施可能会伤害真正的实质正义；而当事人各方以法律以及其他必要知识为背景的商谈、和解反而有可能实现更为可欲的社会效果。此外，需要明确的一点是，对于复杂的市场竞争领域，人类现有的知识储备有时候不足以作出真正妥善的合法性识别。这时当事人的协商、妥协可以避免在知识不具备的条件下，相关机构一定要用“合法—非法”

二值代码识别相关行为的尴尬。

就第三点而言,多有论者论述了程序本身对于决策获得合法性的重要性。无论具体的当事人以及利益相关人或者社会公众是否同意最后的实体裁决,只要裁决的过程是严格遵循了程序,那么相关裁决被接受从而获得实质合法性的可能性大大提升。[①] 这就是所谓的"正当程序消解不满"。

(二)行政程序的发展

竞争法对新类型行为的识别要求,使得竞争法发展出了一系列更为独特、复杂的执法程序,以便有效解决合法性识别难题或者缓解识别者有限知识与识别难度过高之间的紧张。

1.行政程序的重要作用

基于市场竞争行为的复杂性与专业性,多数法域事实上都将识别的难题主要交给行政主管机构与法院合作进行,而负责竞争法的行政机构通常更为复杂、多元。我国学者李国海将反垄断法的执行机构体系总结为三种模式:二元主管机关与法院协调运作型;主管机关、顾问机构与法院协调运作型;单一专门机关与法院协调运作型。[②] 以上模式还可细分,李氏梳理得非常清晰,笔者在此不再赘述。

这里需要澄清的一个问题是,虽然也有论者提倡要加强竞争法领域的"私人执行"(在笔者看来,在我国语境中,使用"民事诉讼"这个术语应该更为妥当,按照相关法理,我国私人是没有也不可能有"执法权"的),也即相关受害人不通过行政机关直接向法院提起诉讼,由法院直接认定被诉行为的合法性,我国也颁布了关于反垄断民事诉讼的相关司法解释,但是在世界范围内,美国以外的法域,尤其是欧盟,虽然有学界、法律界的大力推动,但民事诉讼效果并不理想。这里面,一

---

① 关于正当程序的意义,季卫东老师有过系统探讨,参见季卫东:《法律程序的意义》(增订版),中国法制出版社 2012 年版。

② 参见李国海:《反垄断法实施机制研究》,中国方正出版社 2006 年版,第 49 ~ 97 页。

个可能的深层次的原因在于:大陆法系等法域的民事诉讼程序,很难容纳一个对竞争行为进行充分探讨、商谈的空间,很难将更多利益主体的利益、国家的政策性因素引入,因此,很难实现更为可欲的合法性识别。

相比于司法程序,在竞争法领域,行政程序往往能够体现出更多的弹性、容纳更多的商谈空间,使更多相关主体(而非限于原告、被告等直接利益主体)的诉求、意见得到必要的表达,这一点或许与很多学者的理解不太一致。严格来说,各国的民事司法程序并不相同,对竞争行为的识别能力也因此会有所不同,但民事诉讼程序总体上大致都有审理期限限制、参与当事人的限制。对于争议事项,由于不告不理原则以及民事当事人对权益的处分自由,民事法官原则上只需也只能对原被告的争议诉求进行裁决,而较少顾及案外更为广泛的可能受案件裁决影响的、但在诉讼中不能具有当事人资格的主体的利益①以及整体上的竞争秩序。相比之下,各国反垄断行政执法机构的职责是需要对整个市场竞争秩序负责,与之相应的是执法当局有更多的调查方面的职权。并且,行政执法机构的调查时限往往更为宽泛,能够从更多利益相关者那里听取意见、考虑更多主体的利益诉求(而不像民事诉讼那样局限于原被告诉求,并且审理问题限于起诉事项,如我国法院在审理奇虎诉腾讯案②时,消费者作为一个规模庞大的利益主体某种意义上是缺场的③),做更为全面的考量。

① 可能具有当事人资格的主体一般会被追加参与诉讼。

② 奇虎公司与腾讯公司垄断纠纷上诉案判决书,最高人民法院(2013)民三终字第4号。

③ 该案判决中,在相关市场界定等方面大量援引了市场数据,分析了消费者的消费习惯等,却没有正视消费者作为主体自身可能的感受与诉求。相比之下,美国著名的阿斯攀滑雪案中,消费者的选择权被剥夺成为重要的判决理由。按照我国目前的民事审判制度,奇虎诉腾讯这种案件,消费者的利益更多情况下只可能作为一方可能的证据,其自身利益诉求难以得到有效表达。当然,在我国也有以消费者为原告发动的反垄断诉讼,如著名的周泽诉中国移动通信集团公司垄断纠纷案,但就目前而言总体效果并不理想。在王晓晔等学者看来,周泽案就算是成功的。但该案是调解结案,具体而言只是中国移动不再收取周泽个人的月租费,并补偿周泽1000元的感谢费。中国移动没有承认自己垄断,案件结果也未惠及其他消费者。相关情况可参见王晓晔:《反垄断法》,法律出版社2011年版,第351~352页。

我国整体上其实采用的是大陆法系的民事审判制度，但学界涉及法院功能定位、司法制度等方面的学理探讨时，又多以英美尤其是美国的司法制度为蓝本，[①]因此造成了一些认知上的混乱，笔者为方便进一步的探讨，将此问题进一步澄清。著名比较法学者达玛什卡的《司法和国家权力的多种——比较视野中的法律程序》、[②]夏皮罗的《法院：比较法上和政治学上的分析》[③]等著作，从不同角度进行了深度分析，告诉我们英美法系与大陆法系的法院功能、司法程序等方面有着巨大的不同。实证探讨英美法系与大陆法系不同的法院功能定位以及程序对新竞争行为识别可能的不同影响，将是一项极为浩大的工程，已然非本研究所能胜任，然而，我们仍旧可以从一个最低限度的经验事实出发，探讨行政程序相对于司法程序的重要性：司法程序备受各国推崇、法院系统在整个国家权力体系中地位相对最高的美国（可以通过最高法院的判例改变很多宪法制度、可以在布什诉戈尔案中事实上决定民选总统的归属），依然要依托系统发达的行政体系进行反垄断执法，以及部分竞争行为的性质认定。在美国，联邦贸易委员会并不仅仅是行政机构，其事实上还担负着立法、司法方面的部分职能，是所谓的“第四权力”，在相当程度上分享着某些理应由法院独享的权力。如《联邦贸易委员会法》第5条规定：“委员会对事实的判决，若有证据支持，是终局性的。”[④]该法第9条等条文规定了大量的调查方面的行政程序。司法部则与联邦贸易委员会在政职责方面既有重叠、又有分工。[⑤]

---

① 如李彬法官的专著《法院功能研究：以经济审判为视角》，书中明显大量援引了美国的经验事实作为论据，似乎美国经验就是“普世”的。参见李彬：《法院功能研究：以经济审判为视角》，中国检察出版社2016年版。

② 参见［美］米尔伊安·R.达玛什卡：《司法和国家权力的多种面孔——比较视野中的法律程序》，郑戈译，中国政法大学出版社2004年版。

③ 参见［美］马丁·夏皮罗：《法院：比较法上和政治学上的分析》，张生等译，中国政法大学出版社2005年版。

④ 尚明主编：《主要国家（地区）反垄断法律汇编》，法律出版社2004年版，第206页。

⑤ 参见李国海：《反垄断法实施机制研究》，中国方正出版社2006年版，第55页。

在美国,竞争法领域某种程度上行政与司法程序是交织在一起的,这既与美国没有划分公私法的传统有关,也与美国法院系统本身更为强调"司法能动性"、更为注重政策性因素有关。相比之下,更多法域的行政程序与司法程序是相对独立的,行政程序在竞争法执法中扮演了更为重要的角色。至少在反垄断领域,反垄断法规制方式上也实现了反垄断法执行与反垄断法诉讼的分野。设立专门机关执行反垄断法,是各国的通行做法,而反垄断诉讼目前还不具有普遍性,大多国家的反垄断法还未完全实现司法化。① 如格伯尔所言,欧盟与美国在竞争法程序和机构方面仍存在根本的差异,两个体系对竞争法可如何实施、应如何实施等问题有着完全不同的概念。② 欧盟以及美国以外的绝大多数法域,在竞争法执行中,尤其是反垄断领域,都发展出相对更为完善的行政程序。

德国《反对限制竞争法》专门以第三编对程序进行了相对详尽的规定,其侧重的主要是相关行政程序。德国"卡特尔当局"在反垄断执法中扮演了极为重要的角色,政府的联邦经济部也对反垄断事项有一定的权限,另有一个顾问性质的组织——垄断委员会。垄断委员会由5名成员组成,组成人员要求一定的独立性,不得在政府、立法机构任职,不得担任经济协会、雇主组织、雇员组织等组织的代表;人员要求较高的专业素养,必须具备国民经济学、企业管理学、社会政策学、技术工艺学或经济法学方面的特别知识和经验。成员由联邦政府提议,联邦总统任命。这一组织虽无直接的执法权限,但其能够以制作鉴定书的形式评估市场现状,提出政策方面的意见。德国法院系统在反垄断方面的职权相对于美国而言,较为弱化,法院主要是受理对卡特尔当局处分不满的抗告,而不像美国司法部等机构更多情况下只能以原

① 参见焦海涛:《论现代反垄断法的程序依赖性》,载《现代法学》2008年第1期,第51～63页。

② 参见[美]戴维·J.格伯尔:《全球竞争:法律、市场和全球化》,陈若鸿译,中国法制出版社2012年版,第222页。

告身份向法院起诉,案件由法院裁决。

日本则专门出台了相对比较完备的《公正交易委员会审查及审判规则》,共计 3 章 72 条,详细规定了“审查程序”“审判程序”(这里的审判是指公正交易委员会的审判,而非司法审判)。[①] 对一些专门的事项,如垄断协议的豁免,欧盟等法域也制定了大量的精致的行政程序规则。如欧盟先后出台了《专业化协议成批豁免条例》《研究与开发协议成批豁免条例》《纵向协议成批豁免条例》《技术转让协议成批豁免条例》《汽车领域的纵向协议成批豁免条例》等,[②]发展出了集体豁免、安慰信之类的制度。[③]

我国《反垄断法》与《反不正当竞争法》的法律条文中亦多是行政程序规定。2017 年新修订的(2019 年修订版本相同)《反不正当竞争法》第三章“对涉嫌不正当竞争行为的调查”专门规定了行政机关的相关调查程序。第四章“法律责任”中,仅第 17 条规定了民事责任,第 18 ~ 24 条则具体规定了不同情形的行政责任。总体上,在立法维度主要提供了一个行政执法的框架。虽然理论上民事受害主体可提起民事诉讼,但有些行为其实民事上受损竞争者很难证明其损失,如商业贿赂、不正当有奖销售、虚假宣传欺骗消费者等,其实更多情况下只能依靠行政执法规制。《反垄断法》分别用第二、三、四章规定了三种垄断行为:垄断协议、滥用市场支配地位、经营者集中。其中第四章“经营者集中”主要是就集中申报的程序进行规范。第六章“对涉嫌垄断行为的调查”规定了行政机关对垄断行为的调查。第七章“法律责任”则仅在第 60 条规定了民事责任,其他条文以行政责任为主。另外,我国相关部门还专门颁行了《反价格垄断行政执法程序规定》《价格行政处罚程序规定》《工商行政管理机关查处垄断协议、滥用

① 参见尚明主编:《主要国家(地区)反垄断法律汇编》,法律出版社 2004 年版,第 498 页。

② 参见杨文明:《滥用市场支配地位规制中的正当理由抗辩研究》,西南政法大学 2016 年博士论文,第 172 页。

③ 相关制度的介绍可参见王晓晔:《反垄断法》,法律出版社 2011 年版,第 128 页。

市场支配地位案件程序规定》等涉及具体事项的专门行政执法程序文件。

总体上而言,除美国以外的各国,经营者集中等事项,主要诉诸行政程序。法律一般只规定经营者必须申报的情形,而对于哪些情形下行政当局应当同意集中、哪些情形不允许,通常只给出一个宽泛的考量标准。如我国《反垄断法》第33条、第34条仅分别规定了:"审查经营者集中,应当考虑下列因素:(一)参与集中的经营者在相关市场的市场份额及其对市场的控制力;(二)相关市场的市场集中度;(三)经营者集中对市场进入、技术进步的影响;(四)经营者集中对消费者和其他有关经营者的影响;(五)经营者集中对国民经济发展的影响;(六)国务院反垄断执法机构认为应当考虑的影响市场竞争的其他因素。""经营者集中具有或者可能具有排除、限制竞争效果的,国务院反垄断执法机构应当作出禁止经营者集中的决定。但是,经营者能够证明该集中对竞争产生的有利影响明显大于不利影响,或者符合社会公共利益的,国务院反垄断执法机构可以作出对经营者集中不予禁止的决定。"这种规定,其实只是泛泛规定了一些需考量的因素,而没有刚性的因素。并且因素中还有"国务院反垄断执法机构认为应当考虑的影响市场竞争的其他因素",这样就赋予了行政当局极大的自由裁量权。而"经营者能够证明该集中对竞争产生的有利影响明显大于不利影响,或者符合社会公共利益的,国务院反垄断执法机构可以作出对经营者集中不予禁止的决定。"这一规定则赋予了经营者相应的抗辩权,通过相关程序经营者可以提出"有利影响明显大于不利影响,或者符合社会公共利益的"的抗辩,并提交证据证明,从而对国务院反垄断执法机构的执法自由裁量构成一定的制约。执法机构各种因素的考量、经营者抗辩理由及证据的提交,皆需要在一个有效的程序空间内完成。

垄断协议、滥用市场支配地位等事项,理论上可交由民事主体提起民事诉讼。但美国以外的法域,整体上反垄断民事诉讼并不发达。

更多法域更主要的还是依托于行政执法程序对行为的合法性进行认定。民事案件更多地涉及的是行为已经被认定为非法后的赔偿问题。日本、西班牙等国更是规定反垄断民事诉讼需先经过“行政前置程序”,违法性认定只能由行政机构完成,民事诉讼仅解决后续的损害赔偿问题。[①]

2. 事前识别程序的出现

按照通常的法治理论,一种行为在法律上的后果应该是可以预见的,因而法律有着指引人们行为、稳定人们行为预期的功能,然而,如前文所述,竞争法领域由于知识的极大不确定性以及新类型竞争行为的不断涌现,很多情况下,行为主体对行为可能的后果难以预见、难以根据现有的法律规范理性规划自己的行为。这种情况下,竞争法中发展出一种非常独特的程序:事前识别程序。按照这种程序,行为者可以就将实施而未实施的行为提请相关部门先进行合法性识别,给出相关意见,然后再决定是否实施该行为。如美国,企业在评估计划是否违反反托拉斯法时,只要符合法定条件便可依法向联邦贸易委员会请求顾问性意见,联邦贸易委员会可以以书面声明的形式予以答复。[②]如《美国国际经营反托拉斯执法指南》规定,“任何人如果寻求对本《指南》中涉及的事务在执法意图方面更具体的事先说明,则应该使用美国司法部的‘企业审查’程序,联邦贸易委员会的‘顾问意见’程序,或以下就特定类型交易说明的更具体的程序”。[③] 在日本,企业准备实施合并或受让营业时,各相关的当事人要向日本公正交易委员会事前征询其非正式的指导意见,以便确定最终的集中方案。[④] 欧盟竞争法中有“违法否定”(neative clerance)的制度。根据该制度,欧盟可以

---

① 参见唐艳:《反垄断民事救济机制研究》,法律出版社2015年版,第94页。

② 参见焦海涛:《论现代反垄断法的程序依赖性》,载《现代法学》2008年第1期,第51~63页。

③ 尚明主编:《主要国家(地区)反垄断法律汇编》,法律出版社2004年版,第285页。

④ 参见焦海涛:《论现代反垄断法的程序依赖性》,载《现代法学》2008年第1期,第51~63页。

"根据有关企业或企业集团的申请，委员会根据其所掌握的事实，可以确认根据《欧共体条约》第 81 条第（1）款和第 82 条的规定，其没有依据对有关协议、决定或经营行为采取措施，从而否定了企业或企业集团行为的违法性"。[①] 在上述这类程序中，企业可以在行为之前专门对某种类型的行为提出识别要求，而不以存在行为、纠纷或者案件为前提，这是竞争法中一种应对识别难题的独特的制度设计。

3. 陈述理由、听证等参与机制的引入运用

在诸多行政程序中，都赋予了行政相对法说明理由、为自己的行为辩解的权利，并且有专门的制度保障相对人的此项权利能够实现。竞争法领域亦不例外。

我国《反垄断法》第 47 条规定，执法机构可以"询问被调查的经营者、利害关系人或者其他有关单位或个人，要求其说明情况"。第 51 条规定，"被调查的经营者、利害关系人有权陈述意见"。而关于经营者集中，前文业已述及《反垄断法》第 34 条规定的"经营者能够证明该集中对竞争产生的有利影响明显大于不利影响，或者符合社会公共利益的，国务院反垄断执法机构可以作出对经营者集中不予禁止的决定"。这些规定事实上都赋予了经营者陈述理由的权利及抗辩权。至于《反不正当竞争法》文本中没有直接规定相对人的这些程序性权利，但反不正当行政执法要受《行政处罚法》的规范。我国《行政处罚法》第 7 条明确规定"公民、法人或者其他组织对行政机关所给予的行政处罚，享有陈述权、申辩权"，因而反不正当竞争执法中相对人的说明理由权利同样是存在的。其他法域中法律的类似规定也很多，如德国《反限制竞争法》第 56 条规定，卡特尔当局应当给予当事人发表意见的机会。卡特尔当局也可以依职权或申请举行公开的口头辩论，在辩

---

① 焦海涛：《论现代反垄断法的程序依赖性》，载《现代法学》2008 年第 1 期，第 51 ~ 63 页。

论程序中，经营者也可以就行为具备正当理由进行陈述、说明。[①] 韩国《垄断规制与公平交易法》第 52 条规定，经营者有权获得陈述意见的机会，公平交易委员会对"违反本法行为之事项，实施改正措施或下达罚款缴纳命令前"，应当向经营者或利害关系人提供陈述意见的机会。[②] 日本亦有类似规定。总体上而言，行政程序保障了相关市场主体能够表达自己的意见及相关理由，参与到决策意见的形成过程中，有助于决策机构更好地进行识别。

相比于单一主体单方面的陈述理由，听证程序能够听取多方面利益相关者的意见，在现代行政程序法中得到越来越多的采用，竞争法执法亦是如此。如欧盟在这方面就有较为完备的制度。欧盟第 1/2003 号条例规定认为如果存在必要需举行听证会。[③] 欧盟第 773/2004 号条例第 14 条规定，听证会应当由完全独立的听证官主持进行。[④] 而欧盟第 1/2003 号条例则明确指出，委员会只能基于相关各方已发表意见的部分作出决定。[⑤] 其他法域亦有类似制度。我国则在《行政处罚法》中专门规定了听证程序，按照法律适用原则亦可适用于竞争法执法。

总体而言，陈述理由、听证等程序的完善，有助于更多主体参与识别、表达其利益诉求，有助于行政主体更好地听取各方面意见，从而对相关行为进行合法性识别。

(三)美国等法域司法程序的有效运用

如上文所述，美国法院在竞争法实施方面的作用较其他法域法院

---

① 参见尚明主编：《主要国家(地区)反垄断法律汇编》，法律出版社 2004 年版，第 30 页。

② 尚明主编：《主要国家(地区)反垄断法律汇编》，法律出版社 2004 年版，第 583 页。

③ 参见欧盟第 1/2003 号条例第 27 条。

④ 参见关于委员会执行《欧共体条约》第 81 条和第 82 条程序的(EC)第 773/2004 号委员会条例。

⑤ 参见欧盟第 1/2003 号条例第 27 条。

更大,这与美国不区分公法、私法的传统及相关制度建构有关。美国司法部等行政部门并没有最终意义上非法竞争行为的认定权,其只有权作为原告向法院提起诉讼,这一点与其他法域尤其是大陆法系行政机关的职权迥异。这使得在美国,多数争议竞争行为的最终认定识别必须由法院系统承担。

与此同时,需注意,美国本身的诉讼程序也是相对有利于对新竞争行为的识别的。这一点首先源自美国诉讼程序中秉持的当事人主义原则。相较于大陆法系偏职权主义的诉讼程序,这种当事人主义的程序能够给双方更为充分的表达、商谈空间。其次源于美国法院相对实质主义的倾向,这一点一方面使得美国法官能够更加不拘泥于既有规则,依据具体情况对新的情况作出更为妥当的判定;另一方面使得美国法官在方法论训练方面更能够胜任新行为的识别。最后,需要注意的是,美国诉讼程序中存在的陪审团、专家证人、法庭之友等制度也便于更多的意见参与到识别过程中来。

由于美国的反垄断实践远远早于其他法域,因此,现实中,我们能够在法院的判决中看到更多对新竞争行为进行识别的案例。当然,我们也需注意到,虽然诸多判决在美国最终是由法院系统作出的,但多数反垄断案件仍旧先通过了行政程序,行政机构的相关识别成果会带到法院的审理中,并有可能最终为法院系统采信成为法院识别的根据。

二、决策参与信息源的扩展

由于对于竞争行为,尤其是新型竞争行为的合法性识别,已经远远不是一个简单的法律适用或者法教义学问题,同时也不是传统的、普通的法律专业人士采用相关方法(包括超出教义学范畴的社科法学方法)能够轻易胜任的,这种情况下,具备其他专业知识、视角的人员在一些情况下被引入识别机制中。

前文已述及，德国的垄断委员会将更多专业，诸如具备国民经济学、企业管理学、社会政策学、技术工艺学的特别知识和经验的专业人士引入到竞争法运作中来。但这一机构是顾问性质的，其对竞争行为的识别的帮助相对间接。相比之下，瑞典等国通过立法，直接在某些案件审判人员的构成中，硬性规定必须有经济学专家的参与。《瑞典竞争法》第 64 条 a 规定："在第 63 条第一款第一至四项规定的案件的诉讼中，区或市法庭应由四名成员组成，其中两名应当是依法具有资格的法官，另两名应当是经济学专家。"①

相比于瑞典，加拿大的竞争法庭构成人员来源更为广泛，《加拿大竞争法庭法令》第 3 条规定："（1）竞争法庭按本条规定构成。（2）竞争法庭应由下列人员构成：（a）议长根据司法部长的推荐从联邦法院初审法官中选出不超过四名作为法庭法官。（b）议长根据消费者及企业事务部长的推荐任命不超过 8 人的其他成员。（3）议长可建立咨询委员会以在任命其他法庭成员时向消费者及企事务部长提供咨询，该委员会的组成不应超过 10 人。其成员应当是经济、工业、商业或公共事务界的知名人士；在不影响前述人员的情况下，还可包括从商会、法律社团、劳工和消费者团体中选出的个人。（4）消费者及企业事务部长在任命法庭其他成员时，应当咨询根据第（3）款建立的咨询委员会的意见。"②在这种相对复杂的机制下，议长建立的咨询委员会"其成员应当是经济、工业、商业或公共事务界的知名人士；在不影响前述人员的情况下，还可包括从商会、法律社团、劳工和消费者团体中选出的个人"。③ 这些在经济领域内可能代表不同主体诉求、不同认知视角的人员共同组成委员会，再影响竞争法庭人员的任命及构成，从而间接地把更多可能的主体诉求、视角、偏好等带入到对竞争行为的识别中来。

韩国等国则在公平交易委员会中引入了经济学、企业经营、消费

① 尚明主编：《主要国家（地区）反垄断法律汇编》，法律出版社 2004 年版，第 120 页。
② 尚明主编：《主要国家（地区）反垄断法律汇编》，法律出版社 2004 年版，第 409 页。
③ 尚明主编：《主要国家（地区）反垄断法律汇编》，法律出版社 2004 年版，第 409 页。

者保护方面的人员。韩国《规制垄断及公平交易法》第 37 条规定："2. 公平交易委员会的常任委员和非常任委员（以下称'委员'），为符合以下各项规定之一的人员。其中，委员长和副委员长由国务总理提请总统任命，其他委员由委员长提请总统任命。1）具有规制垄断与公平交易方面的经验的、曾任 2 级以上的公务员的人员。2）曾任法官、检察官或者律师 15 年以上的人员。3）大学专业为法学、经济学或者经营学，曾任大学或者公认的研究机构的副教授以上或者从事类似职业 15 年以上的人员。从事企业经营或者消费者保护活动 15 年以上的人员。"①

相比之下，美国对司法部反托拉斯合意判决草案发表评论的制度，则在理论上给予更广泛的社会公众参与案件的空间。根据该制度，"在美国，任何人有权对刊载于联邦公报上的反托拉斯合意判决草案发表评论，对于任何书面评论，美国司法部应予回应。从实践情况看，并非所有案件都会吸引公众参与，许多案件的合意判决程序中并无公众参与评论，但某些案件会吸引公众参与"。② 欧盟则在相关实践中，采用了市场问卷调查等方法，使得更多市场主体的信息与意见作为决策信息源被带到案件的处理中。

三、新知识方法的引入

（一）本身违法原则与合理原则的二分

在反垄断领域，关于垄断行为的认定方面，存在一个从早期的侧重本身违法原则到更多运用合理原则的过程。本身违法原则意指："企业的某些行为，不管事实上是否已经产生了限制竞争的后果，均被

---

① 尚明主编：《主要国家（地区）反垄断法律汇编》，法律出版社 2004 年版，第 578 页。

② 游钰：《论反垄断执法协商的程序约束》，载《法学评论》2013 年第 4 期，第 65 ~ 71 页。

视为非法垄断。”[①]这种认定原则与普通规则“行为模式+法律后果”的适用模式一致。而合理原则意指：“企业的某种状态或竞争行为，虽然存在可能限制竞争的事实，但基于其他合理因素考虑并不被视为构成非法垄断”。[②] 合理原则其实是赋予了企业更多的抗辩机会、执法者更多的自由裁量，要求执法者考量更多因素、而不是简单地运用规则。美国博克法官认为，合理原则并不是由具体的实质性的规则组成的，而完全是一种分析模式，一种引导调查和判决的制度。[③] 从法律推理方法而言，合理原则其实是一种后果导向的推理模式，推测评估行为可能产生的社会经济后果，再来判断行为本身的合法性。这与传统运用涵摄模型进行三段论推理的法律方法大相径庭。因此，在运用合理原则认定垄断行为时，既有规则的意义被极大地弱化了，这在其他法律的实施过程中比较少见。相对于“本身违法原则具有法律与商业上可预期、执法与司法费用低等优点”，“合理原则能对不断更新的经济理念和宏观效益作出及时的回应”。[④] 20世纪90年代以来，在芝加哥学派的影响下，美国的反垄断执法中，“合理原则已经成为主要的适用原则，甚至扩展到传统上应当适用本身违法原则的行为”。[⑤] 甚至有学者认为：“在美国反垄断法上，合理原则是制度本身的一部分，是分析一切案件的统帅原则。本身违法原则只是合理原则的例外”。[⑥]

合理原则的出现、发展及扩展运用，使得竞争法在垄断行为识别机制上更具有弹性、能够容纳更多的实质性因素考量。正如波斯纳所言：“要认识合理规则，必须表明该概念出自的公共政策，考察支持它们的先例的份量，追问它们是否根植于这一普通法领域和试图服务的

---

① 种明钊主编：《竞争法》（第2版），法律出版社2008年版，第227页。

② 种明钊主编：《竞争法》（第2版），法律出版社2008年版，第228页。

③ See Robert H. Bork, *The Antitrust Paradox: A Policy at War with Itself*, New York: Basic Books, 1978: 37.

④ 种明钊主编：《竞争法》（第2版），法律出版社2008年版，第229页。

⑤ 种明钊主编：《竞争法》（第2版），法律出版社2008年版，第229页。

⑥ 李钟斌：《反垄断法的合理原则研究》，厦门大学出版社2005年版，第5页。

原则、政策及目标是什么。在普通法领域,我们要做的是一个政治的或道德的判断。”①

(二)经济分析方法的引入

关于经济学与包括反垄断法在内的竞争法的紧密关联,在学界早已成为一种默认的常识。大量的以反垄断法与经济学关联,或者从经济学角度看待反垄断法的学术著作已经翻译到中国。不同的经济学派也确实在影响着不同的反垄断实践,如哈佛学派与结构主义、芝加哥学派与行为主义的关联,学界论述颇多。总之,或许没有哪个部门法像竞争法一样,与经济学有着如此紧密的关联。

然而,在此需要澄清的是,经济学与竞争法的关系,与将经济分析方法引入竞争法执法司法实践,是两个有关联但不相同的问题。

在法律的发展史上,法律与经济现象之关联恐怕从人类社会出现法律之初就已出现。经济政策影响立法实践,也在历史上早已有之,如古代中国的盐铁专营,如重商主义下欧洲各国的立法实践,等等。系统的经济理论影响法律实践,则可追溯到亚当·思密古典自由主义学说下,相关国家民商事立法的走向。② 保护交易安全等经济意图则直接催生了德国民法中关于物权行为的相关理论。

前文已述及,早期的反托拉斯立法其实和经济学的观点其实没有太多关系。甚至19世纪90年代,美国很多经济学家认为托拉斯组织在生产方面是极具效率的。③ 反垄断法出现并运行之后的一段时间内,其实经济学本身也较少对市场经济中出现的垄断现象以及相关的反垄断策略是否可欲作出更多有价值的探讨。真正对垄断现象及可

---

① [美]理查德·A. 波斯纳:《法理学问题》,苏力译,中国政法大学出版社2002年版,第313~314页。

② 例如19世纪中叶英国废除《谷物法》《航海条例》,一定程度上就是受斯密学说的影响。

③ See Robert H. Lande, *Wealth Transfers as the Original and Primary Concern of Antitrust: The Efficiency InterpretationChallenged*,34The Hastings Law Journal,1982. ,p.90.

能的规制手段进行系统探讨的是哈佛学派，哈佛大学经济学家贝恩提出了著名的“SCP 范式”，即市场结构决定市场行为，市场行为最终又决定市场绩效，它们之间存在着单向的决定关系，即市场结构(S)——市场行为(C)——市场绩效(P)。[①] 哈佛学派有效地影响了当时的反垄断政策，其重要成员特纳的观点对美国司法部 1968 年《横向合并指南》的制定有一定影响，该指南以市场集中度为根本关注点，充分体现了哈佛学派的理论主张。[②] 与此同时，德国的弗赖堡学派也在影响德国的竞争法实践。弗赖堡学派秩序自由主义的相关主张同样影响了德国的立法走向。

然而需注意，这一时期经济学与竞争法的关系，其实与经济学与民商法的关系并没有太大本质不同。不同时期的经济学主张同样会影响民商法等法律的走向。20 世纪民商法与 19 世纪的不同，某种程度上也与经济学对国家干预的态度有关。某种意义上，这一时期经济学只是从经济系统总结出一些可能规范方面的需求、提出一些对事实方面的意见，再通过政治系统翻译成法律代码，从而影响竞争法实践，经济学本身没有大规模进入内在的法律推理体系。如格伯尔所述，“上世纪(指 20 世纪。——本文注)70 年代法经济学革命之前，经济学家在反托拉斯圈子里少有成为主力的”。[③]。

真正把经济分析方法大规模引入竞争法司法实践的应该是芝加哥学派。注意，这里将经济分析引入法学的主要是波斯纳等人，而非科斯。科斯本人对于法学领域是否可运用经济分析的问题一直持非常保守的态度。[④] 芝加哥学派在极力推崇“效率”价值的同时，也将如

---

① 朱战威：《反垄断法中经济分析运用问题研究》，西南政法大学 2017 年博士论文，第 30 页。

② 朱战威：《反垄断法中经济分析运用问题研究》，西南政法大学 2017 年博士论文，第 30 页。

③ [美]戴维·J. 格伯尔：《全球竞争：法律、市场和全球化》，陈若鸿译，中国法制出版社 2012 年版，第 151 页。

④ 参见柯岚：《罗纳德·科斯与法律经济学——兼谈理查德·波斯纳与非其所愿的中国法律实用主义》，载《东方法学》2013 年第 3 期，第 23 ~ 30 页。

何判定效率的方法——经济分析方法嵌入整个反垄断实践中。这时的反垄断领域，由于“效率”成为了优位，甚至唯一的价值，而经济学是唯一能够对效率问题作出回答的学科，经济分析不仅进入了竞争法的立法、执法、司法实践，而且在某种程度成为一种不能忽视的，甚至唯一正确的竞争法问题分析方法。“竞争法不仅从新古典经济学那里找到了目标，还获得了标准和方法。”①。

与此同时，经济学本身也经历了一个更多运用数学工具、更为强调定量分析的过程。对数学模型的高要求潜在地限制了不太熟悉经济学或者数学的相关人员的发言权，使得经济学家或者法律经济学家一定程度上垄断了关于竞争法的知识。虽然，目前经济学本身在方法上未必像有些学者认为的那样可靠、达到近乎自然科学的精确度，经济学界内部对很多问题也矛盾重重；然而，一套复杂的演算系统以及对于法学家及社会公众而言相对陌生的话语系统本身已经消除了不具有相关知识者质疑的可能；同时，精妙而复杂的演算，本身也在述说一个可能的事实：这种方法是认真而严谨的，因而能够有效地获得更多公众的认同。

无论在论证行为的效率性方面的真实效果如何，经济分析方法的确作为新的方法引入竞争法实践中，为竞争法识别既有类型的竞争行为以及新类型竞争行为提供了一套可以说服公众的工具。司法、执法者借助于经济学提供的这样一套复杂的演算规则在一定程度上助成了对识别行为本身的正当化。

（三）商谈等知识与理论

就严格意义上而言，其实哈贝马斯等学者的商谈理论，并没有真正作为一种理论方法，被系统地引入竞争法实践中。然而，关于竞争法的法学研究中已经出现了需要在竞争法机制中引入商谈理

① ［美］戴维·J. 格伯尔：《全球竞争：法律、市场和全球化》，陈若鸿译，中国法制出版社 2012 年版，第 220～221 页。

论的呼声，[①]这作为一种倾向值得重视。

商谈理论不预设终极意义上真理的存在，相对于法学学者们潜意识中一般秉持的"真理符合论"立场(预设存在一个可以由科学的方法发现的正确结论)，商谈理论持"真理共识论"立场，承认每个个体的主体性，真理某种意义上即是主体间理性商谈得出的共识。这种理论对处理价值多元、价值冲突所带来的法律的不确定性问题有较大的价值，因为各种意见的合理表达、理性商谈更能够得出一个各方面都能接受因而更为确定的结论。

商谈理论尤其有助于人们在经济分析方法引入之后，对其进行必要的反思。因为市场竞争往往是事关整个共同体生活方式选择的以及共同体命运的，并非可简单地化约为以货币衡量的经济福利增长问题，如果仅仅简单地从"效率"角度对其进行考察与规制，很容易形成一种对共同体成员其他诉求的压制与专断。

与商谈理论类似，有学者试图在反垄断考量时引入平衡原则、比例原则等，以应对可能的多元价值。这种理论亦有一定的启发意义。[②]

第五节　识别功能在现实中的运用

前文探讨了竞争法之所以发展出识别功能的核心原因：竞争法在某种意义上，面对的是一个高度不确定的世界，人们既有的认知不确定、外来政策不断介入，以及市场主体对新行为的不断创新。这种情况下，一部竞争法的发展史，某种意义上就是一个对个案乃至不同现象不断进行识别的历史；在这个过程中，竞争法规则得到了一定的发展，而识别的机制也同时趋向于成熟。当然，前文也曾探讨过，识别的后果并不一定是

① 如潘丹丹等学者持这一观点，参见潘丹丹：《反垄断法不确定性的意义研究》，法律出版社 2015 年版，第 123 页。

② 参见兰磊：《论反垄断法多元价值的平衡》，法律出版社 2017 年版。

产生新的稳定的规则,因为个案的识别过程,并不一定能够导致稳定的知识的产出,更难以获得终极意义上正确的知识(当然,这种知识本身能否存在在很多情况下是存疑的)。然而,借助于相对完备的识别机制,裁决结果往往更可能被接受,而在此基础上也更可能发展出相对稳定的规则。下文将介绍几种基于决策参与信息源的扩展、新知识方法引入等识别机制而完成识别的情形。至于识别的相关程序性构建,本身已经与相应案件的裁判密不可分。在诸多法域的行政执法环节,陈述理由、听证等程序制度已经顺畅地运用于多数案件,包括需要进行识别案件的处理过程,因此无须再罗列具体案例予以说明。

一、基于决策参与信息源扩展的识别

前文介绍了德国、瑞典、加拿大、韩国等国在相关机构人员构成方面引入了更多不同知识背景、不同社会角色、对市场竞争不同立场的人员,如加拿大,其相关机构引入了经济、法律、工业、商界、公共事务界、劳工和消费者团体的人员。这种制度性地引不同人员进入识别机构的做法,使相关机构在案件识别过程中的信息源本身就得到了扩展,其识别决策活动本身就是基于信息源的扩展而进行的。除了这种制度性地在机构设置中通过人事安排扩展识别信息源外,一些法域还通过市场调查、咨询专家等方法进一步拓展了识别决策的信息源。

如 2001 年欧共体委员会在处理"CVC/Lenzing"一案时,就通过市场调查的方式有效地扩展了决策信息源,从而完成了对相关问题的识别。为解决该案中涉及的市场界定问题,委员会通过问卷进行了广泛的市场调查。接受问卷的不仅有该案当事人的直接客户和间接客户,还有当事人本身以及他们的竞争对手。需求方与供给方的相关数据信息也同时借助于调查问卷进行了收集。① 通过这种广泛的市场调

---

① 参见[德]乌尔里希·施瓦尔贝、丹尼尔·齐默尔:《卡特尔法与经济学》,顾一泉等译,法律出版社 2014 年版,第 142 页。

查,更多与案件相关的信息被搜集并传递到案件的识别过程中。欧共体委员会认为,此类市场调查“如果问卷的回收率参照被询问企业的绝对数量和所涉及的销售额方面均超过50%,那么这个调查就可以作为进一步分析的基础了”。[①] 这种方法使得当事人、直接客户、间接客户及竞争对手等市场参与者的相关信息及意见能够被带到识别的决策过程中。该案在最后处理时,欧共体委员会把该案当事人提交的产品月销售额作为可采信的数据源进行了研究,以此辅助对相关市场的界定。[②]

运用问卷调查拓展决策信息源,在竞争法实践中远不仅仅限于“CVC/Lenzing”案,欧共体委员会在处理其他一些案件时亦采用了这种通过对市场参与者提出问卷调查来生产数据信息的方法,在“KLM/Martinair”合并案中,依据的客户调查案卷多达1005份。[③] 德国联邦卡特尔局在处理“trans-o-fex/Deusche Post”合并案中,在进行相关市场界定时,亦对包裹和单件货物送递服务的需求方进行了大规模的问卷调查。问卷直接涉及当价格提高到什么程度时,需求方会从现有包裹送递服务企业转向竞争对手。[④] 依据这一调查得出的结论最终被法院采信。

除了采用市场调查等方法拓展信息源外,相关领域专家的意见也被广泛纳入竞争案件的处理中,如1999年波斯纳作为专家以私人身份(而非法官)在微软案中被杰克逊法官任命为调解人。当然,像波斯纳这样专家作为调解人介入案件的相对较少,在美国更多的经济学家

---

① [德]乌尔里希·施瓦尔贝、丹尼尔·齐默尔:《卡特尔法与经济学》,顾一泉等译,法律出版社2014年版,第142页。

② 参见[德]乌尔里希·施瓦尔贝、丹尼尔·齐默尔:《卡特尔法与经济学》,顾一泉等译,法律出版社2014年版,第166页。

③ 参见[德]乌尔里希·施瓦尔贝、丹尼尔·齐默尔:《卡特尔法与经济学》,顾一泉等译,法律出版社2014年版,第167页。

④ 参见[德]乌尔里希·施瓦尔贝、丹尼尔·齐默尔:《卡特尔法与经济学》,顾一泉等译,法律出版社2014年版,第167页。

是通过提供专家证词的方法介入反垄断审判。[①] 欧盟亦有不少经济学家参与的情况，如“Volvo/Scania”合并案中，欧共体委员会委托伊瓦尔迪、韦博旺两位经济学教授进行计量学分析。[②] 基于日益增多的经济学家意见的介入，德国联邦卡特尔局甚至于2010年专门出台了《经济学专家意见应遵守的标准》。[③]

二、基于新知识方法引入的识别

新知识方法中，合理原则的运用已经成为一种反垄断法运用的常态，现在相当数量的美国的反垄断执法都会涉及合理原则的运用，美国很多案例中甚至明确了某类案件认定中必须运用合理原则。如Schwinn一案，对“分销商在更大的销售的Schwinn计划中和较不普遍使用的寄售和代理协议中发挥的作用而言，法院判决，同样的限制应适用合理规则”。[④] 类似案例还有很多。

至于经济分析方法，在具体的反垄断执法司法实践中也已经被大量引入，可谓司空见惯。如前述的“Volvo/Scania”合并案，欧共体委员会委托伊瓦尔迪、韦博旺两位经济学教授进行计量学分析，“这些计量经济学的调查结果可以为欧共体委员会为衡量市场力量所采取的惯常程序提供有益的补充，尤其是在某一产品的客户群分散，以致于很难通过提起数据来获取一个适当的客户切面时”。[⑤] 在美国，布朗鞋业案时最高法院还不清楚为什么集中是一件坏事，而在之后的费城

---

① 参见[美]奥利弗·E.威廉姆森：《反托拉斯经济学——兼并、协约和策略行为》，张群群等译，经济科学出版社1999年版，第346页。

② 参见[德]乌尔里希·施瓦尔贝、丹尼尔·齐默尔：《卡特尔法与经济学》，顾一泉等译，法律出版社2014年版，第334页。

③ 参见[德]乌尔里希·施瓦尔贝、丹尼尔·齐默尔：《卡特尔法与经济学》，顾一泉等译，法律出版社2014年版，第182页。

④ 黄勇、董灵：《反垄断法经典判例解析》，人民法院出版社2002年版，第354页。

⑤ [德]乌尔里希·施瓦尔贝、丹尼尔·齐默尔：《卡特尔法与经济学》，顾一泉等译，法律出版社2014年版，第334页。

银行案中,“最高法院已经认为反对集中的观点是经济学的观点,并以当时关于寡头垄断定价的经济学文献作为具体的违法性检验的根据”。① 芝加哥学派兴起后,经济学的相关理论及方法更是大规模进入司法实践。如在大陆电视公司案中,鲍威尔法官发表法院意见时,就援引了经济学的相关理论,在谈到纵向限制问题时,他认为“经济学家们已经指出了几种生产商能够利用这种限制来更有效地与其他生产商相竞争的方法”。② 在 FTC vs. Staples 一案中,联邦贸易委员会“异乎寻常地提交了市场内存在一个、两个或三个超市的价格的计量经济学方面的证据”。③ 今天阅读波斯纳、威廉姆森等人的著作,可以发现大量的美国反垄断案例中都运用了经济方法,尽管这些作者时常用自己的经济学观点对相关案例中的经济分析进行批评。

总之,在目前的反垄断判决中,援引经济分析等方法或者经济学观点帮助执法者司法者识别相关行为的合法性,作为一个事实已是常态。

第六节　对识别功能的缩限

如上文所述,对由于知识的高度不确定性、新类型竞争行为不断涌现等原因,竞争法构建了一种在执法中通过个案对竞争行为进行合法性识别的机制。这种机制涉及程序的构建、更多决策参与人员的引入、新方法引入等诸多维度,因而,这种识别机制将不可避免地涉及更高的执法成本。同时,尽管识别机制在很多情况下发挥了作用,但不意味着通过这种机制所有的竞争行为的合法性问题都能够得到顺利

---

① [美]理查德·A. 波斯纳:《反托拉斯法》,孙秋宁译,中国政法大学出版社 2003 年版,第 148 页。

② 黄勇、董灵:《反垄断法经典判例解析》,人民法院出版社 2002 年版,第 362 页。

③ [美]欧内斯特·盖尔霍恩等:《反垄断法与经济学》(第 5 版),任勇等译,法律出版社 2009 年版,第 372 页。

的解决，因为深层次人类对某种竞争现象及其与市场、与共同体生活的关系，知识储备仍然可能是非常不足的，这种情况下，识别难度将非常大。并且如上文所述，简单地运用"合法—非法"二值代码进行识别，有时还有可能引发进一步不确定性的副作用。基于上述两种现实情况：高昂的执法成本、识别难度过高，一些法域的竞争法机制通过某些方式对识别功能作了一定的缩限。

一、减少对争议竞争行为的法律介入

以芝加哥学派为代表的某些学者主张政府尽量不干预市场（这里主要是通过法律手段干预），①这种立场有两层意义。一层意义，在知识论层面，这种主张或潜在地或明确地认可一个前提：竞争行为，尤其是垄断行为，对其效率等维度进行认知，以及以此为基础进行合法性识别是非常困难的。这一点上，有些论者比较明确地持认知困难的观点；也有些论者，虽然没有明确地以垄断行为的不可识别或者难以识别为前提，在论证政府失灵的问题以及坚持古典自由主义立场时，直接或间接地援引了哈耶克等论者关于知识的观点（政府不可能有效掌握相关知识），从而潜在地预设了垄断行为的不可识别或者难以识别。第二层意义，这种立场由于主张政府尽量地少干预垄断及其他竞争行为，任由这种行为出现在市场上，其实是在某种程度上默认了这些行为的合法性。这种情况下，芝加哥学派通过缩限政府对竞争行为的识别范围及义务，在某种程度上弱化或者在某种程度上限制竞争法的识别功能。20 世纪 80 年代以来，美国减少了有关领域的反垄断执法，甚至缩减了司法部反垄断相应机构的编制，对更多有争议的行为政府机构不再介入，这即意味着以默认相关争议行为合法的方法减少了对某

① Reagan 将这种立场解释为："芝加哥学派的立场与很多传统的反垄断执法不同，乐于做一个接受派。" Kovacic Reagan, *Judicial Appointees and Antitrust*, Fordham L. Rzv, vol. 60, 1991, p. 49.

些争议行为的识别。

二、合意判决、承诺等和解机制的大量运用

由于对相关行为进行合法性识别成本、难度过高，在很多法域的反垄断执法中，出现了大量运用经营者合意判决、承诺等和解方式结案的情况。在和解结案的情况下，事实上执法机构都不再需要刚性地运用“合法—违法”二值代码识别经营者的行为了。因而，识别功能受到了一定的缩限。

美国主要采用“合意判决”的形式。在美国，司法部在民事诉讼程序中可在法院主持和监督下，与相对人展开协商达成和解协议，这种和解协议即为合意判决。美国最高法院认为合意判决同时具有合同行为和司法行为的特征。“据美国律师协会(ABA)的推测，超过60%的反托拉斯争议是通过合意判决的方式解决的。”①欧盟等法域的承诺制度则由美国的合意判决制度发展而来，“承诺制度是一种比较简便的执法方式。”“适用承诺制度时，执法机关一般不需要经过详细的调查活动，也不需要对经营者的行为进行准确定性，而只需根据经营者的有效承诺即可结束案件处理程序。”②“从大多数国家的执法实践看，由于执法资源的短缺，严格依照正式程序结案的反垄断法案件并不多，大多数案件可能在协商中被‘平心静气’地处理掉了。例如，在欧共体委员会审理的卡特尔案件中，仅有非常小的一部分通过作出正式决定而结束，这部分案件在委员会审理的全部案件中仅约占3%。”③

---

① 游钰：《论反垄断执法协商的程序约束》，载《法学评论》2013年第4期，第65～71页。

② 焦海涛：《论现代反垄断法的程序依赖性》，载《现代法学》2008年第1期，第51～63页。

③ 焦海涛：《论现代反垄断法的程序依赖性》，载《现代法学》2008年第1期，第51～63页。

本章小结

本章探讨了竞争法中规则的不确定性与其他法律中规则不确定性在意义上根本的不同：普通法律视出现规则不确定性的地带为法律“漏洞”所在；而竞争法却在实体立法中，为不确定性地带给出了必要的“留白”，视之为一种常态的、必要的存在。其他法律领域，发现导致不确定性的法律漏洞之后，总是尽量“完善”规则，尽力消解这种不确定性；而竞争法则不然，竞争法领域出现了实体规则的简约化，为“不确定性”地带留下了更大空间，视这种不确定为一种常态。这两种不同态度的深层次认识论因素为：普通法律领域，预设法律面对的是一个高度已知的世界；而竞争法领域，人们已经承认法律所面对的是一个多少有些未知的世界。对于未知的世界，竞争法只能保持一种尽量开放、包容的心态，不能强求规则的确定性，而必须构建一种应对未知的特殊机制，本书称这种机制为识别机制，并将竞争法在没有规则的情况下，将这种处理新类型竞争行为的功能，称为识别功能。

在今天的竞争市场，至少三种情况的存在使得竞争法的识别功能不可或缺。其一，已有知识的极大的不确定性，导致经常需要对一些行为类型进行新的合法性识别；其二，政策性因素的大量介入使得既有规则更为剧烈地变动，有可能引发行为类型的合法性识别问题；其三，市场竞争本身的性质，使得新的竞争行为类型将被不断创新出来，竞争法必须不断地对这些行为进行合法性识别。

法实践领域中，竞争法系统已经发展出一些有利于识别的机制。在程序维度，竞争法发展出了更具有包容性的程序，使程序空间能够更好地容纳相对复杂的识别过程；在信息源维度，竞争法将更多有利于进行识别的信息源及人员纳入到识别的机制中来；在方法维度，合理原则的出现与发展为识别提供了更大的空间，经济分析等新方法被引入识别机制中。总体上而言,现代竞争法缩限了确定的规则,使得竞争法某些领域不太能够像传统形式理性法那样为行为人的行为提供足够的规则指引与预期保障;但竞争法发展出一种复杂的识别机制,对市场竞争中不断出现的关于行为合法性的纠纷进行相对有效的合法性认定,从而从整体上保证了竞争在相对有序的范围内展开。

第四章　竞争法的稳定行为预期功能

第一节　稳定行为预期功能的意义与前提

一、规则之治的意义

前文从政策的形成与贯彻实施、对新行为类型的识别两个方面探讨了竞争法不同于普通形式理性法的功能。这种探讨，凸显了竞争法作为一种“法律”，与普通形式理性法，尤其是民法的不同之处；这种不同之处使得相对于普通形式理性法，竞争法有更大的不确定性。然而，这并非意味着，竞争法已然丧失“法律”的主要系统功能：稳定规范性行为预期。某种意义上，自出现之时起，竞争法就具备了在某些领域内某种程度上为人们行为提供规范性指引的功能。

首先，需要澄清的两个问题：其一，尽管人类对竞争法涉及领域的很多知识至今仍无定论或者共识，然而，在某些竞争法涉及的某些领域，大致共识是存在的，人们并无多大分歧，如虚假广告、商业诽谤是非法的、有害的之类的知识。这类知识，在反不正当竞争法领域中较多,因为反不正当竞争方面的规则更多是从传统的相对稳定的伦理规范中发展而来,而传统的伦理具有一定的稳定性。同时需要注意,有些知识,虽然在历史上的认知有不确定性,但在特定时间段,有时人们的认知是相对一致的。例如,对于托拉斯,在20世纪上半叶,总体上多数法域都认为其是有害的,虽然在芝加哥学派兴起后关于这一认知产生了分歧;又如卡特尔,虽然在20世纪上半叶,对其认知充满了分歧,但时至今日,相对比较一致的观点是"卡特尔是有害的"。上述知识,虽然对之进行更为广泛范围的历时性考察,能够发现其"不确定性",但是在一个共时的维度里,人们的认知是相对确定的。总之,尽管我们在前文中探讨了竞争法知识的极大不确定性,但是依旧不能否认,一定领域、一定时段或者一定法域内,人们对某些问题有着相对稳定的认知。

其二,关于市场竞争领域的政策介入问题,不同时代、不同法域亦有不同的态度与措施。按照亚当·斯密的相关理论,市场领域就不应该有政府政策的存在;然而这一理论在实然维度很少真正彻底地贯彻到相关法律实践中去。19世纪初斯密理论盛行的英国,相关判决依然直接申明要保护"航海产业"的相关政策。[①] 但政府是否运用政策对市场施加影响,以及在哪些领域如何运用政策影响市场,不同法域、不同时代的法实践有着非常大的不同。德国等欧洲大陆国家,反垄断法实践史上有一个"从行政到法律"的过程。早期《卡特尔条例》建立起一个基本上是行政性的执行体制,它严重依赖带有随意性的政策判断。[②] 但1957年的《反限制竞争法》的出台,使情况发生了重大变化,这部法律被某些学者视为欧洲第一部"现代"竞争法。虽然该法仍旧"主要依赖行政机制来实施竞争法原则",但"这部法律将竞争法本质

---

① 参见[美]吉尔莫:《契约的死亡》,曹士兵等译,载梁慧星主编:《为权利而斗争》,中国法制出版社2000年版,第53~158页。

② 参见[美]戴维·J.格伯尔:《二十世纪欧洲的法律与竞争》,冯克利、魏志梅译,中国社会科学文献出版社2004年版,第157页。

上理解为一个法制体现”。“相关决定仍主要由行政官员作出，但决定的方法及程序却是发展较为成熟的司法方法及程序，而不是以国民经济政策考量为基础做决定。”这种情况下，“竞争法是稳定的法——而不仅仅是政策”。①

这个过程中，行政—政策成分相对减少，反垄断实践被更为深度地嵌入法律系统中，从而获得更大的接近于其他法律的“确定性”；当然，这个过程也可以理解为“政策”法律化的过程，在政策通过法定程序制定、表现为法律形式的规范性文件之后，这时的政策本身能够给行为人对自己行为的法律后果提供更为可靠的规范性预期。至于在美国，里根政府以来总体上芝加哥学派主导了反垄断方面的政策向度——这种政策向度的核心即是减少国家对垄断企业的干预，这种情况下，整体政策偏于稳定。芝加哥学派表现出对共谋等行为的深恶痛绝，以及对企业并购、大企业利用市场支配地位进行的某些垄断行为持一定程度的不干涉态度，同样可以为相关行为人决策某种行为提供足够的规范性预期保障。

基于以上两点认知，可以认为，尽管有着与普通形式理性法不尽相同的两种功能，但是竞争法作为一种法律，仍然能够在某种程度上及某些领域，为行为人的行为提供规范性行为预期保障。甚至，相对于识别新的行为类型、实施政策的功能而言，保障相关领域内竞争者等行为人的规范性预期是更普遍、更基础的功能。毕竟，即便竞争行为本身能够不断推陈出新，但人们更为常用的竞争行为是相对常见的、稳定的，不需要竞争法系统予以不断识别。虽然国家有可能通过竞争法实施某种政策意图，但这种政策不会是朝令夕改的、变化无常的。政策本身需要服从某种规律，保持一定的稳定性；并且竞争法系统更多情况下是小心翼翼地对待政策的介入，尤其是古典自由主义经

① ［美］戴维·J. 格伯尔：《全球竞争：法律、市场和全球化》，陈若鸿译，中国法制出版社 2012 年版，第 189～190 页。

济学占优的语境下,政策本身保持着对于法律、经济必要的克制。上述情况下,或者政策本身稳定、或者政策本身“缺位”,总体上竞争法系统给人们提供的规范系统是稳定的、可预见的,能够有效稳定人们的规范性行为预期。总之,稳定人们的规范性行为预期,仍然是竞争法的一项基础的功能。

二、共识认知的发展

尽管,前文一再强调,与其他领域相比,竞争法领域相关知识有着更为强烈的不确定性,很多关于竞争的知识至今仍然没有形成终局性的共识(在今天这种语境下,考虑到支撑各种观点背后的持续的话语权争夺及利益博弈,某些领域内形成终局性共识恐怕反而是不可能的),但是,需注意,在某些竞争法领域,相对稳定的共识是存在的;而有些竞争法领域,一些分歧知识至少获得了某种程度的阶段性共识(如果不预设终极真理存在的话)。

相比之下,在传统的反不正当竞争领域,共识、或者接近共识的认知会更多一些。这与反不正当竞争规则更多依托传统伦理作为正当化方式有关。人类几千年的社会生活,虽然不同社会、不同法域、不同历史时期会对某些具体行为的认知有所不同,但一些共通的使社会生活得以维系的基础伦理规范,还是存在的。如不能随意杀人、不能随意偷盗、不能随意违约,等等。反不正当竞争的某些规则,即是从一些基础的伦理规范中演化出来的。如最初法国的反不正当竞争司法实践对商业标识(包括但不限于商标)提供“不得混淆”的保护,就明显与不得盗用他人成果、不得欺诈的类似的伦理准则有关。反不正当竞争规则的发展某种程度上是随着“不正当”竞争行为的发展而发展的;由于应对新的竞争行为时,在伦理维度的分歧有时候并不大,运用传统伦理以及已经内化为法律的公理性原则,总体上比较容易形成相对一致的判断。这种情况下,共识性认知会随着新问题、新类型竞争行为的出现而发展。从对商标提供“不得混淆”保护的原理出发,法律很容易对其他商业标识,如地理标志、厂商字号等提供保护,发展到互联网时代,对域名等标识提供类似保护也在情理之中。

反垄断领域,由于相比反不正当竞争法以及传统的民商法,其更少伦理性、更多技术性政策性,而且现实层面更多利益主体通过反垄断机制表达不同的利益诉求,因而共识相对要少很多。甚至很多法域的反垄断立法非常晚,这不能仅仅用法制的进步—落后予以解释。然而,反垄断领域在全球范围内,或者至少在某些单一法域的特定时间段内,依然发展出一些共识。例如,我国2022年修改的《反垄断法》,加入了“经营者不得利用数据和算法、技术、资本优势以及平台规则等从事本法禁止的垄断行为”一条,某种意义上就是这种共识凝聚的结果。在反垄断领域,最典型的共识,乃是各国目前对卡特尔尤其是横向垄断协议,基本上都持一种严厉否定的态度。而对于滥用市场支配地位中的某些行为类型,如强迫交易、抵制行为等,很多法域也持否定的评判。不过,相比反不正当竞争领域共识的发展,在更能够为未来的立法走向形式理性化奠定基础、更能够有机会给行为人提供明确的指引和预期保障方面,反垄断法领域共识的发展往往并不一定能够成为法律形式理性化的基础、给行为人明确的指引和预期保障相对有限一些。例如,虽然各国都明确了横向垄断协议的违法性,但又往往都规定了各种豁免的情形。并且,反垄断的执法受政策的变动影响要比反不正当竞争法大很多。因此,反垄断法领域能够形成一些共识、能够逐步地给行为者提供相对明确一些的指引,但是这种指引在总体上尚很难达到其他法律的那种确定性。在反垄断法内部,相对而言,适用本身违法原则的领域比运用合理原则的领域,其确定性要强一些。但如上文论述过的,适用本身违法原则的领域某种程度上是波动甚至是缩减的。整个反垄断领域,能够给行为人提供稳定的行为预期,尚离形式理性法的标准有一定距离,尽管下文将要论述,学界及法律事务界在为反垄断领域行为人提供更为稳定的行为预期保障方面做出了诸多努力。

第二节　走向形式理性化的反不正当竞争法规则

如前文所述,在竞争法领域,尤其是反不正当竞争领域,由于其渊源于社会伦理("不正当"本身就有着深厚的伦理意蕴),因此在正当性认知方面依托于既有的社会伦理,本身是相对稳定的。但这种伦理尚不足以提供一种形式理性法意义上的稳定行为预期,因为伦理与法律毕竟是有区别的,尤其是 19 世纪法与道德"分离命题"被提出和强调,以及形式理性法本身经历了去伦理化甚至一定程度上走向反伦理化之后,伦理上的"不正当"并不一定指向法律上的"不合法",尤其不能对具体的后果进行有效的预测。在反不正当竞争法的发展过程中,人们逐步把一些"不正当"的竞争行为提炼处理,归纳为法律上的"行为模式",并赋予了其否定的法律后果。这种情况下,不正当竞争行为逐步被纳入法律的调控范畴,并且随着法律的发展,部分反不正当竞争规则越来越明晰、确定,开始能够给行为人提供明确的指引,这种情况下,部分反不正当竞争法逐步走向了形式理性化。

一、法国

19 世纪上半叶的法国法官,由于《法国民法典》第 4 条的规定"法官借口法律无规定、规定不明确或不完备而拒绝审判者,得以拒绝审判罪追诉之",[①]这一条款其实要求法官在没有法律规则可以援引用于裁判的情况下,也必须审判案件,事实上隐含了法官造法、从而形成

① 《法国民法典》,罗结珍译,中国法制出版社 1999 年版,第 1 页。

判例法的可能性。于是,对缺乏法律明文规定的不正当竞争行为,从19世纪上半叶开始,“法国法院利用《民法典》中的隐瞒侵权条款,发展出了一个有关于不公平竞争的法律原则框架”。[①] 具体而言,依据《法国民法典》第1382条“过错致使他人遭受损害的行为人,有义务对他人作出赔偿”、第1383条“损害赔偿责任之负担,乃不仅因为行为人自身的客观行为,而且基于其过失或轻率”[②]的规定,对于有过错的构成不公平竞争的行为人,要求其程度侵权损害赔偿责任。这一过程中,法官逐步积累审判经验,逐渐形成了对某些行为相对稳定的法律处理方式,形成了对某些形式相对稳定的法律认知,进而形成了关于不正当竞争行为的判例法。在法国的司法实践中,模仿、寄生行为、混淆、诋毁、侵犯商业秘密等侵害竞争者权益的行为,通常会被认定为不正当竞争行为。2008年,“《消费者法》第L120-1条吸收了不正当商业行为的条款”,从保护消费者权益角度对不正当竞争行为进行了规制。[③] 该规定相对详尽、规则相对明确完备。这一规定,更具备形式理性化的特征。总体上,相对于19世纪上半叶反不正当竞争法产生之初,法国的反不正当竞争法形式埋性化程度已有较高的提升。

二、德国

与法国将民法典一般侵权条款适用于不正当竞争这一“新”经济现象不同,德国立法者采取了单独立法方式。德国甚至在早于《民法典》制定的1896年就制定了单行的《反不正当竞争法》,随着市场竞争行为以及法律规制技术的发展,该法从1909年起经历了16次修订。

① [美]戴维·J.格伯尔:《二十世纪欧洲的法律与竞争》,冯克利、魏志梅译,中国社会科学文献出版社2004年版,第45页。

② 《法国民法典》,罗结珍译,中国法制出版社1999年版,第330页。

③ [德]弗诺克·亨宁·博德维希:《全球反不正当竞争法指引》,黄武双等译,法律出版社2015年版,第263页。

经过2004年最近一次修订，在第3条设置了一般性条款的基础上，该法第4~7条对十几项具体的不正当竞争行为进行了“非穷尽列举”，从而增强了法律的确定性，①使相关法律规定更能够指引行为人的行为、保障其预期。

值得注意的是，最初的德国《反不正当竞争法》非常简练，如1909年版本仅有一般条款，“以及数个涵摄具体行为的规范，尤其是误导广告、贬损竞争者和保护商业秘密”。但由于“诉权的广泛性以及对禁令救济、中间程序的关注，经营者及其协会提起了大量的诉讼”，从而产生了大量的判例。② 并且，德国司法实践和法律著述对这些判例进行了“体系化”和“整理”。“由于法律文本并不非常明确，这些判例群很快就显示出了重要性”，“实践中，这些判例群减少了一般条款的模糊性，并促成了法律的确定性”。③

这就是说，在德国反不正当竞争法走向形式理性化的过程中，判例法起了非常重要的作用。这一点和法国是类似的。

三、美国

法、德这些传统制定法国家，由于最初规则的缺失以及与规则有关的认知的不足，都在某种程度上，是通过判例法的发展使竞争法的某些部分走向形式理性化的，并且依托于判例法的发展，相关规则逐渐被写入制定法文本。

相比于法国、德国，作为判例法国家的美国，在国家实定法层

---

① 参见种明钊主编：《竞争法》(第2版)，法律出版社2008年版，第38页。

② 这些判例创设了一些规则。如在德国通过电报发送不请自来广告将被视为非法，这一规则就来自判例法。参见[美]马特斯尔斯·W.斯达切尔主编：《网络广告：互联网上的不正当竞争和商标》，孙秋宁译，中国政法大学出版社2004年版，第120页。

③ [德]弗诺克·亨宁·博德维希：《全球反不正当竞争法指引》，黄武双等译，法律出版社2016年版，第285页。

面,其形式理性的程度仍旧低很多。美国至今没有专门的《反不正当竞争法》,反不正当竞争相关的法律规范散见于独立的且看似不相干的法律渊源中。[①] 国家制定法中,《兰哈姆法》第 43 条第 1 款被视为一项反不正当竞争规定,美国商标协会在 1987 年的一项报告中声称该条款“已被广泛地解读为在实质上创制了反不正当竞争联邦法”。[②] 美国《联邦贸易委员会法》(并非当初的 1914 年文本,而是以后修订的文本),也规定了“商业中或影响商业的不正当竞争手段,不公平或欺骗性行为”均视为违法。[③] 但该法在实践中依托于联邦贸易委员会的相关机构。美国 1975 年通过的《麦格纳森 - 莫森担保法》(又称《联邦贸易委员会改进法》),明确规定联邦贸易委员会能够“对商业中或影响商业的不正当或欺骗性的行为或做法制定解释性的规则和发布普遍性的政策声明”,制定一些规则“规定哪些特定的行为或做法是商业中或影响商业的不正当或欺骗性的行为或做法”。[④] 目前,联邦贸易委员会已经发布一些涉及规制“标识、广告、营销”等方面行为的规范性文件。但需注意,在《联邦贸易委员会法》的框架下,“私人个体自身无法依据联邦贸易委员会法获得诉讼资格”。[⑤]

相比于制定法,在反不正当竞争领域中,英美法系中的判例法更为重要。美国 19 世纪中期,普通法就对商业秘密提供了相应保护。[⑥]

---

① 参见[德]弗诺克·亨宁·博德维希:《全球反不正当竞争法指引》,黄武双等译,法律出版社 2016 年版,第 766 页。

② [德]弗诺克·亨宁·博德维希:《全球反不正当竞争法指引》,黄武双等译,法律出版社 2016 年版,第 777 页。

③ 参见[德]弗诺克·亨宁·博德维希:《全球反不正当竞争法指引》,黄武双等译,法律出版社 2016 年版,第 778 页。

④ 李国海:《反垄断法实施机制研究》,中国方正出版社 2006 年版,第 53 页。

⑤ [德]弗诺克·亨宁·博德维希:《全球反不正当竞争法指引》,黄武双等译,法律出版社 2016 年版,第 780 ~ 781 页。

⑥ 参见[德]弗诺克·亨宁·博德维希:《全球反不正当竞争法指引》,黄武双等译,法律出版社 2016 年版,第 795 页。

而商业秘密之外,"从制止商标欺诈或者欺骗的判例法,逐步发展出了制止不正当竞争的法律规则"。[1] 判例对美国反不正当竞争规则发展的意义是明显的。如1918年"International News Service v. Associated Press"一案中,美国最高法院运用著名的"额头出汗"原则,创造了商业价值盗用规则。[2] 在英、美等国,判例法一般不为普通民众熟知,但相关领域的法务工作者一般是比较了解甚至精通的。企业在为相关商事行为时一般会有法务人员进行合规审查。在这种意义下,相对成熟、稳定的判例同样能够为行为人提供相对明确的法律上的指引,从而为其行为预期提供一种保障。

美国的法律渊源体系非常复杂,制定法有联邦法、州法,另有非常复杂的判例法体系;而且制定法层面没有统一的《反不正当竞争法》文本,反不正当竞争规则分散在反垄断法、商标法、消费者保护法等相关文本中,这种规则极度分散的情况,给普通经营者甚至相关法务工作者运用规则审查、指导自己的行为造成了较大困难。这种情况下,美国法律协会出版了《反不正当竞争法重述》,对分布于判例、各种单行法中的不正当竞争规则进行了较为系统的整理,这种重述文本本身不是来自国家机构的正式法律渊源,但其总结有着法律渊源依据,在实践中具有巨大的影响力。1987年《反不正当竞争法重述》的出现,使得美国某些反不正当领域规则系统化、明确化,从而能够为行为人提供相对明确的指引,稳定、保障其行为预期。

四、国际法领域

诸多国际条约涉及反不正当竞争法,在国际领域确立了一些反不

① 李明德:《关于反不正当竞争法的几点思考》,载《知识产权》2015年第10期,第35～44页。

② 参见[德]弗诺克·亨宁·博德维希:《全球反不正当竞争法指引》,黄武双等译,法律出版社2016年版,第792页。

正当竞争的基础规则。早期1900年版的《巴黎公约》制定了第10条之二,首次规定了制止不正当竞争的原则,主要是针对商业标识的仿冒。到了1925年的海牙文本,已经归纳了两种不正当竞争行为,即商业标识的仿冒和商业诋毁。1934年的伦敦文本,增加了制止虚假宣传的规定,从而明确了对三种不正当竞争行为的规制。世界贸易组织的《TRIPS协定》中增加了商业秘密的保护,其第39条规定:任何人不得未经许可而以违背诚实商业行为的方式,披露、获得或者使用他人的商业秘密。这些国际条约逐步确立了一些反不正当竞争的基础规则,使条约成员国能够在此基础上改进自己的相关法规,或者承担最低限度的制止反不正当竞争行为的立法义务。

五、总的趋势

上文介绍了法、德、美三国及相关国际条约中反不正当竞争法的发展过程,大致可以总结出一种发展趋势:最初的反不正当竞争法,往往是非常原则的、规则相对较少,那时需要应对的不正当竞争行为也相对有限。随着现代市场的发展,不正当竞争行为逐渐丰富起来,这时针对不正当竞争行为的规则也逐渐发展起来。一定程度上,或通过实体立法规则、或通过判例法,各国在某些已经相对成熟的领域实现了一定程度的反不正当竞争立法的形式理性化。规则相对明确、确定,能够为竞争参与者提供必要的行为预期保障,现实中相关主体权益被侵犯时,可以通过民事诉讼径行要求法院提供必要的救济,而不需要通过行政机构对行为先行进行识别(与之相反的是,诸多反垄断民事诉讼,其实是在行政机构对行为做出识别认定后要求损害赔偿的后继诉讼)。与此同时,各国反不正当竞争法也力图通过一般条款等立法技术为可能出现的新类型不正当竞争行为提供一个应对空间。总之,反不正当竞争领域的基本趋势是:认知相对成熟的领域正在一步步走向规则的形式理性化;对于认知不太成熟的领域以及未来有可能出现的新行为,法律保留了一定的自由裁量空间。

第三节 加强反垄断法稳定行为预期功能的各种努力

在某种程度上,反垄断法部分领域,也存在将规则相对稳定下来,走向形式理性化的倾向,当然这只是部分领域。就整体而言,“二战”以后多数法域都有了反垄断立法,然而如前文所述,这种立法相对而言是比较偏原则、宽泛的,很多情况下不足以给行为人的行为提供必要的明确指引与预期保障。但需注意,规则从无到有,至少是往形式理性化方面走出了第一步,尽管是非常小的一步。

一、新规则的制定与指南类文件的出台

如前文所述,反垄断领域总体上实体规则实际上在收缩,以便给更多现实问题预留出在执法中识别的空间。这种收缩的知识背景是反垄断法知识的不确定性、政策性因素的介入、新竞争行为的不断涌现。因而在具体执法过程中,经常需要对相关行为的合法性进行识别。然而,随着相关经验的积累,对某些新型竞争行为人们也会发展出一些相对稳定的认知。这种情况下,基于新的共识,反垄断领域同样有出台新规则的可能。比较典型的如上文提到的我国2022年修改《反垄断法》加入的一条:“经营者不得利用数据和算法、技术、资本优势以及平台规则等从事本法禁止的垄断行为。”这条规定某种程度上规制了数据、算法、技术、资本优势、平台规制等新的领域,确定了这些领域相关垄断行为的非法化,从而在新的领域确定了新的规则。

相比立法制定规则,真正在反垄断领域能够给公众提供更多指引、保障其合法预期的,是各法域大量反垄断指南类文件的出台。这类反垄断指南类文件通常由具有反垄断执法功能的相关行政机构颁

布,具有法律约束力。各种反垄断指南“具有增强公众合法预期、指引公众合规行为,同时促进反垄断法公众认同的功能”。[①]

在某些指南类文件中,明确了通过指南减少不确定性、给行为人提供更为明确指引的意图。如《美国司法部和联邦贸易委员会横向合并指南》(1992年)明确规定,“当局希望,通过简洁说明其执行的政策,减少在这个领域反托拉斯执行的不确定性”,本指南“应改进当局执行企业合并政策的可预期性”。[②] 但更多的指南性文件,在细化规则、尽量帮助行为人明确政策、提供指引的同时,也对给竞争者提供更为明确的行为准则持保留态度。如《美国知识产权许可反托拉斯指南》在规定“主管机构希望对那些需要初步预测主管机构是否会认为一种做法具有反竞争性的人士提供帮助”的同时,指出“本《指南》不能排除反托拉斯执法中的判决和自由裁量权。另外,本《指南》中规定的各项标准,必须适用于各种不可预见的情况。不同的情况需根据具体事实进行评估,要合理、灵活地使用本《指南》”。[③]《美国关于竞争者之间合谋的反托拉斯指南》则仅规定:“本《指南》只是提供一种分析框架,帮助公司对于一个或一个以上的竞争者进行合谋提出反托拉斯的可能性进行评估。”[④]《美国国际经营反托拉斯执法指南》则明确指出:“与所有反托拉斯执法指南一样,使用者应该依靠合格的律师帮助自己评估与任何计划的交易或活动有关的反托拉斯风险。任何一套反托拉斯指南都不可能指明主管机构将如何对每个具体案件的特定事实进行评估。”[⑤]总体而言,指南性的文件能够在不同程度上帮助行为人更好地评估、预测行为可能的法律后果,提升执法的可预期性、

① 郝俊淇、刘维俊:《反垄断指南的功能探讨》,载《中国价格监管与反垄断》2015年第9期,第29~32页。

② 尚明主编:《主要国家(地区)反垄断法律汇编》,法律出版社2004年版,第223页。

③ 尚明主编:《主要国家(地区)反垄断法律汇编》,法律出版社2004年版,第251页。

④ 尚明主编:《主要国家(地区)反垄断法律汇编》,法律出版社2004年版,第321页。

⑤ 尚明主编:《主要国家(地区)反垄断法律汇编》,法律出版社2004年版,第285页。

减少法律的不确定性。如1982年司法部兼并指南的一个基础性贡献是为分析横向兼并对竞争的影响设定了一个统一的概念框架。[①] 但就美国等国的情况而言，指南性文件更多提供的是评估框架、标准，尚不足以给行为人提供像其他法律一样的、明确的规则指引。

二、事前识别程序的构建

前文曾经述及，竞争法程序中发展出一种预先识别程序。也即，行为人可以在行为之前，申请有关执法机构就其行为的合法性作出预先的识别。如《美国国际经营反托拉斯执法指南》规定“任何人如果寻求对本《指南》中涉及的事务在执法意图方面更具体的事先说明，则应该使用美国司法部的‘企业审查’程序，联邦贸易委员会的‘顾问意见’程序，或以下就特定类型交易说明的更具体的程序”。[②] 日本企业准备实施合并或受让营业时，各相关的当事人可以向日本公正交易委员会事前征询其非正式的指导意见，以便确定最终的集中方案。[③] 前文已经述及，欧盟竞争法中亦有企业可以预先申请确认其行为不构成违法的“违法否定”(neative clerance)的制度。在现实中。企业可以运用这些预先识别制度，申请执法当局就其将要进行的行为的合法性给出意见。这种情况下，如果执法当局给出了相关意见，则相关意见对于申请者而言，就提供了一个预期保障，使得行为人明确了其将要进行的行为在法律上可能的后果。

---

① 参见王继平、陈甬军：《美国反垄断兼并指南变迁中经济学家的作用及其启示》，载《产业经济研究》2007年第2期，第73～78页。

② 尚明主编：《主要国家(地区)反垄断法律汇编》，法律出版社2004年版，第285页。

③ 参见焦海涛：《论现代反垄断法的程序依赖性》，载《现代法学》2008年第1期，第51～63页。

三、弗莱堡学派对反垄断法司法化与私法化的努力

前文已述及,“二战”以前的德国《卡特尔条例》,“建立起一个基本上是行政性的执行体制,它严重依赖带有随意性的政策判断”。[①]这种“法律”基本上无法为行为人提供必要的行为准则。“二战”后,以秩序自由主义为指导的德国竞争法,开始日益遵照司法原则与程序运作,而不再是建立在行政部门自由裁量权的基础上。秩序自由主义者将竞争法上升到“经济宪法”的高度,认为“政府的行动只能是贯彻从经济宪法中推导出来的普遍规则或法律”,其背后的认识论基础则是对法律可靠性、确定性的信赖。[②] 基于这种认知,秩序自由主义者对政府行政部门高度怀疑的同时,对立法与司法部门比较信任,[③]希望通过“立法—司法”的实施模式克服行政政策带来的不确定性。受秩序自由主义者的影响,德国后来负责实施竞争法的主要机构——联邦卡特尔局作为行政机构,其“基本作用,并不是以公共福利的名义行使行政命令,或行使任意自由裁量权,而是解释和适用法律规范”。其作出决定的模式大多按照司法模式,“必须参考德国反限制竞争法和现行判例法,来仔细书写其认为充分的理由”。[④] 这种对法律方法的要求至少能够在一定程度上对行政机构的自由裁量权有所限制,从而能够为行为人提供相对更明确的规则指引并保障其行为预期。并且,在德国,对联邦卡特尔局决定不满的案件,由普通法院而非行政法院审理,

---

① [美]戴维·J.格伯尔:《二十世纪欧洲的法律与竞争》,冯克利、魏志梅译,中国社会科学文献出版社2004年版,第157页。

② [美]戴维·J.格伯尔:《二十世纪欧洲的法律与竞争》,冯克利、魏志梅译,中国社会科学文献出版社2004年版,第306页。

③ [美]戴维·J.格伯尔:《二十世纪欧洲的法律与竞争》,冯克利、魏志梅译,中国社会科学文献出版社2004年版,第308页。

④ [美]戴维·J.格伯尔:《二十世纪欧洲的法律与竞争》,冯克利、魏志梅译,中国社会科学文献出版社2004年版,第344页。

这也进一步强化了司法在德国竞争法机制中的重要性。正如格伯尔所言:“德国竞争法制度以其自身平衡而著名。它是司法和行政制度因素的混合物,司法制度对经营决策者提供稳定、长期的一般的信息,行政制度因素提供灵活性和短期的特定信息。”[①]总体上,为行为人提供更为稳定的行为预期保障,是德国反垄断法的一个大致努力方向。

倡导秩序自由主义的弗赖堡学派,不仅在使“竞争法”成为“真正的法律”、独立于政治、更为司法化方面做出了努力,同时还试图将竞争法私法化。“这一群体把竞争法视为权利和个人的自由。他们的概念世界是精确(或至少追求精确)、系统和权利之世界。这是把竞争法作为私法概念,而不是仅仅将其作为影响竞争法的思想形成和预期的一件公共政策。”[②]这种以尽量精确化概念为基础的私法化,事实上意味着直接赋予相关当事人以实体权益为基础的法律上的诉权;而相关当事人能否行使这种诉权,提起民事诉讼,则在一定程度上取决于法律是否对其权益范围有相对明确的保障。这也即意味着法律对行为人能够提供一个合理的预期保障。弗莱堡学派的这种理念一定程度上为德国竞争法立法所采纳。德国《反限制竞争法》规定了三种民事诉讼:损害赔偿诉讼;申请禁令诉讼;提出反竞争协议无效的诉讼。[③]但必须指出的是,民事诉讼在德国实际运用得非常有限。[④] 其原因之

---

① [美]戴维·J.格伯尔:《二十世纪欧洲的法律与竞争》,冯克利、魏志梅译,中国社会科学文献出版社2004年版,第411页。

② [美]戴维·J.格伯尔:《二十世纪欧洲的法律与竞争》,冯克利、魏志梅译,中国社会科学文献出版社2004年版,第354页。

③ 参见王健:《反垄断法的私人执行——基本原理与外国法制》,法律出版社2008年版,第153页。

④ 参见王健:《反垄断法的私人执行——基本原理与外国法制》,法律出版社2008年版,第153~155页。需注意的是,美国的私人诉讼的效果也有被夸大的嫌疑,大量反垄断民事诉讼其实是行政机关作为后的后继诉讼,参见 Thomas E. K. Auper and Edward A. Snyder, *An Inquiry into the Efficiency of Private Antitrust Enforcement: Follow-on and Independently Initiated Cases Compared*, The Georgetown Law Journal, vol. 74, 1985 - 1986, p. 1163 - 1230.

一是相关法律的确定性仍然不够。[①] 这意味着,尽管德国学界及相关立法在使反垄断法能够给行为人提供稳定预期保障方面做出了诸多努力,但是目前的效果仍旧比较有限。

四、芝加哥学派对反垄断执法范围及目标的缩限

如上文所述,芝加哥学派秉持古典自由主义的立场,力主在反垄断领域内国家尽量少介入干预,相信市场本身能够有效地自我调节,达致效率的优化。在芝加哥学派这种观念的影响下,美国从 20 世纪 80 年代开始,大量减少了某些领域的反垄断执法,这就造成了一个后果:在反垄断法执法不再介入的领域,相关行为将会被默认是合法的。这种情况下,从事该行为者、受该行为影响者,都将有一个相对明确的法律上的预期:相关行为会在法律上被评价为合法行为。这种情况下,在芝加哥学派力主的反垄断执法退出的领域,相关行为在法律上的确定性其实是加强了,从原来可能的不确定走向了确定。行为人及受影响者也能够明确辨识、预期相关行为在法律上的后果了。例如,波斯纳建议不必过多干预某些纵向垄断行为,“维持转售价格以及卖主对分销商之间的竞争施加的其他限制,应当推定为合法”。[②] 如若实践中采纳了该意见,则维持转售价格等行为在法律上获得了确定的合法性。

芝加哥学派对反垄断执法的另一个重要影响是:试图运用单一的“效率”价值目标作为元叙事,取代其他各种相互冲突的多元价值目标。如博克(Bork)曾批评美国“现行反垄断法缺乏简明操作优点的

---

① 参见王健:《反垄断法的私人执行——基本原理与外国法制》,法律出版社 2008 年版,第 155 页。

② [美]理查德·A. 波斯纳:《反托拉斯法》,孙秋宁译,中国政法大学出版社 2003 年版,第 4 页。

原因在于最高法院引入了相互矛盾的多元目标”。[①] 对于这个问题，波斯纳认为：“竞争是一个手段而不是一个目的——那么，看来只要垄断可以增进效率，就应当容忍垄断，甚至鼓励垄断。”[②]“效率是反托拉斯的终极目标，竞争只是一个中间目标，只不过这个中间目标常常离终极目标足够的近，使得法院不必看得更远。”[③]并认为“没有任何理由用反托拉斯法来达到与效率无关甚或对立的目标，比如促进小企业群体的发展”。[④] 这种在价值维度、法律目标维度的缩限，在一定程度上可以减少基于价值分歧、目标分歧而引发的法律的不确定性。当然，如前文所述，即便如波斯纳所言，美国“涉及反垄断职业者——无论是诉讼当事人、检察官、法官、学者还是有见识的观察家”，都“赞同反托拉斯的唯一目标就应当是促进经济福利”；并且，人们认同“应当依据经济学家的效率概念来理解经济福利”；[⑤]那么，如何真正准确地测度一个被指控行为对效率的影响仍然不是一件简单的事、仍然会有分歧。也就是说，芝加哥学派将反垄断价值目标单一化的努力，有助于提升相关法律的确定性，有助于给相关行为人更为稳定的预期保障，但这种提升是有限的。

五、经济理论及经济分析方法的引入对预期的保障

试图将经济学的相关理论及方法引入反垄断实践来，从而使得反

---

① See RobertH. Bork, *The Role of The Courts in Applying Economics*, 54 Antitrust L. J., 1985., p. 23.

② [美]理查德·A. 波斯纳：《反托拉斯法》，孙秋宁译，中国政法大学出版社 2003 年版，第 39 页。

③ [美]理查德·A. 波斯纳：《反托拉斯法》，孙秋宁译，中国政法大学出版社 2003 年版，第 39 页。

④ [美]理查德·A. 波斯纳：《反托拉斯法》，孙秋宁译，中国政法大学出版社 2003 年版，第 2 页。

⑤ [美]理查德·A. 波斯纳：《反托拉斯法》，孙秋宁译，中国政法大学出版社 2003 年版，序言，第 4 页。

垄断知识在具备一定科学性的基础上增强确定性，曾经是弗莱堡学派努力的目标。该学派倡导秩序自由主义，将竞争法上升到“经济宪法”的高度，提出了一种“秩序政策”的观点，要求“法律体系的目的是建立和维护完全竞争条件，它将能使这种经济体系最有效地运行”。[①]实现这一目标的前提是：“必须把经济知识转化为规范语言”，“经济科学要对完全竞争条件作出描述，这种信息可以为法律决策提供标准。”[②]施瓦尔贝等当代德国的法经济学家进一步阐发了这种设想，他们认为“在竞争政策中引入当代经济学的思路和方法并不意味着一定要在每一例个案中都体现为不同的分析，而是应当在制定竞争法规则时就已经把经济学理论纳入考量。因此，在个案调查的益处能够总体上超过其适用本身的成本时，法律才适宜安排这样的个案调查；反之，则应以经济法理论为基础，去发展和适用对案件进行整体考量的规则”。[③] 这种思路的核心其实是要在立法维度更多依靠经济科学的知识，使立法者在掌握经济科学知识的前提下能够对反垄断相关知识有更好、更准确的认知，然后将这些经济知识转译成法教义学的代码，从而进入法律系统运行。这种设想其实是寄希望于垄断现象，首先发展出确定的、有共识的经济学认知，从而保障在经济知识稳定基础上法律知识的确定性，从而通过更好的立法消解、缩限法律的不确定，保障相关行为人的预期。这种设想同时也是一种试图将竞争法与形式理性法接近，甚至等同的方案。

不过，基于前文所探讨过的原因，现代经济学界其实一直没能真正发展出弗莱堡学派所需要的这种确定的、科学的关于垄断现象的共

---

① [美]戴维·J.格伯尔：《二十世纪欧洲的法律与竞争》，冯克利、魏志梅译，中国社会科学文献出版社 2004 年版，第 305 页。

② [美]戴维·J.格伯尔：《二十世纪欧洲的法律与竞争》，冯克利、魏志梅译，中国社会科学文献出版社 2004 年版，第 305 页。

③ [德]乌尔里希·施瓦尔贝、丹尼尔·齐默尔：《卡特尔法与经济学》，顾一泉等译，法律出版社 2014 年版，第 625 页。

识性知识。因而这种通过确定的经济学知识从而走向确定的法律知识进而为行为人提供稳定行为预期保障的方案在现实中实现得并不理想。

弗莱堡学派引入经济知识从而使反垄断法获得更多确定性的努力之所以成就有限,除了经济科学并没有如秩序自由主义者所愿,发展出具有共识性的关于垄断的知识外,还有一个可能的原因:经济知识与法律知识本身有一定的区别,"经济知识的发展主要靠的是统计分析,而不是精心描述的案例研究,靠的是微积分的适用,而不是解释概念"。[①] 经济学的知识本身不一定能够被顺畅地转化为规范语言。有论者认为:"反垄断法中的概念更多地共享于经济学术语,比如竞争、垄断、限制竞争效果、市场支配地位、相关市场及市场份额等,这些经济学术语均源自经济学研究成果,尚未经过法教义学的洗礼从而获得确定性的法律意义。"[②]这种论述描述了现状,却多少忽视了一个问题:相关在经济学语境中已经约定俗成、广为运用的概念,有没有转换成法律推理所需的具有确定性的法律概念的可能性和必要性?有论者认为,美国的主要反垄断立法"均没有清晰界定其中的关键性术语如'贸易限制'、'垄断'及'不公平竞争手段'等。相反,它们允许根据对具体商业行为的目的和效果的现实理解而进行阶段性的再定义。相较于那种详细而具体的立法模式,这种框架性立法的开放性赋予了反垄断制度一种内在的灵活性和演进性"。[③]

与弗莱堡学派等欧洲尤其是德国的学者不同,美国的芝加哥学派没有着眼于在立法中运用经济学知识将反垄断法形式理性化,相反,

---

① [美]罗伯特·考特、托马斯·尤伦:《法和经济学》,张军等译,上海三联书店 1994 年版,第 11 页。

② 朱战威:《反垄断法中经济分析运用问题研究》,西南政法大学 2017 年博士论文,第 8 页。

③ [美]奥利弗·E. 威廉姆森:《反托拉斯经济学——兼并、协约和策略行为》,张群群等译,经济科学出版社 1999 年版,第 32 页。

波斯纳等学者甚至主张将反垄断法实体规则进一步简化,力图在司法执法过程中运用经济分析方法改善反垄断执法。

在美国的反垄断执法部门的历史上,虽然也经常有将经济分析作为法律外因素引入反垄断执法的现象,但一度对运用经济分析研究反垄断问题充满警惕,曾经一度禁止经济学家参与案件。① 直到 20 世纪 70 年代芝加哥学派在反垄断领域崛起后,这种情况才有了根本的改变。在芝加哥学派的影响下,“竞争法不仅从新古典经济学那里找到了目标,还获得了标准和方法”。② 这里的方法就是法律经济学的分析方法。波斯纳等学者其实并没有一个用经济学知识重组美国反垄断法、从而使之走向确定化、形式理性化的宏大计划(这当然与英美法系不追求法典化、体系化的法律文化有关),而是更多地试图在案件处理与评析中运用经济学的分析方法。在预设效率是反垄断法的单一目标的前提下,芝加哥学派学者运用各种经济学方法分析各种垄断行为对效率的影响(典型的如建立经济学模型进行分析),并将这种方法带到现实执法之中。

如前文已述及,现代西方经济学由于大量运用数学工具,给人以更加“科学化”的印象;并且,经济学复杂的演算系统也阻止了来自非经济学专业的可能的质疑。有论者认为:“经济分析方法将具体的法律与经济问题数量化,使法律的经济分析更加精确,比规范分析具有更强的实用价值和操作性。”③因此,经济学家在反垄断事务上获得了更高的权威;同时,经济学“科学化”的印象也有助于人们形成一种印象——经济学的知识相比其他社科类知识更为确定,因而更有助于增

---

① See T. Grether, *Economic Analysis in Antitrust Enforcement*, 4 Antitrust Bull. 1959., p. 55.

② [美]戴维·格伯尔:《全球竞争:法律、市场和全球化》,陈若鸿译,中国法制出版社 2012 年版,第 220~221 页。

③ 钱弘道:《法律的经济分析方法评判》,载《法制与社会发展》2005 年第 3 期,第 117 页。

加反垄断法的确定性。现实中,经济方法的引入,至少给了一些行为人更多自己行为预期能够得到保障的希望。企业在为某种竞争行为时,通常会聘请经济学家和律师对相关专业问题进行评估,以减少违法的风险。基于此,必须承认,经济分析方法的引入,经济学家的提前介入,在某种程度上有助于人们在竞争法领域稳定自己行为的预期。

然而,经济学到底能在多大程度上带给反垄断法确定性,仍然是一个存疑的问题。姑且不论各个学派在价值维度的冲突(如德国相关文献认为"限定市场集中度的做法除了经济学上的功能,还具有一定社会功能",[①]这明显与芝加哥学派的单一价值预设冲突),即便我们同意芝加哥学派关于效率单一价值的预设,仍然能够发现该学派内部不同学者对具体问题的分歧颇多,如波斯纳与麦克吉等学者在掠夺性定价方面的认知就颇有分歧。[②] 并且,经济学家的参与并不一定会减少原被告双方的分歧,现实中"在反托拉斯审判中,适用经济学家提供专家证词以向法庭和陪审团提供信息的现象既普遍又引起争议。这类证词的问题之一是它有时会和法庭上的敌对性质纠缠在一起"。[③] 施瓦尔贝等德国学者则认为,"要整个竞争法领域都符合'更大经济学思路'或者'更多经济学方法'的要求是不可能的"。[④] 判定共同市场支配存在问题时,类似于在考量效率提升时那样,"更多的经济学思路"也存在局限性。由于相关问题的复杂性以及要考察的条件众多,运用经济学理论进行个案分析可能会导致"由于法律适用确定性降低

① [德]乌尔里希·施瓦尔贝、丹尼尔·齐默尔:《卡特尔法与经济学》,顾一泉等译,法律出版社 2014 年版,第 623 页。

② 参见[美]奥利弗·E. 威廉姆森:《反托拉斯经济学——兼并、协约和策略行为》,张群群等译,经济科学出版社 1999 年版,第 384 页。

③ [美]奥利弗·E. 威廉姆森:《反托拉斯经济学——兼并、协约和策略行为》,张群群等译,经济科学出版社 1999 年版,第 386 页。

④ [德]乌尔里希·施瓦尔贝、丹尼尔·齐默尔:《卡特尔法与经济学》,顾一泉等译,法律出版社 2014 年版,第 619 页。

而导致的间接成本”。[①] 美国学者 Cavanagh 也指出，美国法院中引入经济分析虽然对法院裁决案件有所助益，但将经济理论纳入反垄断案件，也使得这些案件更复杂、更长、诉讼成本更大、更不具有可预见性。[②]

总体而言，可以认为经济分析方法的引入对于反垄断领域增强法的确定性、稳定人们在反垄断领域的行为预期是有利的。但必须承认，目前经济学仍然是一门发展中的学科，想通过经济学的方法达致反垄断法的确定性，尚需更多的学术努力与学理积淀。昂格尔就批评了今天这种经济学的“科学性”，他认为，“依赖于关于超历史人性的假定”的“这种介于古代政治哲学与现代社会理论之间的古怪立场受到功利主义的喝彩，并为英国和奥地利的政治经济学奉为神明。直到今天。这种政治经济学还在世界大多数地区被认为是经济科学”。[③] 沃勒斯坦甚至尖锐地指出，经济学变得越来越定量化，但“实际中他们所遇到的主要问题是，他们甚至无法作出非常准确的值得社会称赞的短期预测”。[④]

有论者认为，“反垄断法中的经济学模型需要更为全面地考量模型建立所需要的条件，比如，‘免费模式’中所蕴含的商业价值。显然，随着研究的深入，经济学模型一方面会朝着更加复杂和精确的方向发展，另一方面应充分重视条件选取的科学性及其运用的范围领域”。[⑤] 也即，经济学知识要想达到能够帮助人们更好地认知反垄断领域、从

---

① [德]乌尔里希·施瓦尔贝、丹尼尔·齐默尔：《卡特尔法与经济学》，顾一泉等译，法律出版社 2014 年版，第 622 页。

② See Edward D. Cavanagh, *Antitrust Law and Economic Theory: Finding a Balance*, Loyola University Chicago Law Journal, vol. 45, 2013, p. 123.

③ [美]R. M. 昂格尔：《现代社会中的法律》，吴玉章等译，南京：译林出版社 2001 年版，第 36 页。

④ [美]伊曼纽尔·沃勒斯坦：《知识的不确定性》，王昺等译，山东大学出版社 2006 年版，第 22 页。

⑤ 朱战威：《反垄断法中经济分析运用问题研究》，西南政法大学 2017 年博士论文，第 113 页。

而帮助反垄断法实现确定性的目标,本身还需要进一步的发展,这种发展或许需要经济学家反思某些价值偏好及方法的有效性,反思某些来自阶层利益的价值前见,更为客观地认知经济史及现实经济领域的经验事实,用更为实证地观察与模型分析相配合,等等。

六、相关专业人士的参与对行为预期的保障

前文已经述及,大量指南性文件的出台、经济分析等方法的引入,对于反垄断法增强确定性、行为人更好地稳定自己的行为预期有所帮助,虽然,这种帮助目前而言,仍旧是有限的,很多情况下尚不足以帮助行为人实现类似于普通形式理性法领域的预期保障。并且,这些指南性文件的大量出台、相对频繁地变动,再加上美国反垄断领域的立法本身非常分散,现实中判例法的大量运用以及判例之间本身存在矛盾,使反垄断法对于一个普通的经营者而言,无疑是过于复杂了。执法领域经济分析方法的引入,由于这种方法本身的高门槛,对不太熟悉经济学知识的经营者,无疑进一步加大了预测反垄断执法司法后果的难度。这种情况下,引入专业人士对行为方案进行合规、对纠纷可能的处理结果进行预测,成为很多经营者形成预期从而更好地规划自己行为的一种选择。

如前文所述,《美国国际经营反托拉斯执法指南》明确建议:“与所有反托拉斯执法指南一样,使用者应该依靠合格的律师帮助自己评估与任何计划的交易或活动有关的反托拉斯风险。”①涉及反垄断问题的经营者(通常都是大企业),一般都会有专业的律师团队对相关风险进行法律上的合规评价。并且,目前基于经济学知识与分析方法在反垄断执法中越来越重要的地位,企业在对反垄断问题进行评价时,也通常会咨询经济学专家的意见。这使得经营者为相关行为时,能够

① 尚明主编:《主要国家(地区)反垄断法律汇编》,法律出版社2004年版,第285页。

有一个专业的团队应对法律规则本身以及法律实施的不确定性。借助于专业的法律、经济学专家团队，至少在一定程度上有助于经营者形成一种在法律上可能被保障的行为预期。

七、本身违法原则的运用以及合理原则的简化

前文已经探讨，在反垄断领域，相对于本身违法原则而言，合理原则由于需要考量更多因素，因而使法律具有更大的不确定性。20 世纪 90 年代以来，芝加哥学派主导下的合理原则被运用得越来越多，并被运用到一些传统上被视为应当运用本身违法原则的领域。然而，这两种原则的交替运用并非可概括为一种简单的线性发展。根据希尔顿的研究，联合抵制、纵向限制、横向合并等反垄断问题，都经历了从合理性调查转到本身违法标准，然后又回到了合理性调查的过程。[①] 关于此，他提出了一个“非常简单的关于反垄断法演进的模型”，也即“实施机构和联邦制定法对法院施加了压力，迫使它们采取本身违法标准。这种压力一直促使法律朝着本身违法原则发展，直到在一些案件当中出现了合法性危机”。到了这个临界点，“法院要么从本身违法标准抽离出来，要么重新阐释合理性观点”。也即，当合理原则造成法律的不确定性过大、使得行为人合理的预期不能得到保障时，竞争法系统会在一定程度上向本身违法原则回归；而本身违法的僵化适用引发法律裁决的合法性危机时，竞争法系统又会重新回归合理原则做更多考量。总之，本身违法原则的存在一直保持着反垄断走向确定性、给行为人提供更多稳定行为预期的可能性。

同时需注意，在美国司法实践中存在简化了的合理原则。[②] 最高

---

① 参见[美]基斯 · N. 希尔顿：《反垄断法——经济学原理和普通法演进》，赵玲译，北京大学出版社 2009 年版，作者序第 6 页。

② 相关简化合理原则的论述，参见刘彤：《美国竞争法的政策实施功能研究》，载《北京联合大学学报(人文社会科学版)》2015 年第 1 期，第 112 ~ 118 页。

法院认为,价格作用机制被某一限制明显地扭曲时可以适用,而无须再进一步考虑事实上或者可能的经济后果去证明该限制的反竞争性质。通常,在诉讼程序下实施了举证责任倒置,被告承担了更重的证明责任。这种情况下,运用简化了的合理原则事实上能够使法律运行更确定、更好保障当事人的行为预期。

八、基于上述诸种努力对于反垄断法稳定行为预期功能的认知

本节探讨了反垄断法领域的几种试图增强法律确定性、稳定行为预期的努力,如制定指南类文件、事前识别程序的构建、增加本身违法原则的运用以及合理原则的简化、芝加哥学派对价值目标的缩限以及对于经济分析方法的引入、弗莱堡学派对于反垄断法的司法化与私法化的努力以及现实中经营者聘请律师、经济专家等专业人员进行合规考察从而预测相关行为在法律上的后果。总体上而言,这些努力的成果是相对有限的,原因在于前文论述过的导致反垄断法极度不确定性的基础因素:知识的不确定性、政策的介入并没有消除。经济学在努力缩小反垄断知识的不确定性,但到目前为止,这种努力的成果依旧是有限的,当然,必须承认,加强经济学研究、更好地认知市场竞争和垄断现象,是发展反垄断法、增强其确定性的一个可欲的努力方向。不过,如前文所述,相对于法律对一个共同体生活方式选择的基础意义,仅靠经济学在效率、福利维度上的考量是不够的。真正要实现反垄断法更大的确定性、更好地保障人们的行为预期,某种意义上需要共同体成员的一种价值维度能够达致共识的商谈。当然,这个目标离今天的反垄断实践似乎过于遥远。

另外需要注意的是,本研究主要探讨的是基于规则和法律方法对行为人预期的保障。在现实的反垄断执法中,基于现实的执法者的执法偏好的稳定性(在弗兰克这种极度的规则怀疑论者那里,这种偏好或许本身就是法律),以及其他一些事实性因素的介入,其实对于一个

行为人而言,反垄断执法的不确定性也并非像想象得那么大。例如有资料显示,目前我国绝大多数经营者集中都获得了通过。[①] 但是,注意,这是基于一个时间段内执法者的态度,以及其他一些与规则不直接相关的事实性因素,如现实的经济环境、相关企业的游说等非法律因素(甚至不一定是合法的)。规则以及规则的适用角度,能够提供给行为人预期的保障仍然非常弱。

本章小结

本章阐述了竞争法和其他法律共通的一项基本功能:稳定行为预期的功能。在竞争法领域,虽然存在大量规则不确定的情况,但是依然存在一些相对稳定的规则,能够给相关行为人提供相对稳定的行为预期。这种规则在传统的、相对成熟的反不正当竞争领域较多,但反垄断领域也同样存在。

由于前面两章详细探讨过的原因:政策介入的需要、新竞争行为的不断涌现等原因,竞争法不可能完全实现普通形式理性法那样的确定性;相反,竞争法必须要为政策介入、识别新竞争行为留出必要的空间。但上文探讨过的另外一种导致竞争法不确定性的原因:人类对竞争现象认知不足导致的相关知识的不确定,某种程度上却是竞争法发展过程中所力求克服的。

这种知识的不确定性,在反不正当竞争领域相对比较容易应对与解决。因为反不正当竞争行为的基础评价指针来自人类积淀多年的、具有共通性的伦理体系。因此,在新的不正当竞争行为产生之后,由于将伦理原则引入法律论证,比较容易实现对相关行为的共识性理

---

① 截至2017年,我国约有98%以上的经营者集中获得了无条件批准。参见王晓晔:《我国反垄断法中的经营者集中控制:成就与挑战》,载《法学评论》2017年第2期,第11~25页。

解。并且需注意,反不正当竞争行为本身涉及的政策性因素比较弱,不太容易受政策的干预。这种情况下,反不正当竞争法的部分规则比较容易形式理性化从而给相关行为人的行为提供必要的预期保障。本章实证考察了法国、德国、美国以及国际条约领域反不正当竞争法的发展,虽然实现形式理性化的具体方式差别较大,但总体上,相关法域对一些具有共识性的不正当竞争行为,都能够给行为人提供相对稳定的行为预期。也即,反不正当竞争法,虽然距离民商法等法律尚有一定差距,但是在一些领域稳定行为预期功能的存在勿庸置疑。

相比之下,反垄断法也在努力摆脱"政策法"的标签,向形式理性化从而提供更多稳定行为预期的功能靠近。但到目前为止,这种努力的成就仍旧是有限的。虽然发展出了一些共识性的知识,但价值分歧、对事实的认知分歧仍然广泛存在。弗莱堡学派、芝加哥学派都试图增加经济知识的运用来减少分歧寻求更多共识,并且取得了一定的成效,但就目前而言,成效都还相对有限。反垄断领域在一些大的问题上的共识是存在的,比如共谋是有危害的、比如滥用市场支配地位的排他行为是有危害的,但在很多领域仍然存在分歧。总体上,竞争法系统尽量运用指南类文件、预先识别程序、专业人士的辅助等,帮助行为人更好地预期自己的行为在法律上可能的后果。我们不能认为反垄断领域,稳定行为预期的基础法律功能不存在,如任何经营者都知道卡特尔会被制裁,然而,必须承认,反垄断领域稳定行为预期的功能相对而言仍然较普通的形式理性法要弱一些。

第五章　竞争法诸功能的现实并存及其相互关联

第一节　竞争法功能与政治系统、法律系统、经济系统之关系

本研究依次探讨了竞争法的三种不同功能：政策功能、识别功能、稳定行为预期功能以及在竞争法实践中实现这三种功能的制度发展。出现这三种功能，实际上是基于竞争法所要面对的一种特定的社会历史语境：19 世纪末至今天人类世界社会经济等各方面的发展。在可以预见的未来，这种特定的历史语境：一种受国家调控（当然是有限度的）的市场经济，大概不会发生变化。人类历史上也出现过其他的经济社会形态，如 20 世纪社会主义国家的计划经济实践，在这种实践中没有产生过也不需要竞争法。经济学界不断有减少政府调控的倡议，但目前世界上，我们似乎也看不到成功的完全不受调控的市场经济实践。不同的经济体，市场化程度不一样，但或多或少都存在政治国家对经济系统的调控。因此，在实然层面，主要经济体目前的状况就是受国家调控的市场经济。国家调控经济的政策意图需要通

过法律的媒介来实施,因而竞争法有了政策功能;市场经济环境下竞争本身的存在以及市场经济对竞争的倡导,会使各种新竞争行为模式不断出现,因而竞争法少不了识别功能。至于稳定行为预期功能,是竞争法作为一种“法律”所必须具备的一种基础功能;如果竞争法完全放弃了对行为预期的保障,则竞争法会演变成一种纯粹的政策,这种可能不是没有,但至少目前,主流的竞争法学家、经济学家及相关决策者都不会支持这种倾向,其落实到制度层面的可能性非常低。

已经形式理性化的那部分竞争法,尤其是反不正当竞争领域内某些比较确定的规则体系,其实在功能形态上,已经很接近普通的形式理性法——民商法。而且,这些规则中有些规则的实施可以完全不依靠国家的行政执法系统,把这部分规则划入民商法立法体系中未尝不可。其实,反不正当竞争也一直是作为知识产权的一部分被一些国际条约调整的。最早的反不正当竞争规则,与商标法的产生有一定的同源性。然而,就总体而言,如果我们把调控竞争行为(而非普通商事交易行为)的规则视为一个整体的话,那么将反不正当竞争法放在竞争法这一框架下进行研究及知识传授,则更便利一些。新型不正当竞争行为还将不断出现,所谓“道高一尺,魔高一仗”,只要竞争存在,技术发展,这种新行为的涌现就会不可避免;而法律系统如要维系一个市场竞争系统的效率与公正,也不太可能预设这些新竞争行为都是合法的;要鼓励竞争维系竞争的活力,也不可能预设这些新竞争行为都是非法的。因而,在反不正当竞争法中,对新竞争行为的识别仍然将是一种不可或缺的功能。我国新修改的《反不正当竞争法》中仍然留下了政策干预的法律空间,尽管有学者对此持异议。总体上而言,政治国家系统对反不正当竞争行为的政策干预偏弱;反不正当竞争领域中政治国家在场的更大意义在于行政执法,对于某些不正当竞争行为,如不正当有奖销售、商业贿赂等,只能采取行政执法的规制模式。

在反垄断领域,目前形式理性化程度比较弱,而政策性因素比较强。如经营者集中的审批,至少在规则层面预留了太多政策权衡的空间。虽然笔者不认同政策功能是反垄断法唯一功能的说法，但是笔者认为政策功能仍然是反垄断的一项重要功能。至于识别功能，反垄断领域目前也是不可或缺的，尤其是更多法域的法实践由结构主义向行为主义转型后，大量的基于市场支配地位而为的与竞争有关的新行为将不断涌现，这时候的竞争法必须保持必要的识别机制。当然，反垄断法也有一些相对明确的规则，如不具有豁免情形的共谋违法，这种规则基本上可以给很多市场竞争主体提供足够的预期保障：在执法正常的情况下卡特尔行为会受到追究。因此，反垄断领域这三大功能都是存在的。

从系统功能的角度，稳定行为预期功能是所有法律都具备的一项基础功能；没有了这种功能的"法律"在现代法治话语背景下，将不能被称之为"法律"。政策功能某种程度上是担负着经济、法律、政治这三大系统沟通的功能，这种功能是双向的信息输入输出；其实质是使政治系统能够"合法地"介入调控经济系统。当然这种调控有可能是主动的政治系统为政治目的所为，也可能是政治系统因应经济系统之需的"被动"介入。识别功能涉及的是法律系统与经济系统之间的沟通，是单向的应经济系统之需，法律系统对于纠纷进行解决、并在可能的情况下生产出新的规则服务于经济系统在竞争状态下的正常运行。在这个过程中，包括纠纷、相关市场情况、相关专业意见在内的多种信息，从经济系统输入到法律系统，由法律系统加入法律信息后再进行整合，从而输出对相关行为的"合法—非法"识别代码，使得合法的行为受到保障，赋予非法行为符号层面的否定含义并在可能的情况下使其承担一定的法律上的不利后果。①

---

① 注意，在法律领域，尤其是民事法律领域，符号层面的否定后果不一定意味着相关主体要承担真正对其不利的法律后果。例如，判决某协议无效，是一种符号层面的否定，但对于协议的签订者而言，其承担的后果未必是不利的。

第二节 竞争法诸功能在现实运作中的关联

如上文所述,在上述三种功能之中,稳定行为预期功能是竞争法之所以能够具备“法律”资格的一种基础功能,丧失了该功能,则竞争法就不能被称为“法律”。这种情况下,现实中竞争法的运行,稳定行为预期的目标一直对其他功能相关的现实运作存在一定的制约。其他功能在受稳定行为预期功能制约的同时,亦对行为人的行为预期有一定程度的突破,具有功能上的独立性。

一、稳定行为预期功能对政策功能的制约

就政策功能而言,政策对行为预期的意义分为两种不同情况。

在第一种情况下,竞争法的实体规则并不明确或者精确到足以使市场主体形成稳定的行为预期,这种情况下,市场主体稳定而准确的行为预期本身就不存在。相关政策性文件的出台有可能是把某些相对模糊的规范具体化了,具体化为一系列可以更加有助于市场主体形成行为预期的规则。这种情况下,政策本身就是在帮助行为预期功能的形成、有助于稳定行为预期功能的实现;当然,在这种情况下,政策制定者往往也会将政策意图带到政策性文件中,通过具体化规则在法律系统中注入政策意图,进而帮助市场主体形成与政策意图一致的行为预期,从而影响经济系统的运行。诸多反垄断指南等政策性文件的出台往往就是这种情况。尤其是某领域最先出台的第一部指南,由于之前不存在类似的与之相悖的规则,其通常是有助于市场主体形成行为预期的。之后的指南性文件,也可能是将以往没有明确具体化的规定具体化为市场主体行为指南的规则,其同样是有助于市场主体形成更为准确的行为预期。

第二种情况是政策改变或者新出台政策性文件修改以往规则。这种情况下,政策的介入肯定会使原来的市场主体的预期得不到保障,政策功能的运用在一定程度上是与稳定行为预期的要求相悖的。需注意在这种情况下,政策功能的运用往往还是要受稳定行为预期功能一定的限制的。虽然竞争法在运行过程中,国家政策存在相当大的介入调整空间,然而,在一个相对正常的经济体中,这种政策的介入需要受限于保障商行为者乃至更多市场主体可能的预期,也即是,一般情况下,政策的介入,尤其是改变肯定会使某些主体的某些预期不能得到精确的保障,但是这种范围和程度不能过大,次数不能过多。在正常运行的经济体中,政策对预期的偏离不能过于激烈,使行为者无所适从。当然,这种预期不仅仅指既有实定法带来的预期,也包括商主体基于市场环境等法律规则之外的信息形成的预期。如果政策的出台一再使商主体出于“失望”或者无从预期的状态,则很可能引发经济系统的混乱乃至政治系统的合法性危机。从这个角度而言,在竞争法政策功能涉及的诸多机制中,包括信息搜集机制、决策机制、对政策的吸纳及贯彻机制,都在一定程度上服务于一个目标:使政策的出台更为符合相关行为人基于市场信息的预期,或者至少在行为人的预期受到挫折时使其更能接受这种改变,而非相反。收集信息使得政策制定者能够更好地了解市场的相关情况,使其至少是在了解(而非迎合)相关主体预期的基础上出台政策;理性的决策机制使市场主体可能的预期成为一个必要的考量因素;对于政策的吸纳与贯彻机制,则在更多情况下,使法律系统有了缓和政策改变造成的失望与既有期望之间的紧张的空间。在上述机制的约束下,政策与预期之间有可能出现一种动态的平衡;并且,在适应了政策的变动的基础上,市场主体有可能基于政策变动与出台这一事实,而非简单地基于既有实定法规则,形成基于政策变化动向的新的动态的预期。这种情况下,竞争法虽然由于政策的介入而在微观具体规则层面发生变动,使得行为主体基于静态规则形成的预期不断被突破,但在宏观层面上能够保持一种对制度本身有序、理性运行的信任,使行为主体仍然能够基于一种动态的环境变化适度地理性规划自己的行为,同时在面临预期不能实现时对政策变动保持必要的理解与忍耐。与此同时欧肯等持秩序自由主义立场的学者强调经济政策本身的稳定性,认为:"为了调动投资活动,经济政策的某种稳定性是必要的。没有这种稳定性,竞争秩序无法正常运转。"①这种主张同样可以理解为稳定行为预期功能对政策的一种限定。

总体而言,政策功能在现实中的运用有可能与稳定行为预期功能耦合,也有可能与稳定行为预期功能发生冲突,即便在政策行为突破预期的情况下,总体而言,政策功能的运用仍然要考虑市场主体的行为预期,因而需要受到稳定行为预期功能的制约。

二、稳定行为预期功能对识别功能的制约

就识别功能而言,与政策的出台往往有可能改变人们对行为的预期不同,在需要运用识别功能的时候,预期往往并不太确定(或者说比较弱),甚至有时候根本不存在。前文探讨了引发识别问题的三种不同的竞争法中的不确定情形:相关知识的不确定、政策变动导致的不确定、新竞争行为引发的不确定问题。知识的不确定性和新竞争行为的不确定性会引发法律系统对相关行为的合法性进行识别。政策的变动引发的不确定性,更多情况可通过将新政策具体化为新规则适用于既有行为模式而解决;如果新政策是明确明示的,则从变动后的政策中推演出新规则并基于这一规则形成新预期;如果政策不是明示的,或者政策本身不够明确,则有可能引发一定的识别问题。在知识的确定性出了问题、政策不够明确、竞争者创新了新的竞争行为的情

① 关于经济政策的稳定性要求,参见[德]瓦尔特·欧肯:《经济政策的原则》,李道斌等译,中国社会科学出版社 2014 年版,第 294 ~297 页。

况下，行为主体很难形成非常确定的预期，相关行为本身就存在一定的风险。在知识不确定的情况下，如某些纵向垄断行为，在有的法域立法中被视为非法、但被一些对执法实践有很大影响的主流学者认为合法；[①]这种情况下，行为者从事这种行为，就会面临一定的风险：执法机构有可能严格适用规则继续作出违法认定，也可能听取主流学者的意见作出合法判决。在美国等判例法国家，也会存在一种情况：按某些判例可能被视为合法的行为、按其他一些判例可能会被视为非法。这种知识的不确定性，本身使得行为预期不太确定、行为需要冒一定的风险。政策不够明确的情况下对政策的理解本身也是有风险的。对于新竞争行为，由于属于新的情况、新的行为模式，行为人与其他相关者在作出相关行为时，也往往并不存在准确地期望能得到更多保障的预期（有可能在弱的意义上存在一种初始期望），甚至明确预知法律风险的存在（法律风险的存在对于很多市场主体而言是明确的），而仅仅抱着试一试的态度。竞争的巨大利益使得很多行为人甘于冒这种风险。但需注意，无论在知识不确定引发的识别问题中，还是在新竞争行为出现引发的识别问题中，对于相关认知的形成以及最后识别的作出，行为人和其他市场主体往往并不是一个消极的看客与接受者，而是积极的参与者。在竞争法相关识别机制进行的识别过程中，行为人和利害关系人乃至更广范围内的意见可能会被带入识别过程中。因此，整个识别过程中，行为人和其他相关人的初始意见（这种意见不能视为有强烈的被保障诉求的预期，但可以视为一种弱的愿望）能够被表达、参与到识别过程中，并且在很多情况下能够影响识别结果；而识别过程中不同主体就争议问题进行交流、说服，使得相关主体在识别过程中根据其他意见和信息调整自己的预期、诉求，最后有可能在

---

① 芝加哥派的学者很多持这种立场。根据这一立场，虽然美国现实立法并没有废除对纵向限制的规制，但"20 世纪 80 年代对纵向限制等领域的反托拉斯执法几乎处在停滞状态"。叶卫平：《反垄断法价值问题研究》，北京大学出版社 2012 年版，第 87 页。

一定程度上使“行为预期得到保障—失望”之间的巨大分歧得到消弭或者缓和。在这个意义上而言，相关司法执法诸多程序的构建，依然可视为一种尽量保障行为预期（“尽量”意味着只是或大或小的程度的保障，而非完全保障）的努力。例如，预先的识别程序意味着行为人可以预先请相关部门就可能的歧义作出明确化的认定，从而基于明确化的认定形成可被保障的预期；识别中的诸多参与程序、听证程序，使得行为人的初始愿望能够得到表达、调整。只是相对于普通法律的运行而言，这里的初始愿望本身不是准确或者确定的，只是某种基于前期知识的预期；这种初始愿望本身并不强烈期望能够得到保障（或者说这只是一种弱预期），行为主体本身意识到风险甚至极大风险的存在。因此，从整体上而言，在识别功能发挥作用时，一个理性的法律系统依然会通过各种制度的运行尽量使识别结果符合人们的初始愿望，或者在程序展开过程中有效地调整人们的预期，最终使识别结果和可能的预期（或者初始愿望）之间尽量调和、接近。从这个角度看，稳定行为预期的功能对识别功能同样有某种缩限和制约作用。

三、稳定行为预期功能制约下政策功能与识别功能的独立性

前文已然论及，就总体而言稳定行为预期无疑仍然是竞争法的常规、基础功能，并且在事实层面对政策功能、识别功能构成一定的约束，内在地限定了政策可能的范围，以及识别结果可能的范围。因为无论从外观上保持法律的确定性，还是从内在运行中对人们的行为预期都在尽可能的范围内给予保障，这对于法律系统的合法性仍然非常重要。只有在稳定行为预期的功能对政策功能、识别功能构成一种潜在的制约，使得政策、识别结果不过于偏离人们的大致预期时，竞争法才能在外观上保留一种法律的身份，从而保证对竞争领域的社会生活形成大致有序的调控，或者至少使相关人员相信有序的调控存在。

基于这种情况，非市场行为的参予者以及专业的竞争法研习者，很容易把竞争法等同于其他的普通法律，甚至将稳定行为预期理解为竞争法的唯一功能（如果该观察者采用了卢曼等学者对法律功能的理论的话）。

但政策功能、识别功能仍然是两项独立的功能，因为运用这两项功能时，要么意味着稳定的行为预期一定会在某种程度上被突破（尽管突破的范围在事实层面可能仍然受限，但规范层面并不存在这种要求），要么本身就不存在明确的清晰的行为预期（如前文所述，可能存在模糊含混的初始愿望）或者强烈的保障预期的诉求，因此，这种情况下竞争法运作都不可能仅仅是在稳定人们的行为预期。并且，需要强调的是，竞争法实践中与政策、识别有关的预期保障也与其他法律运行时稳定的行为预期有所不同：这种预期只是一种模糊的弱预期（行为人自己通常能意识到极大的法律风险），与规则保障的明确预期甚至信赖利益不可同日而语；这里的保障也只是一种可能的弱保障（只是提供了程序机会使行为人的意见可以表达、而不是由法律适用、制裁提供的保障），与规则适用保障的确定法律后果不可同日而语。因此，只能认为竞争法领域保障行为预期的功能能够一定程度上影响、制约政策功能、识别功能的现实运用，而不能认为稳定行为预期功能是竞争法的唯一功能。这一点，真正的竞争行为的参与者与竞争法实践的参与者会感受更深，因为他们将不断面对政策对预期的突破以及法律不确定情形下根本无法形成预期的情形；对于非竞争参与者，如果仅从外部旁观，则不一定能体会到这一点。

因而，就实然存在的经验事实而言，三种功能的并存乃是竞争法的一种常态。

四、政策功能与识别功能的关联

政策功能与识别功能，既有区别又有一定的联系。政策功能在某种意义上是本来行为人有明确的预期的情况下,政策的改变使行为人基于以往规则的预期不能实现。并且,政策的出台往往需要政策制定者对现实的市场环境有一个相对明确清醒的认识,也即,政策的制定者某种程度上是面对一个已知的世界。需要运用识别功能时,往往是既有知识不确定或者面临新问题的情况,这种情况下,行为人及相关者事实上对行为不太可能有较强的预期,甚至根本没有预期,对于识别者——执法、司法机构——而言,同样也面对的是新问题,这种情况下,相关主体——行为者、其他市场主体、识别者某种意义上都是在面对一个未知的世界。因此,识别功能与政策功能在面对的问题方面有巨大的区别。

政策功能与识别功能也存在某种程度的关联。政策变动时,往往涉及新变动的规则适用于原有行为模式的问题。这种情况下,如果新规则比较明确并且适用于既有行为模式相对妥当,则通常的教义学方法就能胜任;如果政策未明示或者不明确,或者新政策适用于原具体行为模式后果可能不太可欲时,则政策在个案中的贯彻实施有可能引发识别问题。同时,在对相关争议行为进行识别时,政策往往也会作为一种需要考量的信息。

第三节　竞争法诸功能与竞争秩序的建构与维护

格伯尔曾经将竞争法的作用概括为:“保护和植入竞争”,[1]并认

① 格伯尔探讨了法律的植入“功能”,参见[美]戴维·格伯尔:《全球竞争:法律、市场和全球化》,陈若鸿译,中国法制出版社 2012 年版,第 5 页。但无疑,他对功能这一概念的使用与本文的视角是不一致的。再次强调,不同学科不同作者可以在不尽相同的意义上使用“功能”这一概念。本研究沿袭了社会学功能理论的知识谱系运用这一概念,与有的作者并不一致。

为“竞争法有助于提高市场的效率,又可将市场植入社会”。[1] 这里强调了竞争法对竞争秩序的建构与维护。本书所探讨的竞争法的三个功能,作为一种现实的实然存在,在某种意义上与竞争秩序的建构与维护必然发生某种程度的关联。

稳定行为预期的功能对于建构与维护一个基础的竞争秩序是不可或缺的,因为有了稳定行为预期的功能,“市场行动者通常知道自己的行为受制于哪些法律标准,并可以大体评估违反这些标准的后果”。[2] 在某些法域,在竞争法提供一套基础的竞争规则开始规制原本大量存在的限制竞争行为、为市场主体提供了可以使预期得到保障的竞争行为标准时,竞争秩序就被建构起来。[3] 相应标准的执行保障了市场主体的行为预期,使竞争秩序得以维系。

然而,仅仅提供一套静态的标准,对于维护一个良好的竞争秩序是远远不够的。如上文所述,竞争本身会激励新竞争行为的不断涌现,而这些新竞争行为有可能对其他竞争者不公平从而破坏竞争秩序,甚至可能导致竞争走向自我消灭,这种情况下,竞争法为了维护一种良好的竞争秩序,需要始终保持一种对新竞争行为的动态的合法性识别机制,也就是本研究探讨的识别功能。

至于政策功能,通过各种政策尤其是竞争政策植入并影响经济系统,可以动态地植入新竞争规则,调整竞争的烈度,消除竞争的负面影响,使一个动态的竞争秩序能够得到更好的维系。

总之,竞争法的政策功能、识别功能、稳定行为预期功能的良好发挥,某种意义上对于维系一个良性的动态的竞争秩序,是不可或缺的。

---

① ［美］戴维·J. 格伯尔:《全球竞争:法律、市场和全球化》,陈若鸿译,中国法制出版社 2012 年版,第 5 页。

② ［美］戴维·J. 格伯尔:《全球竞争:法律、市场和全球化》,陈若鸿译,中国法制出版社 2012 年版,第 4 页。

③ 需注意,并不是每个法域的市场竞争都是通过竞争法植入的;事实上,传统计划经济以外的国家,或许更多的竞争秩序产生于竞争法诞生之前。

本章小结

本章进一步探讨了竞争法的三大功能与现代社会政治、经济、法律三大系统之间的关系。稳定行为预期功能是所有法律都具备的一项基础功能;没有这种功能的“法律”在现代法治话语背景下,将不能被称为“法律”。政策功能某种程度上是担负着经济、法律、政治这三大系统沟通的功能,这种功能是双向的信息输入输出,其实质是使政治系统能够“合法地”介入调控经济系统。识别功能涉及的是法律系统与经济系统之间的沟通,是单向的应经济系统之需,法律系统对于纠纷进行解决、并在可能的情况下生产出新的规则服务于经济系统在竞争状态下的正常运行。这三种功能中,稳定行为预期功能作为一项基础功能,对政策功能与识别功能有一定的制约,无论是政策的制度与贯彻实施,还是对新型竞争行为的识别,都不能完全不考虑市场主体基于现实情况可能的预期或者初始预判。但是从预期的保障程度角度而言,识别功能与政策功能只是需要考虑可能的预期而非必须给予预期更强的保障,市场主体预期仅仅是政策制定贯彻与新行为识别需要考虑的因素之一,因而这两种功能是不同于稳定行为预期的两种独立的功能。这三种功能共同参与市场竞争秩序的建构与维护。

第六章　功能视角下我国竞争法文本与实践审视

第一节　竞争法功能在我国竞争立法与实践中的体现

如前文所述，竞争法的三种功能是应现实特定语境所需产生的，是客观存在的，这一点无法回避。我国竞争法实践开始于20世纪末，这个时代我国开始了改革开放，开始了社会主义市场经济实践。改革开放乃至建设社会主义法治、建设社会主义市场经济的进程，某种意义上也可以理解为一个法律系统、经济系统逐步从社会中分化出来、尽量脱离政治系统更多干预的过程。进入21世纪以后，随着法律的职业化以及经济的市场化，可以认为我国其实在一定程度上实现了政治系统、法律系统、经济系统一定程度的分离。在这种语境中，我国竞争法实践中的三种功能也分别得到了不同程度的体现。

一、政策功能涉及的文本及制度

前文述及，改革开放乃至建设社会主义法治、建设社会主义市场经济的进程,某种意义上也可以理解为一个法律系统、经济系统逐步从社会中分化出来、尽量脱离政治系统更多干预的过程。在这个过程中,由于传统计划经济时代政治系统的强大,一方面法律系统、经济系统表现出对政治系统的高度警惕,另一方面又不得不时常借助政治系统的权威解决本系统的问题。某种意义上我国的竞争法正是诞生于这种语境。回顾我国竞争法立法史,一定程度上可以理解为政治系统通过竞争立法将"竞争"植入经济系统的市场之中,[①]并在一定程度上运用政治资源保障市场竞争的历史。

在上述背景之下,竞争法的政策功能在我国现时语境中的存在就不难理解了。我国《反不正当竞争法》第 3 条第 2 款规定"国务院建立反不正当竞争工作协调机制,研究决定反不正当竞争重大政策,协调处理维护市场竞争秩序的重大问题",《反垄断法》第 12 条第 1 款规定:"国务院设立反垄断委员会,负责组织、协调、指导反垄断工作,履行下列职责:(一)研究拟订有关竞争政策;(二)组织调查、评估市场总体竞争状况,发布评估报告;(三)制定、发布反垄断指南;(四)协调反垄断行政执法工作;(五)国务院规定的其他职责。"这两条规定从国家实定法层面保障了我国相关机构制定政策的功能。在此基础上,我国出台大量的指南类文件,这些文件往往在具体的实体规则中贯彻了大量的政策意图。

二、识别功能涉及的文本及制度

虽然开始竞争法实践的时间不长,但是我国遇上了一个非常特殊的实践段,这个时间段,一方面我国经济飞速发展,新经济现象层出不穷;另一方面互联网等新技术开始大规模介入社会经济生活,为商业

① 格伯尔即强调了法律对于竞争的植入。参见[美]戴维·J. 格伯尔:《全球竞争:法律、市场和全球化》,陈若鸿译,中国法制出版社 2012 年版,第 5 页。

领域带来了翻天覆地的变化。因此，关于互联网上新型竞争的识别问题成为我国法律实务部门和理论界持续关注的热点问题，并且出现了与新商业模式有关的诉讼，如“优酷诉金山”案①等。现实中，我国新修改的《反不正当竞争法》第12条第2款规定：“经营者不得利用技术手段，通过影响用户选择或者其他方式，实施下列妨碍、破坏其他经营者合法提供的网络产品或者服务正常运行的行为：（一）未经其他经营者同意，在其合法提供的网络产品或者服务中，插入链接、强制进行目标跳转；（二）误导、欺骗、强迫用户修改、关闭、卸载其他经营者合法提供的网络产品或者服务；（三）恶意对其他经营者合法提供的网络产品或者服务实施不兼容；（四）其他妨碍、破坏其他经营者合法提供的网络产品或者服务正常运行的行为。”这一款的前三项可以视为对我国及其他法域对新型竞争行为识别成果的吸纳，第四项在实体规则方面保留了对未来可能出现的新竞争行为的识别空间。

相对比较有争议的是我国《反不正当竞争法》第2条第2款“本法所称的不正当竞争行为，是指经营者在生产经营活动中，违反本法规定，扰乱市场竞争秩序，损害其他经营者或者消费者的合法权益的行为”的规定。有论者认为该条款可以理解为一般条款。如果按照这种理解，则该调控在实体规则方面同样为新型竞争对行为的识别预留了空间。但是也有论者认为，按文义该条款不能理解为一般条款，我国现行《反不正当竞争法》对不正当竞争行为的认定采取的是法定主义的界定方式。② 如按这种理解，则我国反不正当竞争法对新竞争行为的识别少了一个必要的规则空间。不过就司法实践而言，我国现实中

① 北京市海淀区人民法院民事判决书，（2013）海民初字第13155号。

② 相关探讨可参见孔祥俊：《反不正当竞争法的适用与完善》，法律出版社1998年版，第1～9页。

已有援引该条款识别新竞争行为的案例。①

总体上而言，可以认为，现实中我国竞争法的识别功能也是存在的。

三、稳定行为预期功能涉及的文本及制度

在竞争领域为市场主体提供并保障预期，一直是竞争法努力的一个方向。在我国的相关法律中，总体而言，实体性规则，尤其是逻辑结构比较明确、指涉行为模式相对具体的实体性规则，更主要地与稳定行为预期的功能相关。例如，《反不正当竞争法》第6条规定："经营者不得实施下列混淆行为，引人误认为是他人商品或者与他人存在特定联系：（一）擅自使用与他人有一定影响的商品名称、包装、装潢等相同或者近似的标识；……"该条款（规定了行为模式）加上第四章规定的法律责任（规定了民事、行政两种不同的法律后果），构成完整的规则。这种规则相对比较明确，明确禁止市场主体使用与他人有一定影响的商品名称、包装、装潢等相同或者近似的标识的行为。当然，在具体如何认定"有一定影响""近似"等环节，仍然需要依托共同体的认知进行解释。但总体上，市场主体预期大致是明确的。反不正当竞争法的其他一些条款与此类似，如商业秘密保护（第9条）、禁止商业诋毁（第11条），基本上明确了某类行为是违法的，如果市场主体从事该类行为，就有可能受到制裁（法律后果也规定在第4章中）。"有一定影响的商品名称、包装、装潢等相同或者近似的标识"的拥有者、商业秘密拥有者、商誉拥有者则可以预期自己的相关权益能够得到保障，并基于这种预期开展相关的市场活动。反垄断领域，某些相对明确的规则

① 如王跃文诉叶国军、王跃文（原名王立山）等著作权侵权、不正当纠纷一案，法院判决就依据《反不正当竞争法》第2条。参见田力普主编：《影响中国的100个知识产权案例》，知识产权出版社2009年版，第343~348页。

功能与此类似,如我国《反垄断法》第 17 条规定:"禁止具有竞争关系的经营者达成下列垄断协议:(一)固定或者变更商品价格;……"该条款在结合该法第 20 条进行体系解释,在排除第 20 条适用的情况下,可以认为规定的行为模式是明确的(相关法律后果规定在该法第 7 章)。有竞争关系的经营者在不具有第 20 条规定的豁免的情况下(当然,其实第 20 条中也隐含着某些未明示的、可进一步解释的因素),签订了固定商品价格的协议,就可能是违法的。这一条规则也是相对明确的。总体而言,《反不正当竞争法》与《反垄断法》中的部分实体规则条款,能够为市场主体提供一定的行为预期保障,从而实现稳定行为预期的功能。

另外,在《反垄断法》中,有些条款并不能给市场主体提供明确的预期保障,但是在一定程度上可以限定执法者的自由裁量权,从而给市场主体的预期提供一种弱保障。如《反垄断法》第 33 条规定:"审查经营者集中,应当考虑下列因素:(一)参与集中的经营者在相关市场的市场份额及其对市场的控制;(二)相关市场的市场集中度;(三)经营者集中对市场进入、技术进步的影响;(四)经营者集中对消费者和其他有关经营者的影响;(五)经营者集中对国民经济发展的影响;(六)国务院反垄断执法机构认为应当考虑的影响市场竞争的其他因素。"该规定从市场主体(包括合并参与者与其他竞争者)角度解读,无疑无法形成非常确定的预期;然而该规定通过对审查机构自由裁量权的缩限,使得市场主体有可能形成一种弱的预判,大致估计某次合并能否通过审查;如果结合具体审查机构可能的政策倾向,则这种估计会更为准确一些。

相关领域低位阶的法律渊源,往往能够对市场主体提供更为明确的行为指引,更有助于其形成可被保障的预期。如我国 1995 年工商总局出台的《关于禁止仿冒知名商品特有的名称、包装、装潢的不正当竞争行为的若干规定》,效力位阶仅属于部门规章,然而其第 4 条明确规定:"商品的名称、包装、装潢被他人擅自作相同或者近似使用,足以造成购买者误认的，该商品即可认定为知名商品。特有的商品名称、包装、装潢应当依照使用在先的原则予以认定。”第 5 条“对使用与知名商品近似的名称、包装、装潢，可以根据主要部分和整体印象相近，一般购买者施以普通注意力会发生误认等综合分析认定。一般购买者已经发生误认或者混淆的，可以认定为近似”等规定，都将一些相对抽象的规定具体化了，更具有可操作性；市场主体可以根据这些规定形成更为准确的预期，明确自己的权益范围和行为边界。类似低位阶的立法文件、指南以及指导性案例等，往往能起到类似作用，帮助市场主体更好地形成预期、保障预期。

除了实体规则以外，总体而言，程序性规则在一定程度上有助于相关主体寻求救济，同样有助于预期的保障，只是这些规则与行为预期保障的关联相对间接一些。

总体而言，可以认为，我国通过 20 多年的立法努力，已经在市场竞争领域能够为相关主体提供必要的行为预期保障。

第二节　竞争法功能视角下对相关理论争议的审视

目前我国竞争法学界较多从规范意义上探讨竞争法应该做什么，提出了诸多建设性意见，笔者认同这种探讨的重要意义不可忽视。然而，“能”做什么某种意义上是以“可以”做什么为基础的。前文经过观察、描述性的研究，总结出竞争法三种功能在现实中的客观存在，这种客观存在，对于某些规范性、建构性的理论言说可能的效果有可能构成一定程度的限定。因此，明晰现实功能“是”什么，有助于澄清相关理论争议。下文将尝试探讨本研究总结的竞争法的实然功能，①对竞争法学界乃至经济法学界几种理论争议予以澄清。

① 如前文所述，严格意义上，本书的理论或许仍然只是提出了一种可能的“假说”。

一、教义学方法在竞争法中的引入问题

教义学方法与社科方法的纷争曾经是我国法理学界争论的热点问题，多有论著进行探讨。[①] 教义学方法是以实在法“为出发点开展体系化与解释工作的规范科学”，[②]是一种基础的法律方法。然而我国，目前多有学者主张在法学研究中更多采用社科方法，这两种方法论的争议一定程度上必将辐射到竞争法领域。

事实上，竞争法学界多有学者已经大量运用经济分析等典型的社科方法开展相应研究，但也有论者建议在竞争法实践中强化教义学的方法，如朱战威博士认为：“反垄断法面临着如何涵摄案件事实的教义学建构问题。”[③]王烈琦认为竞争法知识“需要以教义学的视角与方法重构”。[④] 如上文所述，教义学方法是以实在法“为出发点开展体系化与解释工作的规范科学”，[⑤]就这个角度而言，竞争法政策功能、识别功能的存在，将在一定程度上限定竞争法领域引入教义学方法的空间。在探讨识别功能时，本书着重介绍了经济分析方法的引入对于识别的意义，经济分析方法属于一种典型的社科方法；政策领域涉及的政策科学问题更不太可能通过教义学方法解决。因而，竞争法领域由于政策功能、识别功能的存在，或许只能更多运社科方法，而有限度地

---

① 比较好的梳理可参见谢海定：《法学研究进路的分化与合作——基于社科法学与法教义学的考察》，载《法商研究》2014 年第 5 期，第 87 ~ 94 页；李晟：《实践视角下的社科法学：以法教义学为对照》，载《法商研究》2014 年第 5 期，第 81 ~ 86 页。

② 白斌：《论法教义学：源流、特征及其功能》，载《环球法律评论》2010 年第 3 期，第 5 ~ 17 页。

③ 朱战威：《反垄断法中经济分析运用问题研究》，西南政法大学 2017 年博士论文，第 8 页。

④ 王烈琦：《论经济法的知识特征与经济法教学体系的重构》，载《法学教育研究》第 13 卷，法律出版社 2015 年版，第 107 ~ 119 页。

⑤ 白斌：《论法教义学：源流、特征及其功能》，载《环球法律评论》2010 年第 3 期，第 5 ~ 17 页。

运用教义学方法。

二、私人执行问题

如前文所述，所谓的“私人执行”，在我国实践中称之为民事救济或者民事诉讼更为准确。目前，我国多有论者主张在反垄断领域更多引入“私人执行”机制，[①]王晓晔等学者认为“推进私人执法是反垄断执法的潮流”，并且探讨了改善我国反垄断私人执法的前景。[②] 唐艳等学者探讨了不同类型的民事诉讼在反垄断执法中的意义，认为独立的民事诉讼面临较大的困境，而以寻求经济补偿为目标的后继民事诉讼或许更具有可推广性。[③]

从竞争法的政策功能与识别功能而言，如果我们意识到竞争法将大量承担国家政策对经济系统的调控任务，以及竞争法将大量面临新型竞争的识别问题时，或许就有必要重新审视“私人执行”或者独立民事诉讼在反垄断执法中可能遇到的问题。美国以外各国的民事法院都尽量保持一种对政治决策的独立性，尽量不介入政策事宜，这种情况下，在反垄断案件的处理中贯彻政策意图，反而会加大民事法院系统的负担。就识别功能而言，前文也已述及，美国以外的法域中，对于识别而言行政程序相比民事司法程序有一定的优势。这种情况下，对于需要贯彻政策意图的案件或者需要进行识别的新型竞争行为，是否要将其交付给民事法院通过民事诉讼程序解决，是一个需要进一步探讨反思的问题。

---

① 王建等学者即持这种观点，参见王健：《反垄断法的私人执行——基本原理与外国法制》，法律出版社 2008 年版。

② 参见王晓晔：《反垄断法》，法律出版社 2011 年版，第 350 ~ 355 页。

③ 参见唐艳、王烈琦：《惩罚性赔偿在反垄断民事救济中的适用范围探讨》，载《经济法论坛》2013 年第 2 期，第 93 ~ 100 页。

三、经济法的形式理性化与实质化问题

经济法学领域，曾经发生过岳彩申老师关于"经济法形式理性优先"的理论主张[①]与叶明老师经济法实质化观点的著名学术争鸣。[②]应该说，两位老师都基于自己深厚的理论功底及理论洞察力，对相关论题都作了非常有价值的论述与探讨。竞争法是经济法重要的组成部分，本书对竞争法三种不同功能的概括与探讨，作为一种可能的理论资源，或许对上述争鸣及探讨有所助益。

就政策功能与识别功能而言，竞争法作为一种法律的实质化倾向是客观存在的；但竞争法依然具有稳定行为预期功能，并且稳定行为预期作为一种基础功能对政策功能与识别功能具有一定的制约作用，从这个角度而言，竞争法在宏观层面保持一定程度的形式理性的外观以维持市场主体对竞争法系统的基础信任，在微观层面存在不断将成熟规则形式理性化的努力，就这个角度而言，竞争法的形式理性亦是一个不能回避的论题。

当然，上文关于竞争法功能与以上学术争鸣关联的论述只是抛砖，提出一个粗浅的思路，尚存更多可商榷探讨之处。笔者非常尊重相关学者在上述论域的学术努力，而对上述学术问题进行进一步深入研究也非本文所能胜任，但意识到竞争法功能的客观存在，有助于厘清与竞争法相关的学术理念当是不争的事实。

---

① 岳老师的观点可参见岳彩申：《论经济法形式理性的优先性》，载《社会科学研究》2003 年第 5 期，第 78 ~ 83 页。与岳老师观点较近的一个系统阐释，可参见李昌麒主编：《经济法理念研究》，法律出版社 2009 年版，第 10 章，第 246 ~ 271 页。该章由岳老师撰写，再次系统阐述了岳老师的相关观点，标题即为："经济法形式理性优先性是实现经济法理念的重要保障"。

② 叶老师的观点可参见叶明：《经济法实质化研究》，法律出版社 2005 年版，第 65 ~ 139 页。

第三节 竞争法功能视角下我国竞争法律制度之完善

前文已论及,本研究将尽量贯彻“观察—描述—诠释”这种相对价值无涉的方法,试图揭示现存的社会现象,然后在充分理解现实的情况下有限度地探讨有可能的改进。某种意义上而言,将理论探讨最终落实到对中国实践的现实关怀,或许是在努力建成法治社会这一过程中一代中国学人不可回避的宿命。基于此,本书也将有限度地探讨竞争法功能理论对现实中国竞争法实践可能的改进。不过,在探讨这一问题时,本研究将明确以下两个基础立场。

其一,本书不预设现实的中国竞争法相对现时的中国社会环境与发展进程就是不好的或者落后于西语世界的,尽管这方面的学术探讨很多。前文已经阐明一点:一种法实践是优是劣很大程度上与这种法实践与所处的具体语境相关,同样的法律制度在某种环境下是有益的,但在其他的环境下有可能就是灾难。[1] 评价中国竞争法的实践亦离不开中国现时语境以及未来的发展目标,而今天的中国处于一种相对特殊的社会经济环境中。如中国是在坚持国有制经济为主导的前提下建设社会主义市场经济,[2]如中国经济的市场化仍然处在一个发展完善的过程中,等等。本书不评价今天中国的竞争法是否适应中国的国情,但需指出一点:进一步地建设市场经济、完备一个市场竞争体系是我国未来一段时间的努力方向,这一点当无争议。从这个角度而言,无论目前我国现在的竞争法是优是劣,未来可预见的发展方向是借鉴更多欧美西语世界成熟市场经济法域的经验;并且,我国竞争法

---

① 例如高福利政策在北欧国家和希腊等南欧国家的效果明显不同。

② 我国《宪法》第7条规定:“国有经济,即社会主义全民所有制经济,是国民经济中的主导力量。……”这一条明确了国有企业在我国市场经济中的地位。

的实践开展时间尚短,《反不正当竞争法》出台至今不过30余年,《反垄断法》出台的时间更短,难免尚有一些不成熟和需要进一步完善之处。从这个角度而言,依托从欧美诸多法市场经济成熟法域提炼总结出来的功能及实现机制,对我国竞争法实践提出规范性建议,是可行的。

其二,基于法学提出的制度建议只能是制度建设需考量的诸多因素之一种,尽管是非常重要的"之一"。严格来说立法关乎的是共同体生活方式的选择,[①]更大程度上是一个民主问题,法学研究者的知识强项或许在于说清楚法律事实是什么(这也正是本研究努力做的)而不是规定社会共同体必须做什么,[②]毕竟最后需要对更多制度后果负责的是社会共同体而非法学家。从这个角度而言,尽管本研究也将对中国竞争法实践提出规范性建议,但是这种规范性建议只是在本研究经验观察的基础上提出的,真正的制度建设与改进或许需要考虑更多不同视角的意见以及共同体的政治选择,这一点需要明确。

本节将以上述立场为基础,初步探讨实现功能方面我国的机制完善问题。

一、政策功能方面的机制完善

在政策功能方面,前文已述及我国立法中明确了政策介入的空

---

① 哈贝马斯运用商谈理论对这个问题进行过深度探讨,详见[德]哈贝马斯:《在事实与规范之间——关于法律和民主法治国的商谈理论》,童世骏译,生活·读书·新知三联书店2003年版,第144~163页。

② 这不是说法学家等专家的意见不重要,相反,在社会治理技术等方面,专家的意见非常重要,好的政治决断几乎离不开对专家意见的尊重。只是,必须明确的是,关涉共同体生活方式及命运的决策不能简单由专家意见代替。19世纪末20世纪初西方法学家曾有一个从立法者到阐释者的角色转变。当时的韦伯曾有过论断:法学"只对具体的法规或具体的解释方式是否可被视为有约束力作出判定。它并不回答这些法规是否一定应当创制的问题"。[德]马克斯·韦伯:《学术与政治》,冯克利译,生活·读书·新知三联书店2016年版,第36页。关于这个问题的探讨也可参见强世功:《法律的现代性剧场:哈特与富勒的论战》,法律出版社2006年版,第15页。

间,并且在实践层面已经出台了大量的政策性文件,如各种反垄断指南等。但是与其他法域相比,我国竞争法机制中,目前政策信息搜集、决策的机制等方面与某些竞争法实践成熟法域相比都还有差距。前文已经述及,在目前中国经济法律环境下,这种现象或许暂时还没有引发太大的负面后果,但是随着我国社会主义市场经济体制建设的发展与完善,出台政策的合理性以及政策本身的贯彻实施也可能都会凸显缺乏必要程序制度保障的问题。基于此,或许在未来的中国竞争法发展中,可以引入以下机制。

其一,建立更为完善的信息收集制度。除了国务院反垄断委员会"组织调查、评估市场总体竞争状况,发布评估报告"外,还可建立专门的竞争法执法评估机制,等等,更好地在政策决策中收集信息。当然,前文也已述及,各法域的信息收集制度并不完全相同,这方面我国需要的是结合国情进行更多探讨。

其二,完善政策决策与贯彻机制。这方面我国目前涉及的一个问题是竞争法政策制定及执法方面涉及的部门较为分散。这种情况下有可能导致不同部门出台相互矛盾的政策,或者在执法中不能很好地贯彻相关政策。对这个问题目前学术探讨较多。未来如何构建统一执法部门或者协调不同部门的政策与执行是我国完善我国竞争法机制的一个方向。[①]

其三,我国《反不正当竞争法》及《反垄断法》相关条文中都预留了很多政策考量的空间,如何出台细则或者构建规范的程序以保障政策权衡的妥当性,也是未来完善竞争法需要考量的。

---

① 欣喜的是,本书写作期间,第十三届全国人民代表大会第一次会议最新出台的《国务院机构改革方案》,已经将国家发改委、工商总局和商务部三部委下属反垄断职能以及国务院反垄断委员会办公室等职责整合,统一并入新组建的国家市场监督管理总局。参见刘旭:反垄断执法机构整合下一步人、事如何安排,http://www.wlz888.com/208489.html2018年3月13日发布,2018年3月14日访问。

二、识别功能方面的机制完善

如前文所述，我国在《反不正当竞争法》中，通过兜底条款为网络新型竞争行为预留了一定的识别空间，但是在整个《反不正当竞争法》中，并没有真正的一般条款，这对很可能出现的新型竞争行为，在一定程度上是存在隐患的。并且，我国在程序方面的有利于识别的制度构造比较欠缺，如尚无事先识别程序，等等。因此，为了应对未来更多的识别需求，我国未来的竞争法或可在以下方面有所改进。

（一）反不正当竞争法的机制完善

缺乏一般条款很可能限制我国反不正当竞争领域未来的识别空间，不能简单地认为目前对其他国家成熟规则的借鉴，就会使我国新型不正当竞争行为不会出现了，因此建议在《反不正当竞争法》中明确增加一般条款，为识别可能的新型竞争行为预留空间。

与此同时，我国《反不正当竞争法》赋予了行政机关较大的执法权，但是对相对人的抗辩权及意见表达机制，如说明理由、听证等程序性权利缺乏明确而完善的规定，虽然现实中也准用《行政处罚法》的相关制度，但毕竟缺乏针对性。这一点或许可以考虑进一步完善。

（二）反垄断法的机制完善

反垄断方面我国亦可完善有关识别的各项机制。

首先，可以借鉴美国等国的企业向有关部门请求顾问性意见的制度或者欧盟“违法否定”制度，从而引入更多的事先识别机制，方便市场主体更好地规划行为避免风险。

其次,可完善识别所需的各种程序,[1]如在执法中更多引入听证等多方参与程序,保障更多相关主体的意见及诉求得到表达。我国现在在价格执法等领域举行的听证较多,但是在反垄断方面,对听证在实践中的运用以及制度层面的保障规范,都有一定的提升空间。

再次,通过制度保障更多必要的识别信息源进入识别考量的过程,保证识别所需信息的充分性。新型竞争行为的合法性识别仅仅依托与传统的执法司法人员是很难完成的,识别过程中需引入经济学界、消费者、利益相关的竞争者、劳动者等多方面不同主体的意见,有助于识别结果更可被接受。这方面,我国可借鉴加拿大等国在相关部门的做法,同时在个案处理中可借鉴推广欧盟作广泛市场调查、征询竞争者、消费者、上下游商家意见的做法。

复次,在识别方法上,既要引入经济分析等新方法,又要考虑其可能的限度,[2]并且可以考虑适当引入法律商谈等机制。

最后,需要考虑对需要进行行为合法性识别的案件,民事诉讼与行政执法的配合。这种情况下或许采取行政程序先行进行违法性认定、民事诉讼审理后继赔偿问题的方式更适合我国。

三、稳定行为预期功能方面的机制完善

我国引入竞争法的时间较晚,其实,某种意义上,很多曾经的新型竞争行为,在其他法域已经被识别,可作为相对确定的规则直接引入我国的法律制度,尤其是反不正当竞争法领域。目前我国在竞争法中也确实引入了一些相对成熟的规则,总体上而言,我国实体规则相对

---

① 已有不少论者提出此类建议,如有论者建议我国完善反垄断立案调查前程序,参见黄勇、刘燕南:《欧盟反垄断案件立案调查前程序研究及对我国的启示》,载《价格理论与实践》2013 年第 6 期,第 24 ~ 26 页。

② 相关探讨参见朱战威:《反垄断法中经济分析运用问题研究》,西南政法大学 2017 年博士论文,第 170 ~ 200 页。

已经比较完善。但是在稳定行为预期方面,或许还有以下可改进之处。

其一,在政策介入和识别方面需增加从稳定行为预期角度的制度约束。构建减少政策随意性的机制。无论是政策制定者,还是个案裁决者,都需要考虑基于当时语境市场主体的合理预期,这种预期在多大程度上以及如何能够得到必要的保障。

其二,构建事先识别机制,方便市场主体形成预期并合规。这一方面可借鉴美国的请求顾问性意见制度或者欧盟"违法否定"制度,上文已然述及。

其三,增加政策层面的透明性,并适度总结披露执法动态、市场情况等信息,帮助市场主体更好地形成可被保障的预期。

如上文所述,总体而言,不能简单地认为我国现在的竞争法实践不理想、不适应现实社会的需要,笔者也不试图作这种评价;笔者只是认为,或许我们明确了竞争法的不同功能,针对不同功能有意识地进行制度改进,从而有助于这些功能的发挥与市场竞争环境的改善。因而,上文仅是基于对功能的认知对我国竞争法制度提出的建议,而要真正更好地完善竞争法制度,仅从功能角度考虑或许是不够的。对这个问题笔者不再展开,而是留给下一步在更多经验事实的基础上更为具体的探讨。

本章小结

本章首先实证考察了竞争法三大功能——政策功能、识别功能、稳定行为预期功能——在我国实定法中的体现。继而探讨了将竞争法功能理论引入我国现存的一些有争议的理论问题研究中,对相关理论争议可能的澄清以及对相关理论进一步深入探讨可能的助益。目前一些有争议的理论问题,诸如教义学方法在竞争法中的引入、私人执行的运用、经济法实质化与形式理性化的争议,或许都与对竞争法功能的认知有关。最后,探讨了我国竞争法未来的发展中,如何从功能更好实现的角度,借鉴竞争法实践相对成熟法域的制度及经验,如构建事前识别机制、更多运用听证程序、尊重更多主体的参与、引入更多决策信息源,等等,从而使竞争法更好地适应和服务于我国未来市场经济建设。

第七章 其他法律中的政策与识别

——竞争法功能可能的借鉴意义

其他部门法律中是否存在竞争法所面对的类似的特殊问题——不可避免的国家政策介入、新行为方式的不断产生？关于这个问题，回答是肯定的。其他的一些法律，如民法、经济法、刑法，在现实运行中都会遇到不同程度的政策介入问题，并且，也都会面临新行为方式的识别问题。在现代法律实践中，不同的法律也分别发展出了一些或成熟或还不算成熟的应对方式。当然，这些不同的法律中，出现上述政策介入、新行为方式的频率是不同的，需要的应对策略、技巧也是不同的，现实发展出来的处理对策也不尽相同，总体上，民法、刑法运用相关技巧，凸显的仍然是稳定行为预期的功能，保证了其“形式理性法”的地位。本章将探讨几种不同的法律，在应对政策介入以及新行为模式时的策略，在此基础上探讨两个问题：这些策略对竞争法有无借鉴的可能？竞争法已经发展出来的机制对这些法律有无借鉴的意义？

第一节　民法对政策的介入与新行为的识别

一、民法中的政策

通常而言,民法被认为是市民社会自治法,相对于政治国家保持一定的中立性。这一点,可以为不同法域数千年的经验事实所证明,同时也为19世纪的法治主义意识形态所佐证、体认。基于这一特殊的自我定位,近现代民法几乎有一种抵御国家政策介入的本能。因此,从总体上,民法对来自政治国家的"政策"是比较抵触的。这一点,从我国民法相关立法的变迁中即可观察到。

早期1986年的《民法通则》第6条规定:"民事活动必须遵守法律,法律没有规定的,应当遵守国家政策。"也即是,在20世纪80年代,国家政策还是我国民事司法领域中名正言顺的法源。一方面,与当时的计划经济环境相关,计划经济环境下,国家需要通过各种政策形式的计划,对经济的运行进行调节;另一方面,也与当时我国立法有限、规则供给不足有关。1986年的《民法通则》仅有100多条,很多领域的民事具体规则是阙如的,不足以应对比较复杂的社会实际问题,因此,相关规则不足时,需要有必要的替代裁判准据。另外,还有一个需要注意的社会背景,当时对民法学的认知,还局限于那个年代,总体上对于社会习惯对于民事法律的意义并没有系统的探讨、体认。上述原因使国家政策成为一种理论上的正当的法源。随着时代的发展,我国从计划经济时代步入市场经济时代。国家通过政策的形式干预经济体运行的必要性大为减少。同时,相关立法不断完善,我国相继制定了《合同法》《物权法》《侵权责任法》等民事基础法律,规则逐渐丰富起来。与此同时,法学届大量论著厘清了民法与国家、社会的关系,习惯的重要性被发掘出来。这种背景下,国家政策就既失去了作为法源的必要,也在一定程度上被民法视为异己,具体表现在立法中,就出现了《民法总则》第10条规定:"处理民事纠纷,应当依照法律;法律没有规定的,可以适用习惯,但是不得违背公序良俗。"这一规定直接取消了国家政策的法律渊源地位,以习惯作为补充法律渊源。之后2020年的《民法典》第10条再次体认、延续了这一规定。

但似乎不能就此认为从此民事法律中就不再有国家政策介入的可能。苏永钦曾论述过一种"通过私法的国家强制"。他认为,在今天我国台湾地区的"民法"中,第71条、第184条等条文为"特别民法"留下了通道,使得一些"管制法令摇身一变成为民事规范,私法自治的空间,包括法律行为和事实行为,实际上随着国家管制的强度的增减而上下调整"。[①] 从这个角度而言,民商法领域存在有限的国家政策介入的空间。

具体包括两种情形。其一,实体内容上导正自治的民事规定。这类规定"虽具有自治规范的外形","却与国家管制的理念不但不对立,反而有某种微妙的牵连","其功能只在籍助私人的执行,来实现管制的目的。以私益为诱因,来追求公益的实现"。苏氏举了我国台湾地区"公平交易法""水污染防治法""消费者保护法""土地法"的例子,来说明这种附有鲜明的政策目的的民事规范。这些民事规制往往设定"明确的管制对象或政策保护目标","其内容则明确偏向一方"。"故与其说是自治范围的扩大,实不如说这类法律的真正功能在于导向自治,和行政管制的精神反而比较接近,虽不是从市场失灵出发,但实质上否定了'理性经济人'或'自由意志'的假设,只在方法上没有选择行政管制而已。"[②]其二,程序上"强制自治"的民事规定。这种"对私法自治的修正,不在其实体权利义务关

① 苏永钦:《走入新世纪的私法自治》,中国政法大学出版社2002年版,第7页。

② 苏永钦:《走入新世纪的私法自治》,中国政法大学出版社2002年版,第13页。

系的调整，而在程序的强制，排除了私法自治原来涵蕴的‘不’交易自由”。[①] 苏氏举了我国台湾地区“公寓大厦管理条例”的大厦规约为例说明这种民事规定。[②]。

综观苏氏所论的含有政策目的的民事规则，可以认为，这里的政策，是相对稳定的、长期的，不同于我们在竞争法领域中探讨的那种通常为短期的、应对性的政策介入。在政策介入机制方面，则是通过立法或者特别立法，直接赋予一方当事人实体权利，或者在程序方面限制一方的自由，以实现管制目的。这种含有政策目标的民事规范，从外形方面仍旧符合民事规范的要求，而只是通过对具体权利义务的不同规定进行调整，使政策目标蕴含到当事人的权利义务分配之中，诱导着当事人基于利弊权衡而自觉地实现相关的政策目标。这种意义上的政策，是长期稳定的；在相当程度上，政策本身凝结了立法者的共识，并非仅仅来自政治系统的一种基于现时目标的考量；政策本身的介入，是通过高位阶、相对稳定的立法实现的。某种意义上，这种政策的介入不会影响民法的基本功能——稳定行为预期功能——的实现。

由于决策者以及政策形成的机制不同，并且政策的贯彻机制也不同，民法领域的政策贯彻问题，与竞争法领域的政策问题，并不相同。竞争法在政策功能方面形成的沟通政治系统与经济系统两大系统的具体沟通机制，并不能当然地运用到民法领域。然而，民法领域也存在这种沟通。民法领域里，一定程度上，存在一种政治系统基于各种考虑，可能是因应经济系统的需求（如考虑交易安全、降低交易成本等），更可能是与经济系统直接关联不大的社会政治目标（如保护弱者、保护环境等），而通过法律系统进行的干预。这种干预是通过私法的手段，即仍旧在私法自治的范围内，通过赋予当事人不同的权利、义

---

① 苏永钦：《走入新世纪的私法自治》，中国政法大学出版社2002年版，第13页。

② 参见苏永钦：《走入新世纪的私法自治》，中国政法大学出版社2002年版，第13页。

务,或者在程序上限制一方当事人的意思自治来实现。这种干预,是基于一种相对稳定的政策考量,更多情况下在立法体系(相当大程度实质上属于政治系统)内完成相关信息的沟通、决策,然后通过高位阶立法将相关诉求转译为形式理性法(民事规范)代码,整合进民事规则系统,通过改变民事行为者的预期,从而达到调整其行为之目的。

目前的竞争法领域,某种程度上也在借鉴这种调控机制,即通过赋予相关主体不同的民事权利义务来实现相关的政策目标。目前竞争法领域讨论颇多的"私人执行"(严格意义上讲,应该是民事诉讼)问题,其实就是呼吁用这种方法处理某些竞争法问题。就目前的法律实践而言,反不正当竞争领域事实上部分规则已经走向了形式理性化,这部分形式理性化的规则往往并不渗透非常规的、即时的、以应对某种情景为目标的政策意图。而反垄断法领域,美国以外的法域整体上而言,民事诉讼并不发达,这在一定程度上与形式理性化的规则并不利于政策意图的贯彻有关。即便美国的反垄断民事诉讼,总体上而言更多是行政执法之后的后继诉讼,着重于对违反者的进一步惩罚及对受害者的补偿。总体上而言,贯彻政策意图的意义较弱。

二、民事领域的新行为模式应对机制

至于民事领域是否存在新行为模式的介入问题,答案是肯定的。虽然总体上民事立法力求能涵盖整个社会的民事领域,但事实上,新的社会现象、行为方式层出不穷,往往超出了立法者当初构想的范围。对这种情况,民法实践中发展出几种处理方法:其一,在立法层面尽量抽象,使得相关用语能够涵盖到更多可能的情况;其二,在立法层面预留兜底条款,以应对新的可能出现的情况;其三,在方法上发展出一种解释技术与漏洞填补技术,使得新的问题能够在旧的法律框架内得到解决。

对于第一种方式,我国台湾地区学者苏永钦有一段论述:"民法的法典化,从罗马帝国的国法大全开始,就显示了惊人的超越体制特质”,“历经拜占庭式的统制经济、中古行会组织的手工业、乃至近代的国际贸易,重商主义和自由主义,在适用性上并无太大改变。继受罗马法而孕育于十九世纪的法国、德国和瑞士民法典,同样也在二十世纪出现的各种极端对立的社会体制下,成为民事立法的主要参考架构。从远东的日本、中国到近东的土耳其乃至南美的智利和非洲的伊索匹亚,从三十年代的苏联民法一直到九十年代的中国大陆民法,以其文化、历史和体制差异之大,对照与民法内容差异之小,更是令人叹为观止。”①根据苏氏的观察,发展至今,不同时代、法域民法的规则差异很小,这种差异很小的规则能够应对并适用于各种不同、丰富多彩的社会生活。这些规则之所以能应对截然不同的社会生活,原因在于从立法技术角度,这些规则已经非常抽象化、技术化,“正是民法这样高度精粹、技术性的语言,才有可能抽离于各种社会的生活条件和世界观,放之四海而皆准”。② 也即,民法通过多年来的技术维度的抽象,使之能够使用于更多的生活情景。当然,这种生活情景也包括某些立法者未曾预知的新出现的行为模式。应该说,苏氏的观察大致是准确的。然而有两个因素不能忽视。首先,民法的这种抽象规则并不是一蹴而就的,而是经过漫长的历史积淀,19 世纪在历史学派对民事习惯梳理的基础上,由潘德克吞学派提炼、抽象而来的。这种抽象的规则之所以能应对纷繁复杂的不同具体情况,原因在于这种抽象的基础本身是对民事生活的长期观察。并且,尽管各个法域各个时期不同,但是民事生活领域中的某些问题存在一定的同质性,可以被抽象的方法提炼出来,这是不同法域民法规则能够被抽象为类似规则的事实前提。其次,这种抽象的规则更大程度上是“裁判法”而非“行为法”,很多规则本身的行为模式部分并不当然地指向某一种具体的社

① 苏永钦:《走入新世纪的私法自治》,中国政法大学出版社 2002 年版,第 4 页。
② 苏永钦:《走入新世纪的私法自治》,中国政法大学出版社 2002 年版,第 5 页。

会生活行为,而是要通过法官的阐释,使抽象的规则在具体情景下的意义得以明晰,从而应对具体的社会生活中的行为。也即,这种规则在现实中的运行必须依靠专业的阐释人员。但无论如何,民事法律在立法端,通过尽量抽象的话语技术,预留了对新行为模式应对的阐释空间,再通过司法端司法人员的阐释技巧,使既有的抽象的规则能够涵摄新的行为类型,从而把全新的行为纳入旧的规则框架,并在法律上予以应对。例如,民事上的物,最初明显只限于看得见摸得着的有体物,然后,出现了看不见但能够感知到的电,再然后,出现了看不见也不能通过人体直接感知到的无线电频道等,这些都被相关的法技术纳入了物的范畴;又如,姓名权,最初指向的只是某人的法定姓名,但后来拓展到了笔名、艺名甚至译名,等等。这种方法不仅出现在法律实务中,亦影响到了法学研究。如近年来出现的新兴事物:虚拟财产,这原本是一个历史上的立法者不曾设想过的问题。我国的法律研究者,大多沿袭了从既有的民事物权理论出发探讨该事物的路径,理所当然地认为物权的相关原理甚至制度设计能够解决该新事物所带来的法律问题。

至于兜底条款,是很多法律在立法时为了应对立法者不曾设想到的情况,而采取的技术上的预留。如我国《民法典》第 39 条第 1 款规定:“有下列情形之一的,监护关系终止:……(四)人民法院认定监护关系终止的其他情形。”这种规定就属于典型的兜底条款,即立法时已经考虑到未来有可能出现立法时未考虑到的情形,因而将出现新情况的裁决权交予法院进行裁量。当然,这种裁量一般也需要在合理的范围内进行。这种兜底条款技术,为多数部门法采用,实乃法律对立法时不能考虑穷尽各种可能的通行做法,于此不再过多赘述。

关于第三种情况,则是司法过程中运用的方法。如前文所述,民法在实际运行中发展出了解释技术与漏洞填补技术。关于需要法律解释的情形,拉伦茨强调“规范环境的演变”是一种重要理由,①规范

---

① 参见[德]卡尔·拉伦茨:《法学方法论》,陈爱娥译,商务印书馆 2003 年版,第 255 页。

环境的演变,通常也即意味着出现了某种原先立法没有设想到的新情形。解释方法一般包括文义解释、体系解释、法意解释、目的解释。体系解释不太涉及新出现的情况,法意解释在中国司法实践中运用得有限,比较可能涉及不曾预想到的新情况的是文义解释和目的解释。在法律上,文义解释可以为扩张解释和缩限解释。如机动车的概念,在只有燃油车、自行车的时代,是相对清晰的。但是在电动车出现后,电动车以及何种电动车需要纳入机动车范畴,就是一个可以通过文义对"机动车"进行扩张或缩限解释的问题。如将两轮慢速部分依靠电源的电动车归入非机动车的行列,则是缩限解释;而将这种电动车纳入机动车行列,则可能是扩张解释。目的解释则是通过法律的目的对相应语词的含义作出说明,以便将扩张相关词语指涉的范围适用于新的情况。典型的如波斯纳举的例子,"美国国会有组建陆军与海军的权力",当时并没有空军这种军种,那么,当空军出现时,美国国会是否有权组建空军呢?这个时候就要通过目的解释来说明。

除了解释方法,拉伦茨还论述了"法官从事法的续造之方法"。他探讨了法律漏洞的填补,区分了开放的漏洞和隐藏的漏洞。"法律欠缺——依其目的本应包含之——适用规则是,即有'开放的'漏洞存在。"[①]"就此类事件,法律虽然含有得以适用的规则,唯该规则——在评价上并未虑及此类事件的特质,因此,依其意义及目的而言——对此类事件并不适宜,于此即有'隐藏的'漏洞存在。"[②]也即开放的漏洞是一种明显应该规定而未作规定的欠缺;隐藏的漏洞则是法律规制了某些事项,但理论上不适宜规制该事项的欠缺。这两种欠缺,都有可能是新行为方式介入问题。拉伦茨给的方案是,填补"开放的"漏洞,主要运用类推适用,或者用回归法律所保护的原则之方式行之。前者是寻求新行为与即有行为之间的类似点,来探讨可能的解决方案;后

① [德]卡尔·拉伦茨:《法学方法论》,陈爱娥译,商务印书馆2003年版,第254页。
② [德]卡尔·拉伦茨:《法学方法论》,陈爱娥译,商务印书馆2003年版,第254页。

者则是诉诸于运用法律原则来解决问题,这与德沃金的思路类似。至于隐藏的漏洞,其实是法律规定的过宽了,涵摄到新出现的行为模式,然而依据立法时本身的"可能的"考量,这种行为似乎不应该由该规则来规制。这种情况下,法官填补"漏洞"的方式就是透过目的论的限缩,也就是在文义解释时进行限制解释,把这种新行为模式排除在外。注意,无论是开放的漏洞还是隐藏的漏洞,在民事法律中,都是由法官单方面确认的,并不会涉及更大场域内的商谈、博弈。这里面,预设了一个能够通晓"哲学王式立法者"立法意图的"克拉赫利特式"的法官,能够发现并判断法律原本的意图是什么,并且根据这种原本的意图正确解决立法并未明文涉及的新的行为模式。通过类推、法律原则、目的论限缩等方法,从表面弥合了法律"漏洞",遮蔽了立法者并未设想到新行为方式出现这一事实,实现了德沃金意义上的整合性叙事。在这种行为中:"为漏洞填补者仍然认其为认识行为,而非意志决定。"[①]也即,法官似乎仍然不愿承认是自己的意志主导了相关漏洞的认定及弥补,试图将这种行为表现为对立法者及相关客观规律的遵从。尽管,"借此发现的法命题,其嗣后被适用的原因,不在于它是由有权立法者所制定,而是因法院认其'正确'而予适用"。[②]

拉伦茨还探讨了另外一种法的续造:"超越法律计划之外的法的续造。"他认为"此种法的续造虽然在'法律之外'(超越法律的规整),但仍在'法秩序之内'(其仍须坚守由整体法秩序及其根本的法律原则所划定的界限)"。[③] 具体而言,包括"鉴于法律交易上的需要从事之法的续造""鉴于'事物的本质'从事之法的续造""鉴于法伦理性原则从事之法的续造"。拉伦茨探讨了这种法的续造的界限:"在整体现行法秩序范围内,仅借特殊的法律性考虑不能发现答案;或者,涉及者

---

① [德]卡尔·拉伦茨:《法学方法论》,陈爱娥译,商务印书馆2003年版,第278页。
② [德]卡尔·拉伦茨:《法学方法论》,陈爱娥译,商务印书馆2003年版,第278页。
③ [德]卡尔·拉伦茨:《法学方法论》,陈爱娥译,商务印书馆2003年版,第287页。

主要是目的性考量;或者,于此须作详细的规整,而此仅能由立法者为之,因惟其拥有必要的资讯及正当权限。"[①]在此,拉伦茨大致预设了一个比"法律"宽泛的整体性的"法秩序",认为在这个范围内法官可以从事法律续造。超越这个范围的,应属立法者,而不能由法官创设规则了。

总体而言,无论法律解释也好,还是法律续造也好,事实上都可能成为应对新行为模式的理论乃至实践工具。这些工具运用的一个最大公约数前提是:相关行为能归入整体性的法秩序之内;而对于整体性法秩序的认定,则高度依赖于法官的个人判断。

上文总结的民法应对新行为模式的方法有:"在立法层面尽量抽象,使得相关用语能够涵盖更多可能的情况";"在立法层面预留兜底条款,以应对新的可能出现的情况";"在方法上发展出一种解释技术与漏洞填补技术,使得新的问题能够在旧的法律框架内得到解决。"前两项属于立法层面,第三项属于司法层面,其实,立法层面的抽象与兜底条款,与司法层面的解释与漏洞填补等技术运用,是相互呼应的。某种意义上,正是因为立法的高度抽象化与兜底条款的设置,才给了司法层面适当的解释与漏洞填补空间,使得立法时根本没有出现或者立法时并没有真正认真考虑、把握的新行为模式,有了通过司法中法律方法的运用而纳入既有法律体系并给出解决方案的可能。在这种"立法—司法"二维模式下,总体上仍然需要立法对法秩序范围的预设,某种意义上,即便不是通过判例(在大陆法系判例同样发挥着重要的辅助作用),而是通过对既有法律条文体系甚至是立法文件的梳理,仍然需要司法者构建一个德沃金意义上的整合性的法叙事以及以此为基础的法秩序,然后将新行为模式纳入其中。如果新行为模式仍然无法纳入,则超出"超越法律之法的续造的界限"了,法官亦无能为力。上述操作模式的好处,是事实上解决了新问题,然而又在表面上并没

① [德]卡尔·拉伦茨:《法学方法论》,陈爱娥译,商务印书馆2003年版,第298页。

有突破旧秩序,因而使得人们对法律秩序的期望仍旧没有落空,立法中没有考虑到的新问题,被司法人员巧妙地运用相应工具以旧问题的方式解决了。这种方法维系了立法哲学王的预设,维系了人们对一个稳定法律体系的信任,维系了人们对既有的稳定的法能够解决"一切"问题的预期,保留了人们对法治最基础的信任。但这种方式的缺陷是:对司法人员的"法律方法"能力提出了更高的要求。解决相应的问题,需要司法人员熟练掌握各种解释方法乃至相关的法律体系、法律原则及理论乃至立法文件。这个赫拉克勒斯式的法官不一定是孤独的,因为双方的律师也会参与其中。然而,律师的参与同样以熟练运用法律方法为前提。这种法律方法某种意义上是通过法律职业人的系统培训获得的,并且高度内在于法律系统,外在于法律系统之环境。这样运作的结果其实是把法律系统从社会中剥离除了——像卢曼所描述的那样,也像托伊布纳和很多中国法学家所期盼的那样。公众,可能是案件的当事人,或者潜在的案件当事人,或者潜在的利益相关者,被排除在外了,成为法律系统盲目的信众。法律系统因而成功地宰制了生活世界。

至少目前的中国,公众是否"愿意"像西语社会的公众那样成为法律系统的盲目信众,是存疑的。卢曼所描绘的西语世界的现实,是否就是中文世界甚至西语世界未来的应然?这至少是一个可以再讨论的问题。本书将在下章对这个问题进行深入讨论。本节所能得出的结论是:民法在运行中完全可能会遇到立法时未曾设想到的新行为模式,并且,民法也已发展出一套解决其中部分问题的方式(不要忘记,拉伦茨提醒我们有些问题会超出法律续造之限度),并且,这种方式与竞争法发展出的识别方式是不同的。竞争法发展出的识别模式,首先在前提方面是承认新行为模式的存在;其次,程序是开放的,兼容行政与司法,使更多的利益相关者可以参与进来;最后,方法是多元的,不仅仅运用传统意义上的法教义学方法,而是引入更多社科法学的方法,并且趋向于给公众提供一个理性话语表达机制的商谈空间。总体而言,竞争法确立的识别模式是一个涉及政治、经济、法律三个系统沟通的模式,当然,其中法律系统发挥着重要的作用,但是政治系统、经济系统的信息能够通过有关机制有效纳入。传统民法领域,首先在前提方法上尽量否认新行为模式的可能,维系一个既有完美法秩序的预设;其次,程序上局限在民事诉讼程序中,是封闭的,参与者只有法官和当事人及其律师,甚至只是法官和当事人的律师;最后,方法上主要是解释、续造等法教义学方法,话语运用局限于通过法律职业训练才能掌握的一套话语。总体而言,传统民法面对新行为模式是以法律系统为主、尽量采用法律系统话语予以解决的方式,尽管存在卢曼意义上系统认知的开放,但是这种认知的开放是以法律系统自身的运行是否顺畅为条件的开放,是对其他信息包括经济信息、社会信息,由法律系统单方独自决定是否引入的一种机制。

某种意义上,在面对新行为模式方面,传统的民法代表着传统的法治模式,也即形式理性法模式,与这种形式理性法对应的是一种法律系统的高度自治;竞争法代表着异于传统形式理性法的一种新模式,在这种模式中法律系统承担了更多的沟通功能。在部分已经步向形式理性化的竞争法,尤其是反不正当竞争法领域,传统的民法方式有一定的借鉴作用。在形式理性化程度极低的反垄断法领域,这种借鉴意义不大。相反,民法领域是否要借鉴竞争法的模式,则是一个需要更加深入探讨的问题:这个问题将关系到我们对现代法治的理解与预期。是维系一个专业运行、看似封闭自洽、用专业话语遮蔽新行为方式涌现的法律系统,还是更大程度承认法律运行的开放性,承认法律动态运行中会出现新的行为模式,而在解决新问题时给予社会公众及相关利益更多的参与度、并引入更多的话语资源?这是我们看待竞争法在实践中形成的识别方法对于传统有无借鉴意义的核心。这种借鉴的优势是:可能在广泛商谈的基础上突破既往的藩篱找到更优的解决方案。这种借鉴的可能的劣势是:由于引入更多的参与者、更开放的程序以及更丰富的方法,成本可能更高,并且传统法治所承诺的保障人们预期的范围将缩小。

第二节　知识产权法中的政策与识别

一、知识产权的特殊性——与政策之关联

通常认为,知识产权法乃是民法的一个子部门法,目前我国学界在“知识产权”是私权这一话语下,有着很强的动力将知识产权更好地融入民法体系,有民法学者从对物权的高度,抽象出了知识产权与物权有共同的属性。[①] 知识产权学界也有诸多努力试图使知识产权更好地“民法化”,得到类似于物权一样的社会认同和民法保护。在这种背景下,知识产权法与普通民法的重大差异很容易被忽视。尽管当代的知识产权法,在教义学层面与民法共享相当多的术语、概念,并且,按照主流的公私法划分方法,知识产权属于私法无疑,甚至,知识产权学界一度有着非常高的将知识产权写入民法典的呼声,[②]然而,我们仍然需要注意到,知识产权法与民法存在重大的不同。[③] 这种不同来源于历史,更体现在今日知识产权对国际创新驱动战略、在国际博弈中所

---

① 例如,尹田老师认为:“知识产权法和其他无形产权法与规范有形财产归属关系的物权法并无本质区别。”尹田:《物权法理论评析与思考》,中国人民大学出版社2004年版,第22页。

② 例如,刘春田老师就强调将知识产权纳入民法典的重要性,参见刘春田:《我国〈民法典〉设立知识产权编的合理性》,载《知识产权》2018年第9期,第81~92页。持类似观点的还有吴汉东老师(《知识产权应在未来民法典中独立成编》,载《知识产权》2016年第12期,第3~7页)、王迁老师(《将知识产权法纳入民法典的思考》,载《知识产权》2015年第10期,第16~19页)等大批学者。

③ 例如,强世功认为:“当涉及国家的产业政策时,知识产权的法律就不再是一个简简单单的民法或者其他法律的问题。”强世功等:《知识产权与法律移植》,载《读书》2004年第8期,第3~12页。

扮演的角色以及与之有关的相关特征。知识产业与普通民法的以下三点不同,是值得关注的。

(一)知识产权的建构性

从历史的产生来看,知识产权法相较于普通民法,具有更强的国家建构性。在探讨这个问题之前,需要对普通民法的非建构性作一个必要的澄清。今天我们看到的高度抽象化、体系化的民事规则,无疑是法律人经过建构性努力以及政治国家运用国家权力立法的结果。然而,必须注意的是,这种法学层面以及国家立法的"建构",在一定程度上更多只是完成了民法法技术的提升,而不是对民事基础规则的全面创设和改写。民事基础规则的形成,某种程度上是哈耶克意义上的自生自发秩序的发展过程,基础的权属规则、基础的契约规则、基础的侵权规则,更大程度上是各民族民事生活实践的结晶,[①]通常并非某人或某机构在一个特点时间点主动建构的成果。法典化、概念化、抽象化完成的只不过是对基础民事规范的技术加工,使其在表述上更精准、更具内在一致性、更体系化。多数的民事生活实践是早于民事立法的,多数的生活中民事规则的形成也是远远早于政治国家民事立法的;在某些民事立法或者民事司法缺位的地区,民事生活依旧可能正常有序地进行。如前文所述,潘德克吞体系的提炼某种程度上是以历史法学派对现实规则的把握为基础的。某种意义上,民事立法中国家扮演的角色在更多的情况下更偏向于一个精准的、技术化的规则陈述者,而非底层基础规则的创设者。但知识产权的产生(这里主要指专利权与著作权,相比之下,商标法比较特殊,商标法的产生有一定的自生自发性,人类的商标活动实践早于商标法本身,而最初商标法的产生与民法中的侵权行为法有关),并没有这样一个民间自生自发形成

① 我国台湾地区学者苏永钦认为:"民事规范最特别的,是绝大部分源于人们自己的创造。"苏永钦:《走入新世纪的私法自治》,中国政法大学出版社 2002 年版,第 15 页。

的过程。从一开始,知识产权就是一种来自政治国家的立法建构。早期的知识产权立法,典型的如早期威尼斯的《专利法》,英国的《垄断法案》,英国的《安妮法》,都是政治国家基于政策考虑立法建构的结果。之前,相应的法域,并没有用垄断权这种方法保护创新成果的民间自生规则。西欧政治国家时不时有用授予特许权的方式保护相关发明的举措,但这是政治国家的政策行为,而非民间的自生秩序。之后的各法域,也基本都是有了国家的知识产权立法,才有了民间的知识产权实践。需要注意,商标除外。商标被纳入知识产权与其说是其与专利、著作权本质的同一,毋宁说是相关机构整合的结果。知识产权不同于很多法学概念,其并没有一个单一本质,更接近于维特根斯特意义上的家族相似性概念。[①] 本书在此探讨的知识产权主要指专利、著作权,并不包括商标权。下文亦同。也即,相对于普通民法,知识产权有着很强的国家建构性;国家作为实质规制的创造主体(不仅仅是形式上的立法主体)对于知识产权而言是不可或缺的。

(二)知识产权的政策性

知识产权的政策性是与知识产权的建构性相关的。同样对比普通民事法律,如前文所述,在民事法律领域里来自国家的政策通常不是一个重要因素,甚至是一个需要回避的因素。因为民事生活领域,通常被认为是一个市民社会自治的领域,政治国家需要尽量少地干预人们的民事行为。基于私法自治的原则,民事纠纷不发生时,根本无需诉诸政治国家。[②] 如上文所述,我国早期的《民法通则》中,曾经将

---

① 拙著"论作为家族相似性概念的知识产权"(未刊稿)从知识产权概念形成的角度专门探讨了这个问题。李雨峰教授的相关论文亦涉及了这一论题。参见李雨峰:《知识产权制度设计的省思——以保护对象的属性和利用方式为逻辑起点》,载《当代法学》2020 年第 5 期,第 60 ~ 71 页。

② 关于民事法律的这一重要特征,参见[日]美浓部达吉:《公法与私法》,黄冯明译,中国政法大学出版社 2003 年版,第 33 ~ 41 页。

国家政策作为一个民事法律的补充性法源,这是基于当时特殊的历史环境。到了制定《民法总则》时代,我国立法者不再将国家政策列为补充性法源,而代之以习惯。之后的《民法典》沿袭了这一做法。总之,我国民事立法中存在一个淡化国家政策、强调社会习惯的过程。这个过程其实与承认民事规制的自生自发是相适应的,因为民事习惯来自民间规制的发展而非国家的创设(如国家政策就是典型的国家创设);这个过程也是与市场经济的发展相适应的。市场经济条件下,需要国家在民事实践中保持一个中立的立场,民事主体按照自己的意愿自行按符合规则的方式进行民事行为,实现意思自治。国家也有干预经济生活的法律与政策,但这些法律政策一般被归入经济法部门中,经济法有着与民法不同的运行方式、不同的术语体系以及不同的学术研究范式。总之,在普通的民法领域,政策是被边缘化的。然而,知识产权领域中政策却有着不同的意义。首先,知识产权的起源,就与相关国家鼓励引进、研发技术的国家政策有关。英国《垄断法案》相关条文直接规定了"鼓励创新,促进技术的传播"的立法意图,《安妮法》的全称为《为鼓励知识创作授予作者及购买者就其已印刷成册的图书在一定时期内的权利的法》,美国《宪法》中,亦规定了"为促进科学和实用技艺的进步,对作家和发明家的著作和发明,在一定期限内给予权利保障"的政策意图。可以说,促进技术进步一开始就是相关立法的重要政策意图。其次,时至今日,知识产权领域内的政策性在事实层面一再被强调。世界各主要国家,包括我国在内,不断出台知识产权战略以及相关的政策性文件,[①]并在实践中运用知识产权立法、司法等实现相关的政策意图。如"英国知识产权委员会认为,无论怎样称呼知识产权,我们最好将它视作公共政策的一种手段,授予个人或机构一些

---

① 如我国2008年6月颁布实施的《国家知识产权战略纲要》,即对我国知识产权实践产生了重大影响,相关论述可参见李明德:《国家知识产权战略与知识产权法制建设》,载《西北大学学报(哲学社会科学版)》2018年第5期,第37~49页。

经济特权,以实现更大的公共利益,而这些特权只是一种目标实现手段,其本身并非目标”。[①] 吴汉东老师认为:“在近代社会,知识产权是欧美国家促进济发展,推动科技创新和文化繁荣的政策工具;在当代社会,知识产权成为创新型国家维系知识贸易优势,提高国际市场竞争力的政策支撑。在国内国际两个层面,知识产权制度都表现出其所具有的公共政策功能。”[②]必须注意的是,知识产权的政策性,并非仅仅体现于最初立法的阶段。在知识产权实施阶段,某种程度上依旧渗透着各种政策意图、政策考量。

(三)国家作为政策主体的在场

这里首先需要澄清一个问题:普通民事领域内国家的在场。如前文所述,当今社会,各国的民法几乎都由政治国家制定,并且在发生民事纠纷后,寻求政治国家的解决仍然是一种主要途径。然而,现实地考察民法的运作,我们能够发现私法自治乃是民法运作的核心理念。立法层面,政治国家某种意义上并不强调自己作为一个主体的存在,民事法律中作为民事主体的“国家”,与自然人、法人等民事主体是平等的,并不享有政治意义上的国家地位。民事立法,更大层面上是以国家权力为后盾,对现存民事规则的精准书写,这些规则中的国家意志性体现的是国家为市民社会、经济领域提供一个公平有序的民事环境,而非政治国家自身在民事领域内的利益诉求。民事实践层面,行为人通常依照自主意思完成各种民事行为,而不必诉诸国家的法律与国家的强制力。理论上,多数民事权利是可以放弃的、民事义务是可以协商解决的。只是在发生纠纷的情况下,人们才诉诸政治国家解决纠纷。并且,注意,这里的政治国家扮演的只是一个中立仲裁者的角

---

① 参见吴汉东:《中国知识产权法制建设的评价与反思》,载《中国法学》2009 年第 1 期,第 51 ~ 68 页。

② 参见吴汉东:《中国知识产权制度发展:法律、政策和文化》,载《中国发明与专利》2018 年第 8 期,第 6 ~ 12 页。

色,而通常不在解决纠纷过程中带入其本身的利益诉求。而且,民事纠纷的解决也可以由当事人协商不寻求政治国家的介入而诉诸于仲裁之类非官方机构。在涉及涉外民事纠纷时,甚至可以由当事人双方协商选择不同的准据法,而不必一定按照本国的实定法解决纠纷。综合以上情况,可以将普通民事领域内的国家,视为一种弱在场。也即,在私法自治的前提下,政治国家并不寻求主动介入民事纠纷,在民事纠纷中只能扮演一种消极的仲裁者角色,在更多情况下不能主动贯彻其意图。然而知识产权领域却不太一样。知识产权领域里,政治国家的在场与其担负着建构主体、政策主体的角色是密切相关的。一方面,知识产权制度本身就是政治国家主动的建构,这种制度的运行完全离不开政治国家的介入;另一方面,知识产权担负着政策工具的使命,其服务的主体正是政治国家。“知识产权法是一种社会政策工具,即政府以国家的名义,通过制度和政策安排对知识产权资源的创造、归属、利用以及管理等进行指导和规则。知识产权政策的基本功能,具有明确的目标取向。”①这即意味着,在知识产权领域里,政治国家不再是一个消极的规则陈述者与纠纷仲裁者,而是有其自身的意志与诉求。知识产权立法,需要考虑的不仅仅是这种立法的哲学上的正当性,②而是需要考虑这种立法对政治国家的真实意义何在,再具体一点,是要考虑本国的促进创新与产业发展乃至参与国际博弈的需要。因此,在国际分工中处于不同技术地位的国家,通常会采取不同的知识产权立法与保护政策;并且会结合本国的经济现实,对知识产权的不同领域进行不同的政策倾斜。这种各政治国家基于本国不同国情而主张采取的不同的知识产权政策,也成为国际上签订相关国际条约

① 参见吴汉东:《知识产权法律构造与移植的文化解释》,载《中国法学》2007 年第 6 期,第 49 ~ 61 页。

② 比利时哲学家佩雷尔曼区分了“政治上的正当性”与“哲学上的正当性”,哲学上的正当指向一种普遍有效的价值知识。参见[德]卡尔·拉伦茨:《法学方法论》,陈爱娥译,商务印书馆 2003 年版,第 53 页。

时各国进行博弈的焦点。

(四)知识产权的政策功能

上文探讨了知识产权与普通民法的三大不同:知识产权的国家建构性;知识产权领域的政策目标、作为政策主体的国家在场。这三点共同指向一个核心:知识产权实践在某种程度上是一种国家法政策的实施过程。从这个角度而言,知识产权知识与普通民法,尽管在表层共享很多术语、概念、规则,但是在深层次存在某些不同:知识产权知识的产生以及相应规则的设置、变更、运行,都不再是传统民法学意义上的教义问题,而需要将政治国家的政策目标作为一个重要考量因素,纳入相关知识的生成机制中。从这个角度而言,知识产权与竞争法有着更多的相似性。如前文所述:竞争法同样需要预设政治国家的强在场,从而有着政治国家的政策主张。

前文已述及,竞争法的政策功能涉及政治、经济、法律三大系统的沟通,实际上是一种政治系统通过法律系统干预经济系统的过程。那么,知识产权领域内是否也涉及这种系统间的沟通呢?回答是肯定的。鼓励创新的政策目标,其实指向的是经济系统的运行。但是,这种政策目的,并不一定单纯地,或者直接地作用于经济系统,事实上有可能指向科研系统、文教系统等与创新有关的系统。尽管最终的目标仍然往往是要和经济的发展相关联。

现实中,知识产权运行过程中的确有来自政治系统的政策调控,比如有各种不同形式的专利审查指南,又比如有不同时间段的国家知识产权战略,前者更偏技术性,后者更偏国家意志性。历史上,各国不同时间段运用不同的知识产权政策,促进本国的创新和经济发展的,并不少见。“日本学者提出对著作权的私权性进行淡化处理,使著作权制度内部向着私权独占与对价征收的双轨方向发展;美国学者探索在不同技术创新领域有差异地适用专利制度;澳大利亚学者主张强化公共领域保留制度,避免将知识产权变成一种将循环使用的公共信息变成私有垄断信息的工具。"[①]这些都无不体现出相关法域知识产权领域的政策诉求。我国相关学者亦同意知识产权作为政策工具这一主张。吴汉东老师认为,知识产权是实现公共政策的一种手段。[②] 张平老师认为:"知识产权制度本身不完全是一个法律的问题,它很大程度上还是一个政策的问题。"[③]冯晓青老师认为:"知识产权公共政策属于国家创新系统中的重要组成部分,也是国家创新政策的重要内容。"[④]

不过,虽然承认知识产权有政策功能,但总体上知识产权的政策性,相比于竞争法,还是比较弱的。我国学界更为强调知识的"私权"属性,更习惯用看待普通民事法律的方法看待知识产权,并且逐渐发展出了相对较为发达的知识产权教义学,并且在知识产权学术研究中大量援引教义学学术资源。总体上,知识产权政策的介入更多是在立法层面,赋予知识产权激励创新的功能;通过立法预设哪些创造能够获得知识产权的保护。在执法领域,如专利的授予等方面,各国会根据国情有不同的考量,因为专利的授予本身所需要的三性,事实上取决于人的主观判断。美国历史上曾经有过为了专利的通过,将专利审查员由专业科研人员置换为非专业人员的先例,以此在政策上促使更多的专利能够通过。[⑤] 事实上,相关执法政策肯定会影响创新激励乃至经济的运行。如在美国,相对低的专利审查政策使得专利丛林和专利蟑螂大量存在,对于专利持有企业比较友好,但对于制造企业非常

---

① 参见吴汉东:《知识产权法的制度创新本质与知识创新目标》,载《法学研究》2014年第3期,第95~108页。

② 参见吴汉东:《中国知识产权法制建设的评价与反思》,载《中国法学》2009年第1期,第51~68页。

③ 参见强世功等:《知识产权与法律移植》,载《读书》2004年第8期,第3~12页。

④ 参见冯晓青:《科技创新体制与我国知识产权公共政策的完善》,载《吉首大学学报(社会科学版)》2013年第3期,第53~57页。

⑤ 参见[澳]彼得·达沃豪斯:《知识的全球化管理》,邵科、张南译,知识产权出版社2013年版,第86页。

不友好,因为当代的科技产品中,想做到生产相对复杂的制造品而完全不侵犯即有专利权,难度是很大的。司法层面,则存在对知识产权的强保护弱保护问题。过强的保护有时会损害技术相对落后国家的利益,而过弱的保护又不利于激励创新。

总之,现实中在知识产权领域,政策性因素其实非常多,贯穿于立法、执法、司法各个层面。我国有很多学者意识到了知识产权的公共政策性。[①] 但是在具体政策机制的形成方面,目前似乎并没有真正发展出像竞争法一样发达的信息搜集、信息处理、政策意图贯穿机制。这一方面是因为知识产权学界对知识产权的政策性并没有真正达成共识,相当多的学者仍然主张知识产权是"私权"而抵御各种政策的介入;另一方面是知识产权政策的参与度确实没有竞争法高,虽然知识产权实践的时间更长,但确实没有发展出更为有效的及时沟通的政策机制的需要。总体上言,知识产权领域的政策,可以理解为政治系统对法律系统的一种有限的介入,试图以法律系统为工具完成某种政策目标。这种介入更多局限在立法领域和规则、标准制定领域。一旦立法完成、规则标准制定之后,政治系统就退居幕后,主要由法律系统自主地运行。在这种条件下,人们在一个相对稳定的法律系统下,形成了自己基于"私权"的预期,于是法律系统的运行回归到类似普通民法运行的相对封闭模式,并以此保障人们的行为预期。在现实的某些实践中,作为知识产权相关的当事人很可能意识不到政策曾经的存在,只是在遵循现行的法律。在有些层面,人们能意识到稳定化政策的存在,如专利审查标准等,但仍然可以在这种稳定政策(其实类似法律)的指引下形成自己的预期。

但是,这不意味着未来的知识产权政策水准一定会保持在今天

---

① 康添雄博士专门探讨了专利法的公共政策问题,他从公共政策角度论证了专利法可能"相对消亡",然而目前学界似乎对这一研究的重视程度不够。参见康添雄:《专利法的公共政策研究》,华中科技大学出版社 2019 年版。

这个水准。创新驱动等国家战略将对知识产权政策提出更高的需求。这种情况下，或许会对知识产权的政策的灵活性、多变性提出更高的要求，即便如此，知识产权领域的政策依然会相对稳定。但政策的制定、贯穿，以及信息反馈方面，适当借鉴竞争法领域相对成熟的政策机制，或许对知识产权更好地确定和实现政策目标是有益的。

二、知识产权法对新行为模式的应对方式

新行为模式的出现，在著作权法领域其实是非常频繁的。著作权的诸多权项，以及新作品类型的出现，等等，往往就是新行为模式带来的结果。不过，就传统而言，著作权领域，出现新的行为模式，往往是通过增加新的立法来解决的。在新法没有出台之前，人们对新事物的法律态度相对保守。这一点与传统民法是不太一样的。但是，也有现实中出现了新类型的纠纷而法官不得不予以解决的，如著名的索尼案。法官在解决这种纠纷时，方法论上往往不能仅仅限于传统的民法教义学了，而要考量更多的平衡因素。并且现实中，著作权对于新行为模式的立法也好、司法裁决也好，都极受相关利益主体博弈的影响。这种后果多少使得整个著作权显得有些破碎、凌乱。利益主体的利益诉求更多地影响法律实践，而普通民法所需要的底层基础的一以贯之的理论却似乎阙如，现有的教义学理论相对僵化，或者并不能有效指导实践。关于著作权的未来，莱斯格、费舍尔等学者提出了大胆地改革设想，[①]但似乎不太可能被学界接受。总体上，可以认为，由于元叙事的薄弱，无论是传统民法的教义学方法，还是竞争法提供的程序性机制，目前为止，对解决著作权法的难题似乎帮助都不大。这一

---

① 费舍尔提出了“一种可选的补偿体系”的建议。参见[美]威廉·W. 费舍尔：《说话算数——技术、法律以及娱乐的未来》，李旭译，上海三联书店2008年版。莱斯格提出了“免费文化”的概念。参见[美]劳伦斯·莱斯格：《免费文化》，王师译，中信出版社2009年版。

难题对人类的法治实践提出了一种新的挑战。现在著作权在操作中发展出一种方法,将一些难题归入"反不正当竞争法"类别,从反不正当竞争的角度寻求解决方案。这或许可以视为竞争法机制的一种有限的延续。这种情况下,首先承认了新出现的行为模式不是普通民法里面那种已经为现有法秩序所涵盖的行为,其次,并不试图用现有教义学解决相关问题,而是将之抛到竞争法领域。如前文所述,竞争法承认新行为模式的出现是"新"的问题,并发展出了诸多新的解决问题机制,也即识别机制,通过识别机制赋予了相关行为合法、非法的意义,从而使问题在一种超出即有法秩序范围的意义上得到解决。这也意味着,竞争法的识别功能是否是一种可欲的方向?

关于新的作品形式的认定,我国著作权法 2020 年的修改,将规定作品范围的第 3 条第 9 项,由原来的"法律、行政法规规定的其他作品"更改为"符合作品特征的其他智力成果"。注意,这是在中外立法中都罕见的规定,并且,在之前多稿的修改草案中都未出现。此次突然作此改动,不知道立法者以及背后推动者意欲为何。总体上,这一修改涉及新作品的认定这一著作权的核心问题。按照之前的方案,新型作品的认定权是交由立法、行政机构的,也就是交由政治系统完成。进行这种修改,在《著作权法》中直接规定"符合作品特征的其他智力成果"属于作品,也即将新出现的智力成果,只要"符合作品特征",就可由法官径行认定为新型的作品。这种规定,其实把是否"符合作品特征"的判断权交由法律系统,由法律系统依照前文论述的各种教义学方法,判断新出现的智力成果是否符合作品特征,是否可以纳入作品行列。理论上,行政机构对新出现的智力成果是否属于作品无权认定,而立法机构通过立法径行认定某种新智力成果是否属于作品,则会在实际适用解释法律时引发可能的混乱。因此,这种立法体例下,最终的判断权是其实在法官。这个过程中,基于民事法律运作不诉不理的原则,相当程度上,只有纠纷发生时,法院系统才有机会介入并认定新型智力成果是否为作品,这种情况下反而会使新智力成果是否属于作品的问题,在法律上出现一种高度的不确定性,直到发生司法争议并且由司法作出裁判以后。仅仅基于新《著作权法》第 3 条规定的“本法所称的作品,是指文学、艺术和科学领域内具有独创性并能以一定形式表现的智力成果”,能否给普通民事主体提供一定的行为预期,某种程度上是存疑的。因为这里面“文学、艺术和科学”“独创性”“智力成果”等关键术语都有解释的模糊地带。尤其是独创性这种术语,在英美法的“额头出汗”准则和大陆法的“小硬币准则”之间,本来就有分歧。在我国的具体语境中,本来就需要依靠一定的政策考量来确定。因此,这一规定虽然把新型智力成果的认定权交付给了法律系统,却不能给当事人带来合理的预期,至少在新法刚实施的一段时间内。并且,还需要注意一个问题,理论上,包括著作权在内的知识产权法的一个基本功能,也是政治承诺,是促进创新。新《著作权法》第 1 条仍然重申了这一政治承诺:“为保护文学、艺术和科学作品作者的著作权,以及与著作权有关的权益,鼓励有益于社会主义精神文明、物质文明建设的作品的创作和传播,促进社会主义文化和科学事业的发展与繁荣,根据宪法制定本法。”也即,仍然承认著作权在一定程度上是服务于某种促进社会进步政策目标的。新《著作权法》第 3 条第 9 项,则直接将“符合作品特征的其他智力成果”认定为作品,直接无视是否需要动用公共资源保护某种智力成果,乃是一个需要政策考量的事项。该条文问题多多,笔者于此不再深究,只是试图说明,这一条文的变动,其实取消了对新作品类型认定原本存在的认定机制:通过政治国家立法与行政,综合考量各方面情况后认定。将这一认定权回收到法律系统手中,在这种情况下,法律系统并没有办法给予行为者适当的预期保障,也无法在对共同体负责的层面有效地作出政策取舍,而只能更多依托教义学方法和法官个人的权衡对新社会现象进行认定。这其实一定程度上是剥夺了本属于政治系统的政策权力,而将之强行赋予法律系统,而法律系统在方法上、可调动资源方面等并没有充分的应对措施。法律系统保证行为预期的基本功能将受到挑战;法律系统亦将承担更大的负担,如果我们仍旧预设这个系统是需要对共同体负责的话。

总体而言,著作权法部分给予了借鉴竞争法的识别机制的通道(新行为模式认定方面),部分试图回避可能的识别任务与政策功能(新作品认定方面),而由法律系统解决相关问题。该法的最新修改出台不久,法律系统能否如愿担负起相关重任尚待观察。

第三节　财税法等经济法的子部门法

前文已经探讨过,经济法学领域,曾经发生过岳彩申老师关于"经济法形式理性优先"的理论主张与叶明老师经济法实质化观点的著名学术争鸣。这种理论争论其实显示了对于经济法的两种不同的态度:主张经济法回归主流法律体系,以及经济法学研究回归主流法学研究范式;承认经济法与普通主流民法的不同,探索新的经济法研究范式。事实上,竞争法本来就是经济法的子部门法,而且是重要的子部门法,本研究针对竞争法是以形式理性法的异己而出现、是与形式理性法不同的另外一种法律的论断,一定程度上已经试图说明:经济法至少某些组成部分是无法形式理性化的,需要用形式理性法之外的其他范式进行理解与运用。本部分,将试图考察经济法的另一个重要组成部分——财税法,来对这一问题进行更为深入的探讨。

一、财税法的政策功能

财税法一般被认为是经济法的一个子部门法,包括预算、财政、税收方面的实证法。也有论者提出了独立部门说、综合法律部门说等。[①]目前而言,学界的努力方向主要在于,“以财税法治化,将财政行为纳入规范化的轨道,保障和促进人权”。[②] 在财税立法方面,将有关财政活动的普遍规则制定为法律,通过年度财政预算的严格、规范的审批实现对国家机构财政收支行为的控制。在财政执法方面,国家应当在法律有明文规定时才能征收包括税费在内的财政收入,财政支出应公开、公平、透明,确保公民对国家重大财政事项的参与权。[③] 这种方向其实是强调财税行为应该由预先的立法确定,然而各种行为按照预定的法律运行,也即财税法定主义。这种理论预设了立法者和相关政府能够预知可能的公共财政需求,从而按照相关法律的程序提前确定税收和财政方案,并在一定程度上保证这种方案的稳定性。也即,一方面用预设的法律规制政府方面可能的“任意”行为,在为政府相关行为提供合法化证立的情况下,把政府行为置于预设的法律的审视之下;另一方面,约束政府的任意行为,从而给作为行政相对人的公众提供必要的预期保障。这一点,与民事领域的形式理性法虽然不尽相同,但是有类似之处,也即,尽量通过预设的规则保障人的行为预期。

有论者探讨了当代的财税法在事实层面存在两种从理想类型角度可以剖析的政策功能:公共财政功能和经济调控功能。[④]

所谓公共财政功能,是指财税法满足社会公共需求的功能。这种公共财政功能,基本上可以从三个层面展开:获得维系政府运作的基本费用,以使政府能够完成其国防、行政等基本职能;提供必要的公共服务等更为广泛的公共物品;福利维度的社会再分配。这三个层面可以认为在历史上是先后出现的,最初的财税法的基本职能是获得维系

---

① 参见廖益新、李刚、周刚志:《现代财税法学要论》,科学出版社 2007 年版,第 2 页。

② 参见刘剑文:《走向财税法治——信念与追求》,法律出版社 2009 年版,第 3 页。

③ 参见刘剑文:《走向财税法治——信念与追求》,法律出版社 2009 年版,第 3 页。

④ 参见王烈琦:《论现代财税法的双重政策功能》,载《经济法学评论》2015 年第 1 期,第 55 ~ 70 页。

一个守夜人——政府——的运作费用,而后拓展到提供更多的公共物品,再进展到现代福利国家的社会再分配。但现代社会,在成熟的法治国家中,上述三种公共财政职能通常并存于财税法之中。[①] 这种功能是财税法的基本功能,也是一个正常的政治体能够运作,其财税法方面必须具备的正常功能。这种功能体现的其实是政治体的一种意志,因而是一种政策功能。相比之下,财税法的另一种功能的政策性更强:经济调控功能,也即,运用财税政策对经济进行调控。

公共财政功能包括政府的收入与支出两个维度。政府的收入乃是为了满足支出之需要;而"从支出制度看,公共财政要求以公共需要定位财政支出","只有满足公共需要的事务,财政才应提供资金支持"。[②] 因此,公共财政政策需要一个对公共需求的总的认知作为前提,通过预算等相关制度将其纳入财政支出的考量维度;而"财政收入是政府为履行公共职能,满足公共服务要求的财政支出需要,依据一定的权力原则,通过国家筹措的所有货币资金的总和,一般包括:税收、规费、国有资产收益、公债以及罚没等其他形式收入"。[③] 也即,在财政法的公共财政功能里,对公共需求的认知是一个非常重要的维度;而财政收入的多少则一定程度上需受到公共需要多少之限制。在维系公共财政维度方面,财税法需要有一套相当完备的机制。首先,需要能够大致预判可能的公共支出。这里面涉及各级政府以及立法(在我国是人大)一套非常复杂的运作体系。通常而言,是政府预估预算之后立法机构进行审议,完成预算的过程。这里面涉及一个国家政治系统对自身的建设以及政治系统试图对社会生活干预的程度问题。

---

① 参见王烈琦:《论现代财税法的双重政策功能》,载《经济法学评论》2015 年第 1 期,第 55 ~ 70 页。

② 刘剑文:《公共财政与财税法律制度的构建》,载《政法论丛》2012 年第 1 期,第 23 ~ 29 页。

③ 刘剑文:《公共财政与财税法律制度的构建》,载《政法论丛》2012 年第 1 期,第 23 ~ 29 页。

无论是小政府,还是福利政府,本身的运营都是需要财政资金支持的,而大政府或者福利政府可能需要用更多的财政资金对社会进行更多的干预与投入。在这个过程中,总体上言法律系统本身的介入是比较弱的,或者说更多是提供一种合法性程序。更为关键的因素事实上是政治系统本身的运行需求。但是在比较强调福利的国家,国家对社会福利给予了权利化的保障,这种情况下,相关人员获得某种福利成为一种权利。在这个层面,法律系统需要为相关权利的正当化进行论证,并且为保障相关福利的公平性提供必要的话语支持。同时,保障相关权利人能够依法获得其应得的福利,这个维度法律系统的介入比较深一些。其次,需要能够大致预判可能的公共收入,以及对公共收入的来源进行合理分配,即合理分配税源。这需要政治系统更强的对社会经济的认知能力。这一过程中,总体上而言,法律的介入度同样不高,更为决定性意义的因素仍然是政治系统本身的能力问题,尤其是政治系统对经济系统运行状况的实际情况的掌握。然而,亦有论者主张法律系统对这方面应当更多介入,以保证税收的"公正性"。目前财税法作为一个学科,整体上是在推动这个过程。总体而言,政治系统完成预算以及相关税源的确定、税率的分配,以及政府内诸多涉及财税的行为,需要依据相应的法律运行、遵守相应的法律程序。这些过程中,法律系统除了程序保障、规则之外,其他方面的介入度并不高,相关工作人员并不一定需要接受法律系统的培训、不需要使用完全专业化的内在于法律系统的法律话语,只是在一定程度上在合法性方面接受法律系统的审查。因而,总体上是一种政治系统的相对自主的运作。在涉及具体的税收征管问题时,法律的介入度要相对高一些,主要涉及法律对作为行政相对人的纳税人的保护与规制问题。在这个环节,政府的行为一定程度上有可能面临行政诉讼,从而受到来自法律系统的审查。总体上,依法治国、依法行政的强意识形态下,政府行为必须合法已经成为一种常识。但是,行政领域的法治,与我们通常以民事领域为基础构建起的关于法律系统运作的认知，某种程度上并不完全相同。当然，各国情况并不一样。法国的行政法院系统是内在于行政系统的，相比之下，更偏向政治系统一些。德国有独立的公法法院系统，也是与普通的民事法院系统不一致的，这里，有类似于竞争法机制遇到的问题。在美国，则只有一套普通法院系统，并且这套法院系统对行政机构有着比较独立、强势的地位。美国很多反垄断诉讼本身需要由行政机构发起，普通法院受理。行政案件类似，并且法院系统具有违宪审查的权力。即便如此，相对于民事领域里的法律系统，在财税法领域里，政治系统本身的运作起着更大的作用，法律系统的审查通常停留在程序性问题上。公共财政问题在根本上仍然是一个政治问题。当然，公共财政能否维持以及如何维持，与经济系统的关系很大。至少公共开支不应超过经济可能的承受能力。所以政府部门有着各种机制了解经济的实际运行情况，从经济系统获取各种数据信息并输入政治系统中，以合理分配税收。但是这种政治系统对经济系统的信息摄入，基本上不需要以法律系统为中介，而是由政治系统自身构建的各种机制完成。

相比之下，财税政策对经济进行调控的功能，在应然层面是否应该存在，一定程度上是存疑的。因为亚当·斯密等即主张国家税收立法采中性原则，不得积极干预经济体运行。[①] 然而，事实层面，政治国家运用税收手段干预经济运行古已有之，尽管并不是每个政治体都经常运用这个手段。到了当代社会，随着国家干预经济在意识形态领域内被正当化，各国也先后开始运用财税手段主动干预经济体的运行，有意识地调控宏观经济。到了 20 世纪 70 年代之后，“税收经济法大行其道”，曾经主张“以税法之名、行干预经济之实”的税收经济法违宪的德国联邦宪法法院亦逐步承认了经济目的的税收在国家调控经

① 参见张怡：《论非均衡经济制度下税法的公平与效率》，载《现代法学》2007 年第 4 期，第 97～105 页。

济中所扮演的积极角色。[①] 此时财税法的经济调控功能已被广泛承认，并被积极运用于公共政策之制定，从而在现代国家经济运行中发挥了不可忽视的功用。

财税法调控经济，也分为财政收入与财政支出两端。财政收入端，政治国家有意识地在某些领域提高税率或者减免税收、给予退税政策，都有可能对经济体的运行施加影响，而整体性降低或增加财政收入亦是经常采用的宏观调控政策；财政支出端，则既包括整体性降低或增加财政支出的财政政策，亦包括汲水政策等增加公共工程投资的具体策略。[②] 在这个功能中，其实更强调的是作为“整体”的政治系统对于作为“整体”的经济系统的关注。相关行为仍旧需要遵守法律程序，受到合法性的审查，并由符合法律的话语进行表述。但总体上，这其实是政治系统与经济系统之间的互动，法律提供的仍然只是一些程序性要求或者最高、最低标准之类的要求。总体上，如何通过政策调整经济，政策可能需要表述为相关法律性文件，并且通过相关法律程序制定、发布，其效果由整体的法律系统的强制力进行保障。但是，这其中，需要的更多是政治的、经济的知识、信息，法律系统能够介入的程度非常有限。政治系统对经济系统的干预，在程序上需要通过法律系统这一中介，但法律系统并不更多担负政治系统与经济系统的沟通功能，而是扮演一个政治系统部分要求的法律代码书写者与程序保障者的角色。

上文主要探讨了财税法的政策功能及相应的实现机制。某种意义上，财税法的政策功能，无论是公共财政功能还是宏观调控功能，都是一种“强”功能，这种“强”表现在政治系统对财税法系统的强干预与运用。在税收、福利获取领域，普通公众能够形成一定时期的预期，

① 参见廖益新、李刚、周刚志：《现代财税法学要论》，科学出版社 2007 年版，第 166 页。

② 汲水政策，指政府增加公共工程投资，从而诱导私人投资的财政政策，相关介绍可参见张怡主编：《写给法律人的宏观经济学》，法律出版社 2004 年版，第 194 页。

并且,法律上也在通过“权利”话语及相关程序构建,强化这种保障的趋势。但总体上,需注意,这里涉及的只是财税法的部分领域,很多领域并不与作为行政相对人的公众直接相关。

总体上,我国财税法学界似乎有很强的强调财税法中“法”的因素的动力,甚至试图以某些法律系统的价值判断作为审视政府财政行为的依据,而存在贬低财税法“政策”因素的倾向。但是,这种行为本身是否真正有利于国家财政履行相关职能,或许是一个值得反思的问题。关于财政问题,以及类似涉及国家机构履行社会职责的问题,相关价值判断到底是应该由政治系统作出还是应该由法律系统作出?到底是政治系统还是法律系统,谁才能在终极意义上对经济系统的运行以及共同体的社会生活负责?到底哪种理念才是真正适合于经济发展的理念?或者,人们希望选择什么样的生活,这种终极意义上的价值判断,谁才有资格作出?这些都是值得反思的问题。现代社会的特征是人人都有“卡里斯玛”,①价值领域不再轻信专家的权威。在这种情况下,传统法学界的形而上学价值论说方式一方面容易陷入“明希豪森困境”,②很难在终局意义上回答并解决问题;另一方面法学专家的专业意见不一定能被普泛接受而成为有助于社会整合的共识。这种情况下,笔者认为,作出判断的权力或者责任归属于政治系统本身或许更为妥当,而法律系统保持必要的谦抑,在某些底线问题上给予必要的审视,或许是一种更为明智的选择。

---

① 相关论述可参见李强:《韦伯、希尔斯与卡理斯玛式权威》,载《北大法律评论》2004年第1期,北京大学出版社2004年版。

② 指命题论证在面临“为什么”的追问时,可能出现的“无穷地递归”“循环论证”“武断终止”等情形。详尽介绍可参见舒国滢:《走出“明希豪森困境”(代译序)》,载[德]罗伯特·阿列克西:《法律论证理论——作为法律证立理论的理性论辩理论》,舒国滢译,中国法制出版社2002年版,第1页。

二、财税法中的政策与价值选择

上文以财税法为例说明了经济法领域政治、法律、经济系统的关系，法律系统在其中更多扮演的是一种沟通媒介和合法化审视以及合法化辩护的角色。然而，现实中的财税法论著，部分学者更加强调财税法中“法”的地位。这既与研究者的路径偏好有关，也与研究者的立场、视角有关。某种程度上，新自由主义一度作为我国法学界普遍接受的一种价值前见，人们相信里根—撒切尔主义帮助西方阵营发展了经济、赢得了冷战，相信华盛顿共识是未来人类走向繁荣的必由之路。因此，学者们预设的好政府是一个尽量少干预经济的政府，是一个小政府，是一个行为完全受法律系统控制的政府。这种前见体现在民法的意识形态中，前文已述及，民事法律走向形式理性化的一个动因就是抵御政治系统可能的干预，而“私法自治始终还是支撑现代民法的基础，它的经济意义可以上溯亚当·史密斯的国富论，伦理内涵则又源于康德理性哲学中的自由意志”。① 这种意识形态同样渗透到包括财税法在内的经济法的意识形态中，著名的“需要国家干预说”就受到了这种影响。按照“需要国家干预说”理论，经济法是国家为了克服市场失灵而制定的调整需要由国家干预的具有全局和社会公共性的经济关系的法律规范的总称。②。这一论断认为：经济法是国家（政府）调整经济关系的法律，其目的是克服市场失灵。该论断包涵两个层面的意蕴：经济法视域下国家调整经济关系克服市场失灵，经济法视域下国家调整经济关系的目的是克服市场失灵。前者为事实层面的命题陈述，后者则注入了更多规范性意蕴，潜在地预设了两个规范性命题：如果不存在市场失灵，则不需要国家对经济关系的调整；只要能够

① 苏永钦：《走入新世纪的私法自治》，中国政法大学出版社2002年版，第7页。
② 李昌麒主编：《经济法学》（第2版），法律出版社2008年版，第53页。

克服市场失灵，国家对经济关系的调整才是可欲的。也即，市场本身是能够解决经济发展等问题的，只有在市场本身出现市场失灵时，法律才能介入。用这种关系审视三大系统，即可归结为应尊重经济系统的自主运行，在经济系统运行出现问题，也即市场失灵时，才能要求政治系统以法律的方式按照符合法律的程序介入。经济系统，也即市场本身的自主运行被视为一种元叙事。这种理论以新自由主义为基本前见是明显的，只是还不算太绝对化，依然承认有市场失灵的可能。例如，财税法领域就有主张，“税收调控措施直接违反了税收上的税收公平原则和税法上的量能课税原则”，①从而反对用财税法调控经济。上文质疑了，是否应由法律系统对社会进行更多的价值判断。在这里，我们似乎更要反思的一个问题是，经济法的相关理论及制度构造，究竟是应该以什么为前提，以及需要对谁负责任？“芝加哥男孩”们在南美等国家践行新自由主义理念，已在一定程度上引发了灾难性后果。2008 年的国际金融危机，已经在一定程度上显示了新自由主义神话在国际范围内的破灭。皮凯蒂等学者的实证研究，也证明了新自由主义实践并没有带来太大财富的增长，而是带来社会贫富分化的极大加剧。② 在这些经验事实面前，财税法等经济法，继续捍卫新自由主义理念并以新自由主义为基础构建理论与制度的大厦，对中国社会将意味着什么？如果继续捍卫这种理念，在效率层面引发了经济危机，最终责任由谁来承担？同时，需注意，前文也曾提及现代社会的一个伦理要求是对多元价值及平等的尊重。也即，普通公众有选择自己想要的可能的生活的权利。这种情况下，选择新自由主义主张的小政府，还是对公众负有更多责任的政府，这种伦理抉择问题，是否应该由法学家独断？哈贝马斯提出了真理共识论，以及以此为基础的商谈理论，或许能给我们更多的启

---

① 参见廖益新、李刚、周刚志：《现代财税法学要论》，科学出版社 2007 年版，第 174 页。

② 参见［法］托马斯·皮凯蒂：《21 世纪资本论》，巴曙松等译，中信出版社 2014 年版。

迪。他认为"伦理—政治问题是从这样一些成员的角度提出的,他们在面对一些重要的生活问题时,想要澄清他们所共享的生活形式是什么、他们的共同生活要根据什么样的理想来构画",[①]"政治共同体的生活形式构成了对那些作为自觉的集体性自我理解之表达的规则进行辩护的参照系。决定性的理由必须在原则上能够为所有分享'我们的'传统和强有力价值态度的成员所接受"。[②] 在这种理论下,政治系统通过商谈有可能推导出共同体的价值。前文曾论及,19 世纪自由主义意识形态在某种意义上与消解政治系统民主化给精英阶层带来的不利相关。到了 21 世纪的今天,我们接受这三大系统已然的分立这一事实,但是仍然需要 19 世纪捍卫精英的自由主义意识形态以及其在 20 世纪 80 年代的新形态新自由主义么?必须明白,最终将对共同体负责的是政治系统,而非法律系统。在这个意义上,包括财税法在内的经济法,似乎都有反思的余地。至少,事实上现代社会政府通过法律干预经济,可以有三种不同的目的:其一,政府服务于市场;其二,政府纠正、补充市场;其三,政府为非经济目标作用于市场。第三点尤其重要,如政府可以基于环境保护、教育、政治安全等目标干预市场。这一点在中美贸易战爆发以来,显得尤为突出。此时,法律系统更为可欲的作为似乎是确保这些行为符合法律的基础框架,并且用法律代码书写与这些目标相关的规则,而不是强调法律系统自身的价值前见。从这个角度而言,未来的经济法将承载更多的政策目标。在这种背景之下,竞争法的诸多政策机制或许可以为包括财税法在内的其他经济法子部门法借鉴。

---

① [德]哈贝马斯:《在事实与规范之间——关于法律和民主法治国的商谈理论》,童世骏译,生活·读书·新知三联书店 2003 年版,第 196 页。

② [德]哈贝马斯:《在事实与规范之间——关于法律和民主法治国的商谈理论》,童世骏译,生活·读书·新知三联书店 2003 年版,第 133 页。

第四节 刑事政策及刑法领域法律系统与政治系统之关系

关于新行为的认定问题,刑法领域里有着非常强的"罪刑法定"原则。不能归入既有刑法分则里犯罪行为态样的,理论上都不能被认定为犯罪。当然,"罪刑法定"也并不是绝对的。我国刑法在立法时,其实留了一定的所谓"口袋罪",如"以危险方法危害公共安全罪"、"寻衅滋事"罪。但总体上,自刑事领域的类推被废除后,新的可能涉嫌犯罪的行为模式如果不能落入既有刑法分则规定的既有罪名陈述,则无法被定罪。这是一个强原则。因此,刑事司法领域里理论上是不太存在新行为认定问题的。将新的行为模式规定为犯罪,需要由立法机构作出更改法律的规定,并且是不能溯及既往的。因此,刑事司法系统总体上是没有识别的权力的,也即没有识别功能。将类似竞争法中构建起来的识别机制引入刑事司法中,理论上也是不可能的,因为这违反了罪刑法定原则。刑法上,原则就是"法无明文禁止不为罪",因此,没有被现有刑法条文涵摄到的行为,一概推定为无罪,不需要识别。下文将重点考察刑法领域的政策问题。

应该说,刑法是一门非常古老的法律,在我国古代,刑法甚至成为法制实践中最主要的国家实定法。刑事政策,作为一项国家调控社会治安的重要手段,同样古已有之。例如,我国古代法制实践中就有"乱世用重典"之类的措施,这就是明显的用政策性措施影响刑事司法的实践。但当时的社会形态与现代社会存在明显差异,并且,相关思想对今日的刑法话语实践,虽然有某些影响,但这些影响是非常有限的。

一、19 世纪的刑事政策:政治系统与法律系统

一般认为,学术领域刑事政策的首倡者是德国刑法学家费尔巴哈。保罗·冯·费尔巴哈是著名的唯物主义哲学家费尔巴哈的父亲,生于 1775 年,谢世于 1833 年。他的学术活跃期与民法学界萨维尼等历史法学派活跃的年代大致重合,稍微早于分析实证主义创始人奥斯丁的主要学术活动年代。这个时代可以视为法学正试图从自然法学转向实证法学,从而独立出来的时代;也可视为法律系统、经济系统开始从政治系统中分离、独立的时代。

学界通常认为,18 世纪末的德国便已经开始使用刑事政策这一概念,但早期刑事政策的概念还相对比较模糊。如上文所述,现代意义上的相对严谨的刑事政策的概念术语使用,始于费尔巴哈,费尔巴哈"将心理学、实证哲学、一般刑事法及刑事政策作为刑事法的辅助知识,赋予了刑事政策的独立地位"。[①] 也即,费尔巴哈引入了那个时代其他学科的知识(需注意,费尔巴哈的时代,严格意义上说心理学、实证哲学都还不算发达,费尔巴哈的时代是早于弗洛伊德和孔德的),以此丰富了刑事政策的内涵,并强调了刑事政策的独立地位。在费尔巴哈的理论体系中,刑事政策是国家据以与犯罪做斗争的惩罚措施的总和。注意,在费尔巴哈那里,主要是把刑事政策当作一种"立法政策",他"强调了刑事政策对于刑事立法的指导作用。这种指导作用主要体现在通过制定刑法,确立罪刑价目表,对国民进行法律威吓"。[②] 由此可见在费尔巴哈的理论体系中,刑事政策对于刑事立法、刑事实定法之重要性。与此同时,需要注意的是,费尔巴哈同时还是罪刑法定原

---

① 这是日本学者正木亮的观点。转引自[日]大谷实:《刑事政策学》(新版),黎宏译,中国人民大学出版社 2009 年版,第 8 页。

② 陈兴良:《刑法教义学与刑事政策的关系:从李斯特鸿沟到罗克辛贯通中国语境下的展开》,载《中外法学》2013 年第 5 期,第 974 ~ 1005 页。

则的积极倡导者,“而罪刑法定原则的实际功能之一就在于以刑法的确定性发挥其应有的威吓效果”。[①] 费尔巴哈同样从威吓功能而不仅仅是伦理角度解读“罪刑法定原则”,这种背景下,某种意义上,也可以认为,在费尔巴哈的理论之中,罪刑法定原则也是一种刑事政策考虑,而不仅仅是如后世那样的一种独立的刑法价值。总之,在费尔巴哈的理论中,刑事政策作为一种知识被提炼出来得到学术化的表述,被赋予了非常丰富的内涵,但主要聚焦于对立法的指导方面。罪刑法定之所以重要,则不仅是一种先验的哲学要求,而是有其功利性依据:通过刑法的确定性发挥相应的威吓效果,以实现相应的刑事政策。在这种语境下,确定的刑法,以及“罪刑法定原则”,本身相对于刑事政策更具有工具意义,也即,在费尔巴哈的理论中,“刑事政策与刑法之间具有一种外在的关系。在一定意义上,刑法是实现刑事政策的工具”。[②] 这种理论中,来自政治国家的政策因素,一定程度上在刑事法律实践中依然占有主导性,刑法本身某种意义上并没有获得足以对抗政治国家的自足性,政治系统依然可以通过立法及刑事政策主导刑事法律系统,刑事法律系统对政治系统有一个明显的诺内特、塞尔茨尼克意义上的“实质的服从“,这种“实质的服从”似乎还并未换来后世的“程序的自治”。费尔巴哈的时代,也即 19 世纪上半叶的德国,法律系统并未真正从政治系统中独立出来。这一点不但体现在费尔巴哈的理论中,同样能够为那个年代的刑事法律实践所佐证。当然,也需要注意一个问题,在费尔巴哈的时代,德国并没有统一成一个整体的政治实体,依旧分散为数十个邦国。

到了稍后的李斯特时代,刑法学从刑事政策中真正独立了出来。李斯特学术活动年代,即 19 世纪下半叶到 20 世纪初,和前文所描述

① 陈兴良:《刑法教义学与刑事政策的关系:从李斯特鸿沟到罗克辛贯通中国语境下的展开》,载《中外法学》2013 年第 5 期,第 974 ~ 1005 页。

② 陈兴良:《刑法教义学与刑事政策的关系:从李斯特鸿沟到罗克辛贯通中国语境下的展开》,载《中外法学》2013 年第 5 期,第 974 ~ 1005 页。

的普通法律(主要是民法)走向形式理性化,竞争法作为形式理性法的异己而产生的年代是基本重合的。刑法,作为一种非常重要的基础法律,似乎在现代法治理论中并没有民法那样享有辉煌地位的法律,在那个时代,到底发生了什么,刑法学到底提出了什么样的主张?这是一个对于法治、法律系统研究者而言非常值得关注的问题。有评价认为,“弗兰茨·冯·李斯特是集犯罪学、刑法学和刑事政策学研究于一身并取得了辉煌成就的一位真正的学术大师。他既是犯罪学的刑事社会学派的杰出代表,又是刑法学的现代学派(新派)的创始人,同时还是现代刑事政策学的奠基人,他所倡导的‘整体刑法学’,对促进刑法学的发展具有重大的理论价值”。① 这段评价赋予了李斯特刑法学现代学派创始人及刑事政策学奠基人的地位;从这段评价可知,最晚在李斯特的时代,人们已经非常明确地区分了刑法学和刑事政策学。李斯特不但开创了刑法学的现代学派,同时还是现代刑事政策学的奠基人,也即,在相关刑法学史的叙述中,从李斯特开始才有了现代意义上的刑事政策学。李斯特对刑事政策进行的界定是相对宽泛的,他认为:“所谓刑事政策,是指国家借助于刑罚以及与之相关的机构来与犯罪做斗争的、建立在以对犯罪的原因以及刑罚效果进行科学研究基础上的原则的整体(总称)。”②与此同时,李斯特又界定了狭义的刑法,并将之与刑事政策相区分、对照。他认为,刑事政策“不同于狭义刑法,后者将对犯罪和刑罚的科学观察作为概念的抽象”。③ 对于刑法学,李斯特则“提出了纯法学技术的分析方法,这就是法教义学方法。此外,李斯特还特别强调了刑法知识的体系化与系统化,由此建立刑

① [德]弗兰茨·冯·李斯特:《论犯罪、刑罚与刑事政策》,徐久生译,北京大学出版社2016年版,第3页。

② [德]弗兰茨·冯·李斯特:《论犯罪、刑罚与刑事政策》,徐久生译,北京大学出版社2016年版,第212页。

③ [德]弗兰茨·冯·李斯特:《论犯罪、刑罚与刑事政策》,徐久生译,北京大学出版社2016年版,第213页。

法的教义学体系"。[①] "刑法教义学具有体系性的特征，正是这种体系化的知识所形成的具有封闭性的结构，对于法官的偶然与专断具有限制性与约束性。因此，刑法教义学的体系性自有其优越性。"[②]这种对独立于刑事政策，并且具有体系性、封闭性的刑法教义学的强调，也促成了，同时也彰显了刑法走向形式理性化以及系统的独立化乃至封闭化这一过程。关于刑法教义学与刑事政策的关系，李斯特进一步论述道："刑法作为规范科学是一种教义学，其所遵循的是逻辑规律，并且以罪刑法定为其边界。而刑事政策作为一种经验科学，是一种事实学，其所贯彻的是科学原则，并且以惩治犯罪与预防犯罪为目标。"[③] "刑法教义学是价值中立的，刑事政策才是价值关联的。刑法教义学是以司法为中心的，罪刑法定原则是其最高准则。至于刑法的价值内容应当通过立法输入刑法之中，因此，刑事政策是以立法为中心的。"[④]这里，以教义学为主要范式的刑法学主要体现着内在逻辑性、价值中立性，主要在罪刑法定原则之下服务于司法实践；而刑事政策学则是价值关涉的，是服务于立法的。这一区分与奥斯丁对法律和立法的区分，以及立法应归属伦理学的论述极为类似，甚至可以认为就是奥斯丁理论在刑法领域的体现。同时需注意，李斯特的学术活动时代大约与马克斯·韦伯是同时代的，李斯特明显接受了韦伯关于价值中立和价值关涉的相关理论。这种强调刑法教义学价值中立，而将价值维度的问题交给来自政治系统的刑事政策处理的方式，巧妙地给刑事法律系统的中立运行划出了一个合理的范围，规约了刑事法律系统

---

① 陈兴良：《刑法教义学与刑事政策的关系：从李斯特鸿沟到罗克辛贯通中国语境下的展开》，载《中外法学》2013年第5期，第974～1005页。

② 陈兴良：《刑法教义学与刑事政策的关系：从李斯特鸿沟到罗克辛贯通中国语境下的展开》，载《中外法学》2013年第5期，第974～1005页。

③ 陈兴良：《刑法教义学与刑事政策的关系：从李斯特鸿沟到罗克辛贯通中国语境下的展开》，载《中外法学》2013年第5期，第974～1005页。

④ 陈兴良：《刑法教义学与刑事政策的关系：从李斯特鸿沟到罗克辛贯通中国语境下的展开》，载《中外法学》2013年第5期，第974～1005页。

与政治系统的关系。某种意义上,刑事法律系统因价值中立而换得了“程序自治”,条件则是将价值判断等实质领域交给掌控刑事政策的政治系统,从而巧妙地完成了前文所述的“以实质服从换程序自治”的历史性交易。

注意,这种刑事政策与刑法的界分,时间段上正好与民法走向形式理性化的时间段大致重合。某种意义上,正是在 19 世纪下半叶这个具体时代背景中,民法领域出现了形式理性化,法律系统与政治系统的分离;同样,在刑法领域里也出现了类似的现象,刑法与刑事政策在智识维度方面被界分开了,刑法强调罪刑法定和价值中立,从各种政策性因素中抽离,完成了形式理性化与系统化。两种人类社会最主要的实体法律,大致在同一时间段、同一智识背景下,走向了形式理性化与系统化,这明显不是巧合,而同样是上文所述“实质服从换程序自治”这一历史性交易的重要举措。前文已述及,法理学中分析实证主义的兴起,以及分离命题的提出,经济系统、法律系统从政治系统中独立出来,大致都是在那个时代。在这个大背景下,刑法与民法一样,也走向了形式理性化,不足为奇。正是这个时代,法律,包括刑法、民法等主要法律,成为一个相对独立、封闭的系统,从此,法律知识,在执法、司法维度,开始了更多的内部循环;法学家更习惯于从内部视角看待法律。而正如本书所论述的,竞争法是这一过程的异己。

李斯特对刑事政策与刑法的上述区分,后来被德国学者罗克辛提炼出一个概念:“李斯特鸿沟”,也即刑事政策与刑法的界分。这一鸿沟成为学界讨论刑事政策时不得不面对的问题。所谓的“李斯特鸿沟”,相当程度上似乎可以这样理解:在刑事法律实践与刑事法律知识维度中,事实维度的问题(注意,并不是法律上的事实认定,而是实定规则这一事实)和价值问题得到了不同的学科与学术方法安置。刑事政策负责处理关于刑法的价值判断问题,解决什么样的行为“该”受刑法调整,该接受什么样的处罚,处罚应该如何进行等伦理问题。刑事政策的相关内容写入刑法实定法。刑法学面对的则是如何运用这一

“既有”文本处理相关行为的问题，是一种价值中立的运用法律的技术，力求的是运用法律规则的妥当性。刑法学要求罪刑法定，其实就是要求严格执行法律，而没有其他更多的伦理意义；这个年代的罪刑法定原则，仅仅是一种形式要求、形式正义要求（也可理解为程序正义要求），尚且不关乎实质正义。这个年代政治与法律、立法与司法的关系是清晰的，中间隔着一道鸿沟，也即“李斯特鸿沟”。这个年代，立法领域交给了政治系统的刑事政策，而司法领域则实现了罪刑法定、刑法学实现了独立性，但这种刑法学独立与罪刑法定的前提都是价值中立，也即理论上法律系统（刑事司法、刑法学）不能够再对相关案件作自主价值判断，而是中立地实施立法机构制定的法律、实现立法者在法律文本中书写的价值。或许，从这种法律系统与政治系统分离的角度，才能更好地理解为何会在历史上出现所谓的“李斯特鸿沟”。

二、“李斯特鸿沟”的跨域：法律系统的独立性与价值关涉

在出现“李斯特鸿沟”的背景下，刑事政策在完成了刑事立法后，理论上就不能再直接介入干预刑事司法。这种情况下，刑事法律系统将是稳定的、能够给行为者提供相应的行为预期，并对相关的合理预期予以法律保障，就如同在民事领域里那样。这种刑事法律系统屏蔽了可能的来自政治系统的干预，凸显了稳定行为预期的功能。

然而，这种立法与司法的完美二分，在理论上是可行的，但在实践中面临着一个巨大的难题：需要一个哲学王式的立法者，能够提前设想到所有可能的犯罪行为的类型，并安排好适当的刑罚应对。但预设这种立法哲学王存在本身就是非常不现实的。因此，“李斯特体系本身具有先天的不足，这主要表现在李斯特似乎过分夸大了立法者的立法能力。因为，李斯特的体系是一个纯粹形式的体系，这一体系要发挥积极作用，完全取决于立法者在立法过程中已经将犯罪毫无遗漏地

规定在刑法当中”。[①] 由于这种立法哲学王在现实中是不可能存在的,立法者不太可能周全地考虑到涉及犯罪的所有情形,因此现实中的刑事立法总会有这样或那样的不足,这构成了罗克辛提出的“李斯特鸿沟”这一命题,并试图跨越之的一个动因。罗克辛提出跨越“李斯特鸿沟”的另一个不可忽视的背景,则是德国经历纳粹统治之后,新自然法学在德国的复苏。关注价值、赋予法律价值理想的自然法学,在分析实证主义法学兴起后,一度衰落。凯尔森时代的法学,更为关注的是法律的内在形式、法律的位阶、概念等纯粹法学[②]的问题。韦伯的价值中立理念、新康德主义一定程度上,将价值判断等问题排除出法学了。而在“上帝死了”的年代,似乎法律界也同时失去了最终决定价值问题的神学背书。这个时代的法律系统,尤其是德国的法律系统,走向了一种极端的“中立”,乃至于对政治系统的“任何”改变,似乎都没有明显的违和感。比较典型的就是纳粹上台,大规模改变魏玛共和国的政治实践这一现实,并没有引发德国法律系统任何的不适应。法律系统以相对坦然的态度接受了这一改变。纳粹时期的德国,在符合“形式理性法”的背景之下,作出了很多广受诟病的暴行,这使得战后德国法学界对分析实证主义法学进行了非常深刻的反思。这种情况下,出现了重新将价值判断纳入司法考量、法律重新适度实质化的呼声,典型的如拉德布鲁赫等学者转向新自然法学。罗克辛的理论,某种意义上就是试图在刑事司法领域再度植入价值判断的尝试。他试图将刑事政策纳入刑法教义学体系,“将刑事政策贯彻到构成要件、违法性和罪责这三个阶层之中,成为其目的理性的犯罪论体系的一根红

① 陈兴良:《刑法教义学与刑事政策的关系:从李斯特鸿沟到罗克辛贯通中国语境下的展开》,载《中外法学》2013 年第 5 期,第 974 ~ 1005 页。

② 凯尔森明确地提出:“纯粹法理论通过把先验的正义从它的特定领域中排除出去,而坚持明确区分经验的法和先验的正义。”[奥]凯尔森:《法与国家的一般理论》,沈宗灵译,中国大百科全书出版社 1996 年版,第 5 页。

线”。[①] 这一过程，实质上就是在构成要件、违法性、罪责等方面，重新赋予法官价值考量的权力，“基于形式判断先于实质判断的阶层构造，刑法教义学完全可以约束刑事政策，使之发挥人权保障的实质合理性功能”。[②] 从而在一定程度上，重新强调实质理性。但是这种将刑事政策贯穿刑事教义学中的努力，并非是法律系统开始再次接受政治系统的政策注入，毋宁说是法律系统自我膨胀、扩张的结果。当然，这样做的一个前提是，由于政治系统曾经纳粹化的悲剧，因此法律系统对政治系统不再像以前那么信任、那么甘于实质服从。这时候，罗克辛意义上的政策，已不再等同于李斯特意义上的政策，不再是发端于政治系统对法律系统的一种要求，而是某种程度上法律系统运用自己的价值，对政治系统通过预先注入的价值进行适当改写、同时指导法律实践的一种策略；也即，法律系统不仅再臣服于政治系统的价值判断，坚守一种价值中立的角色，而是自主完成了某些价值判断；这些价值判断，有可能与政治系统的价值判断是一致的，但并没有机制保证这两者必然一致。某种意义上而言，法律系统的自主性增强了，法律系统从仅仅的程序自治方面部分地收复了对实质决策的权力，法律系统不再恪守相对于政治系统、立法价值中立这一准则，而是从法学界的价值偏好出发，重新梳理、审视、组织了法教义学知识，使得法教义学从价值层面到技术层面，都内在于法律系统，以法律系统内在的价值为指针。这一时代的罪刑法定原则，也相应地完成了从仅仅保障形式正义、程序正义到同时保障实质正义的过渡。

近年来，我国学者多对罗克辛的这一学术努力持赞赏态度，如劳东燕教授就高度肯定在刑法教义学中引入刑事政策的必要性。她指出：“将刑事政策引入刑法教义学的研究之中，代表着刑法理论发展的

---

① 陈兴良：《刑法教义学与刑事政策的关系：从李斯特鸿沟到罗克辛贯通中国语境下的展开》，载《中外法学》2013 年第 5 期，第 974 ~ 1005 页。

② 陈兴良：《刑法教义学与刑事政策的关系：从李斯特鸿沟到罗克辛贯通中国语境下的展开》，载《中外法学》2013 年第 5 期，第 974 ~ 1005 页。

走向。将刑事政策弃之不顾的做法,已经难以获得基本的正当性。缺乏刑事政策这一媒介,不仅刑法与社会现实之间的联系通道会全面受阻,刑法教义学的发展也会由于缺乏价值导向上的指引而变得盲目。”①然而,需要注意的是,与德国刑法学演进不同的是,直到20世纪末,我国刑法学界对刑事政策曾经有一段时间持比较暧昧的态度。这其实源于不同历史阶段,对“刑事政策”这一概念不同的理解或者解读。劳教授在此高度赞赏的刑事政策,其实是内在于法律系统尤其是刑事法系统的刑事政策,而之前的“刑事政策”则更多指来自政治系统的“政策”。

新中国成立以后很长一段时间内,我国刑事领域里其实并没有统一的刑法典,而是依靠各种单行刑法和政策规制刑事犯罪。我国学者武树臣教授将这种实际发挥法律作用的政策称为政策法。② 这里的政策法包括两种,一种来自党的政策和来自国家的政策,皆可视为来自政治系统。另一种来自政治系统的政策,在那个年代发挥了高于法律的作用,法律一定程度上只被视为政策的执行。法律阙如时,直接用政策管理国家和社会生活;即便法律存在,法律与政策共存时,依照政策办事。政策事实上成为比法律效力更好的“法源”。这种政策法的存在其实说明了一个现象,新中国成立之初30年我国并没有独立于政治系统的法律系统。那个年代,我国相关的法律实践受政策的高度支配。这一点,其实不仅仅体现在刑事领域,民事领域亦是如此。新中国成立后我国废除了民国时期的六法全书,从此民事生活领域除了婚姻法外很少有立法,总体上更多受政策的调控。当然,这也是和我国新中国成立之后逐渐建立起来的计划经济体制相适应的。计划经济体制下,政治系统通过各种政策、行政指令直接指导经济活动,经济系统、法律系统的独立性一

---

① 参见劳东燕:《罪刑规范的刑事政策分析——一个规范刑法学意义上的解读》,载《中国法学》2011年第1期,第122~140页。

② 武树臣:《三十年的评说——“阶级本位·政策法”时代的法律文化》,载《法律科学(西北政法学院学报)》1993年第5期,第24~31页。

定程度上都被取消了。刑事法律的运作同样受政治系统的极大影响，不同时期的不同刑事判决体现了当时深厚的政治背景。

改革开放之后，我国开始将法制建设视为一个重要的问题，在这一背景之下，开始逐步建立起相对完善的法律体系，尤其是关乎重建稳定的社会秩序、保障人民安全的刑事法制建设被摆在了非常重要的位置。“文革”结束不久，甚至早于 1982 年《宪法》的制定，《刑法》便于 1979 年出台，1980 年生效。比这稍早的时候，党的三中全会召开，经济领域开始了改革开放。在改革开放的过程中，首先，社会主义商品经济获得了正当性，然后经济系统慢慢地经由早期社会主义商品经济的话语实践，再经由之后的社会主义市场经济的话语实践，逐渐获得了一定的相对于政治系统的独立性。尤其是在社会主义市场经济话语确立之后，政府对经济活动的干预大规模减少，在经济学界、法学界，出现了尽量减少政府干预、支持经济系统自行运行的思潮。亚当·斯密“看不见的手”的理论，一定程度上成为我国西方经济学学科乃至整个经济学界的主流理论。民法学界、经济法学界亦经过民法、经济法的界分，大民法、小民法理念的争论等学术讨论，逐渐形成了市场经济需要减少、严控国家干预的理论共识。之后，在“市场经济是法治经济”这一理念之下，法律系统获得了极大的发展。“依法治国”成为一种主流话语，深入人心，并且，相对更能体认法律系统主体性的“法治”概念，逐渐取代了传统的更偏向工具意义的“法制”概念，成为社会主义法律制度建设的核心理念。这一时期，法律及法治在社会生活和公共知识领域中获得了极高的地位。紧接着，20 世纪末我国开始了大规模的司法改革，这一时期对司法从业者提出了法律专业化、职业化的要求，并且开始了统一的司法考试，对司法从业者提出了比较高的专业要求，并且在人事组织上逐渐以受过法律专业教育背景的人员取代传统的来自政治系统的官员。从此，一定程度上被视为法律系统异己因素的“退伍军人”进法院成为历史。在这种背景之下，相对同质化的法律人共同体开始型构并发展。这个法律人共同体，首先是一个知识、价值共同体。共同体成员需要学习相应的法律知识,并且在这个过程中体认共同体的某些价值偏好,比如民法的自由、平等,比如刑法的轻刑主义、人道,等等。只有掌握了相应知识、体认了相应价值,才能顺利地通过司法职业资格考试、获得进入法律人共同体的资格、从而融入法律人共同体。这个法律人共同体,同时还是一个技能共同体,共同体成员掌握、体认类似的技能。21 世纪之初,学界兴起了讨论法律方法论的热潮,先是对法律解释、法律论证理论的大规模引介、研究,继而民法、刑法等领域广泛地对法律教义学方法进行了探讨和培训。分享了共同知识背景、价值前见以及法律技能的法律共同体成员,开始用一套通常只有法律共同体成员才掌握的符号代码进行沟,从而开始更多地更好地屏蔽来自政治系统的干预;同时,法律共同体有效地影响了立法、物权法等之后的立法越来越专业化,法律系统的代码被广泛书写进立法文件,法律共同体成员通过对这种专业文件的解释权更多主导了法律系统的运作、屏蔽了外来干预,此时,一个相对独立于政治系统的法律系统逐渐成形、发展,并走向封闭。

改革开放之后,在经济系统、法律系统开始逐渐从政治系统中独立出来的背景之下,刑事领域亦经历了一个刑事法律系统逐渐脱离政治系统走向独立、封闭的过程。我国于 1979 年出台了统一的《刑法》,开始了在统一《刑法》指导之下,公、检、法三机关分工负责、互相配合、互相制约的刑事司法实践,相对独立的刑事法律系统开始型构。

到了 20 世纪 90 年代,我国经济政策开始从社会主义商品经济向社会主义市场经济变革之际,伴随着经济系统的独立性加大,法律系统开始加大独立性,刑事法律系统也开始大幅度地走向专业性、独立性、封闭性。首先表现在两部关键性法律的修改。1996 年的《刑事诉讼法》,大幅度改革了以往的刑事诉讼制度,强调罪疑从无等原则、强调保障嫌疑人人权的法律精神。此时,被认为带有侮辱性"人犯"这一概念成为历史,"未经人民法院依法判决,对任何人都不得确定有罪"的原则得到强调。之后,1997 年我国对《刑法》也进行了更为符合现代法治精神的大规模修改。流氓罪等所谓口袋罪成为历史,带有浓厚革命意识形态、不太符合新刑事法学精神的“反革命罪”被“危害国家安全罪”置换。刑罚方面不符合罪刑法定精神的“加重”情节被废除,类推也从此成为历史。这次世纪末的刑事法律改革,大致奠定了之后刑事法律实践与刑事法学话语的方向。以这次改变后的文本为基础,中国刑事法律共同体成员体认了类似的知识与价值,接受类似的法学教育,并且之后从业需要通过司法资格考试,刑事法律系统在一定程度上得到进一步型构。

中国刑法学界,对刑事政策的态度变化,正是以这个时代的变迁为背景的。1979 年《刑法》立法,将以往的诸多刑事政策吸纳进《刑法》,例如,惩办与宽大相结合的刑事政策,等等。“在此,高铭暄教授提出了刑法是刑事政策的具体化、条文化的命题,是对刑事政策的刑法化的生动说明。”[①]这种以刑事政策指导刑法,刑法吸纳刑事政策的方向,与 19 世纪的李斯特时代的德国是大致相似的。刑事政策通过立法,成为法律规则,从而摆脱了其“政策”属性,这同时也意味着刑事问题的解决权限开始从政治系统转向法律系统,刑事政策理论上不再能直接干预刑事法律的运行,而需要通过刑事立法将相关政策实定化法这一中介。然而,在 20 世纪 80 年代及之后的一段时间,我国仍然保留了刑事政策对司法的影响,因而在那个年代中国并没有出现所谓的“李斯特鸿沟”,与之相应的是,在学术领域与司法实践领域刑事政策与刑法的关系似乎依然是一个需要探讨、厘清的问题。现实中来自政治系统的未立法化的政策,仍然对刑事司法实践有较大影响;与此同时,刑事法学界对来自政治系统的干预普遍地持一种偏向负面的态度,或者试图继续将这些政策立法化,从而内化为法律系统自身的组成部分,或者加以抵制、在学理维度将这种政策干预负面化,从而试图

---

① 陈兴良:《刑法的刑事政策化及其限度》,载《华东政法大学学报》2013 年第 4 期,第 4 ~ 15 页。

减少、消除其在实践中的使用。

这一时代，在司法实践中，针对特殊人群的“两少一宽”政策，是一种典型的政治决策影响司法的政策。“惩办和宽大相结合”以及之后类似的“宽严相济”等刑事政策，在我国司法实践中也以刑事政策形式发挥着重要的作用，直到2011年被刑法修正案直接纳入刑法，成为正式的国家实定法。1983年、1996年、2001年的三次“严打”，通常被视为类似“政策法”时代的政策。“严打”有其具体的社会治安恶化方面的动因，政治系统需要动员更多力量介入司法，调控社会。从社会效果上来看，有论者认为：“实际情况来看，‘严打’确实起到了压制犯罪发展态势的作用。”①也即，一定程度上承认了“严打”的社会效果。然而，作为一项政治系统干预法律系统运行的刑事政策，“严打”更多地受到来自法学界的诟病。例如，陈兴良老师就认为：“犯罪问题的根本解决，当然有赖于社会秩序的重建和社会控制模式的转换。”“‘严打’作为一种国家对犯罪的控制方式，有着其局限性。”②“进入新世纪以后，我国的社会、经济形势发生了重大的变化，尤其是法治建设的发展与人权观念的觉醒，需要对严打刑事政策进行深刻的反思，并在条件成熟的情况下对刑事政策进行必要的调整。”③这一论述，一方面在效果维度质疑“严打”刑事政策的真正有效性，另一方面在伦理正当性维度，将“严打刑事政策”与“法治建设的发展与人权观念的觉醒”对立起来，从而对“严打”进行了学理层面与伦理层面的否定。

总体而言，这个时间段，我国学者对刑事政策介入刑法的态度，存在一定的矛盾。现行有效的具体刑事政策中，似乎也有相互矛盾之

---

① 陈兴良：《刑法的刑事政策化及其限度》，载《华东政法大学学报》2013年第4期，第4～15页。

② 陈兴良：《刑法的刑事政策化及其限度》，载《华东政法大学学报》2013年第4期，第4～15页。

③ 陈兴良：《刑法的刑事政策化及其限度》，载《华东政法大学学报》2013年第4期，第4～15页。

处。例如,“惩办与宽大相结合”与“严打”这两种不同的刑事政策,就被学界视为存在某种层面的矛盾。有学者认为,“‘严打’刑事政策其实已经取代了惩办与宽大相结合的刑事政策。其最为明显的标志是1997年《刑法》修订,在《刑法》第1条中删除了惩办与宽大相结合的内容”。[①] 然而多数学者赞扬“宽严相济”之类的刑事政策,而“严打”刑事政策,则成了诸多场合被诟病的对象。这种态度导致的后果是2001年“严打”之后,我国近20年在司法实践中再没有“严打”了(当然,实践中不再有“严打”,也不仅是学界反对的结果,还有其更为深刻的社会背景)。被学界认同的“宽严相济”原则,在2011年《刑法修正案(八)》中被大量实定化为刑事立法,并受到学界的广泛好评,有论者认为:“随着《刑法修正案(八)》根据宽严相济刑事政策对刑法的系统修改,在一定程度上扭转了由于严打刑事政策带来的我国刑法总体刑罚偏重,甚至某些制度轻重失衡的倾向,从而增加了刑法的合理性与科学性。当然,因为我国刑法受严打刑事政策的影响过大,对其调整不可能一步到位。在这种情况下,我国刑法完善的任务还是较重的。”[②]

同样是刑事政策,为何受到如此不同的对待?虽然前面陈兴良等学者也质疑了“严打”的效果问题,然而这里面的更为核心的因素恐怕还是在于意识形态与价值判断维度。世纪之交时代,国际刑法学界已经逐渐发展出超越于政治系统之上的价值判断,而不再简单地强调刑法的价值中立,并且将费尔巴哈、李斯特等学者论述过的刑法的工具属性予以一定程度的边缘化。例如,日本学者曾根威彦就认为:“罪刑法定原则,时至今日,仍然能够作为刑事立法和刑法解释学的指导原理而长盛不衰、蒸蒸日上,主要是因为,在民主主义、自由主义之类的

① 陈兴良:《刑法的刑事政策化及其限度》,载《华东政法大学学报》2013年第4期,第4~15页。

② 陈兴良:《刑法的刑事政策化及其限度》,载《华东政法大学学报》2013年第4期,第4~15页。

形式原理之上,还有更高层次的普遍原理即'实质的保障人权原理'作支撑。这个原理,蕴含着保障人的基本自由,尊重人的基本权利的思想,也就是说,在实质性的保障着以个人尊严为背景的权利和自由不受国家刑罚权的肆意侵害。"[①]按照曾根的这一论述,"实质的保障人权原理",成为刑事法律系统的一个自我定义的价值准则。这种观念也为我国刑法学界接受,成为刑事法学领域普遍存在的一个价值前见。刑法学界经常用这个价值准则审视相关的来自政治系统的政策。政治国家的政策,如果能符合这一个价值准则,则被认为是积极的和可以接受的。如宽严相济的政策中,"对老年人的宽大处理""对未成年人的宽大处理""死刑罪名的减少"等措施明显是符合这一人权叙事的,所以被认为是积极的。"严打"的措施,则被认为是与人权叙事相矛盾的、不利于保障人权的,所以被认为是需要诟病、改善的。这种价值倾向以及与之相关的意识形态倾向乃至政治倾向,同样表现在某些学者对经济犯罪适用死刑的态度上。有学者认为,我国"对经济犯罪规定了较重的刑罚,甚至规定了死刑","但刑法惩治只是治标之策,真正铲除腐败现象,还有待于国家管理体制的改革与权力行使方式的转变,甚至是政治体制的改革。但我国还是在很大程度上依赖于刑罚的严厉惩治,包括死刑的适用来治理腐败,这并不能从根本上消除腐败"。[②] 这种论述,事实上已经不仅仅是在谈论法律价值问题了,而是涉及更多与法律有关,但能够更广泛影响社会的意识形态问题。从这些学术表述中,能够看出刑事法律系统在通过自我定义价值、意识形态,并以之审视来自政治系统的政策,对政策的"正当性"进行甄别,批判、抵御不符合刑事法律系统意识形态的政策,从而寻求刑事法律系统走向自主化,并独立于政治系统之外。在这个基础上刑事法律系统

---

① [日]曾根威彦:《刑法学基础》,黎宏译,法律出版社2005年版,第12页。

② 陈兴良:《刑法的刑事政策化及其限度》,载《华东政法大学学报》2013年第4期,第4~15页。

甚至在某种意义上寻求以刑事法律系统的合法化意识形态功能来影响政治系统,从而改写政治系统的立法,使之符合刑事法律系统的要求。

在这种背景下,不难理解当时中国的刑事法律系统(这个系统大约在21世纪的世纪之交初步成型了)对刑事政策的态度。一方面,并不愿意像李斯特那样,在刑事政策与刑法之间真正划一条鸿沟,因为刑事政策中的某些因素是能够被刑法系统吸收、援引的;另一方面,对于价值观不合的刑事政策并不那么友好,保留了一定的抵触情绪。总体而言,对来自政治系统的刑事政策,刑法学界持一定的保留态度,认为:“在坚持刑法的刑事政策化的同时,如何避免过度的刑法刑事政策化,这是一个需要充分重视的问题。”[①]提出了下述命题:刑法的稳定性与刑事政策的变动性之间矛盾的消解、刑法的规范性与刑事政策的价值性之间关系的协调、刑法的公正性与刑事政策的功利性的对接。[②]

注意,在这个时代,学者很敏感地意识到刑事政策的功利性取向,乃至刑事政策追求的价值有可能与刑法学界不同:“事实上,刑事政策并不像刑法那样是中性的,可以成为追求各种价值的根据。如果说,罪刑法定原则是以人权保障为其根本价值的,那么,刑事政策就是以追求惩治犯罪与预防犯罪的有效性作为其价值目标的。在刑法的公正性与刑事政策功利性之间存在着一种紧张关系。”[③]也即,刑事政策肩负的政策目标更多是为了惩治犯罪与预防犯罪,也即为了社会治安以及相关秩序得到保障;而刑法则已经倾向于“以人权保障为其根本价值”,虽然学界也曾强调刑法保护社会的功能。但人权的强势话语

① 陈兴良:《刑法的刑事政策化及其限度》,载《华东政法大学学报》2013年第4期,第4~15页。

② 参见陈兴良:《刑法的刑事政策化及其限度》,载《华东政法大学学报》2013年第4期,第4~15页。

③ 陈兴良:《刑法的刑事政策化及其限度》,载《华东政法大学学报》2013年第4期,第4~15页。

某种程度上成为刑事法律系统凝聚、构建自我认同的一个标志，与之相适应的是废除、限制死刑，轻刑主义，保障嫌疑人、犯罪者人权，以及刑事诉讼领域里的对“程序正义”的高度强调。

在这种背景下，我们更容易理解，为何罗克辛的理论会在 21 世纪之初进入中国，并且能够得到中国刑法学人更多的褒扬、认同与援引。注意，罗克辛的理论来到中国，并逐渐普及时，备受诟病的“严打”等刑事政策已经逐渐成为过去时，2001 年之后，事实上政治系统没有再出台过“严打”的刑事政策了。此时的刑事法律系统已经成功构建，并在意识形态领域取得了一定的强势地位，主导着整个刑法学界、刑事司法界、乃至社会公共舆论对刑事问题的认知。这种情况下，刑事政策中再出现“严打”及类似措施几无可能；相反，公安机关侦破案件维持治安的努力被置于刑事法律系统的严格监督之下。罗克辛所言的刑事政策，主要是要“发挥人权保障的实质合理性功能”的，这与中国刑法系统的自我认同的价值偏好高度同一。某种意义上，罗克辛并不是要从政治系统再次引入政策以试图跨越“李斯特鸿沟”，而是在刑事法律系统已然获得一定独立性的基础上，试图给予刑事法律系统一个自我突破价值中立约束的理由，方便了曾经被束缚在“价值中立”这一桎梏之下的刑事法律系统，发展出更有利于自我凝聚、抵御政治系统的价值偏好。这一学术旨趣与中国刑法学界的理念不谋而合。因此，在屏蔽了来自政治系统的刑事政策之后，刑事法律系统以引入“刑事政策”为名，赋予法官自由裁量权以推行刑事法律系统所期许的“保障人权”的价值认知。这一切发生的天衣无缝，尽管此“刑事政策”似乎并非彼“刑事政策”。

再次强调，罗克辛试图引进刑事政策跨越“李斯特鸿沟”，这时的刑事政策已经不是我们通常理解的来自政治系统的政策了，这种政策毋宁说是刑事法律系统试图突破价值中立的束缚、强化系统价值偏好，使得系统价值偏好正当化的一种举措。这个时候，刑事政策与刑法教义学之间的关系，体现的不再是政治系统与法律系统的关系，而是法律系统内部寻求价值注入、自我价值表达的努力。此时引入刑事政策的概念，其实是通过对共同价值的肯认，通过刑事政策这一术语表达相关共同体的价值偏好，通过共同体共享同样的价值偏好强化了刑事法律系统相对于环境的独立性，进而强化了刑事法律系统的封闭性。有学者进一步探讨了通过教义学的目的解释在操作层面体认相关刑事政策的价值，从而更好地融合教义学和刑事政策。① 这种刑事法律系统的独立、封闭，对社会意味着什么？这似乎并不是刑法学家们重点关注的一个问题。类似于命案必破之类的来自政治系统的政策要求，其实在刑事法律系统里，已经丧失了作为传统“刑事政策”的地位与正当性，在很多情况下被刑法学家视为一个纯来自政治系统的外行的专断的并且不符合法治精神的要求，因而在一定程度上被刑事法律系统诟病、抵触。与此同时，我国刑法学界提出了“专业槽”这个概念，试图将非刑事系统的话语（一定程度上甚至包括非刑事法律专业的其他法律人的话语）抵御在外，进一步完成刑事法律系统的自主性、封闭性。“保障人权”，这一凝聚刑事法律系统的意识形态口号，成为刑事法律系统获得合法性认证的旗帜，并被贯穿到刑事法律系统内部的刑事政策中。除此之外，即便不能说完全不再负责，至少事实上就整体而言刑事法律系统减轻了自己对社会治安、保障社会秩序等方面的责任。虽然仍然有不少刑法学者在研究运用刑法规制贩毒等传统犯罪、网络诈骗等新型犯罪，然而，所有这些学术努力，某种程度上是置于刑法内部的价值审视之下的，受制于即有刑法的教义学和人权话语，而非为解决相关问题穷尽更多手段。车浩等学者提出了以教义学为主的刑法学立场，主张用教义学立场审视、引进所谓的社科法学的方法、知识。② 政治系统通过刑事法律系统解决相关治安等社会问

---

① 参见杜宇：《刑事政策与刑法的目的论解释》，载《法学论坛》2013 年第 6 期，第 74 ~ 83 页。

② 参见车浩：《法教义学与社会科学——以刑法学为例的展开》，载《中国法律评论》2021 年第 5 期，第 118 ~ 139 页。

题的能力,在一定程度上被刑事法律系统弱化了。刑事法律系统合法化的基础从此更依赖于其内部的价值共识,以及这种价值在社会生活场域中的可接受性(也即,能否为社会共同体认同),而不再更多依赖于工具维度对社会的共同体的功能满足。虽然如前文所述,刑法学者有诸多探讨运用刑法解决社会问题的研究旨趣和研究成果,但这种研究是受限于刑法教义与价值的,因此在实现政治系统要求的社会治理目标的功能方面是受限的、相关社会治理功能并不能成为刑法唯一的元价值,而刑法学界对法律工具主义也是抵触的。马永强强调:"为防止刑法沦为纯粹的规训工具,有必要认真考察刑法的价值根基与刑事政策目标由于受限于刑法的教义与相关内在价值诉求。"①这种情况下,刑事法律系统更为封闭的运行,从价值、专业知识两个维度抵御着来自政治系统的要求,并且更多地依靠价值灌输说服其他共同体成员接受其合法性。正是在这种背景下,刑事法律系统不断地通过公共传媒向社会大众灌输其价值理念,成为一种必需。呼格案、聂树斌案等能够宣示以往缺失了"人权"叙事的司法系统运行出现问题从而佐证当今刑事法律系统理念正确性的案件作为新闻事件不断出现在传媒,并被一再强调,乃至最近罗翔等学者以一种普法者的姿态通过流量媒体出现在公众面前,都可视为这种努力的一部分。

在我们弄清罗克辛跨越了"李斯特鸿沟"再次在刑法学中注入的"刑事政策",不再是通常意义上来自政治系统的政策(像其他法律领域,以及之前的刑事法律领域)之后,就可以理解当前刑事法律学界对罗克辛跨越"李斯特鸿沟"的相关学术研究,已经和本书所探讨的法律的"政策功能"无关。某种意义上,刑事法律系统继续使用"刑事政策"这一能指,恰恰是更为彻底地屏蔽了可能的来自政治系统的"政策"。这一点尤为重要。

---

① 参见马永强:《刑事政策与刑法体系的关系——兼论刑事一体化的教义学进路与限度》,载《苏州大学学报(法学版)》2020 年第 2 期,第 111 ~ 124 页。

根据上文的论述，刑事法律系统通过“罪刑法定”的强意识形态，有效地规避了识别问题；同时通过型构自我价值等方式对政治系统的抵御以及对政治责任的消解，一定程度上摆脱了可能的政策功能。因此刑事法律系统从社会功能角度，仅仅剩下卢曼所言的保障行为预期功能。这一功能，使行为人的合法行为得到必要的法律保障，也可以使某些试图越轨者，在预知现有规则的前提下，有效地规避现有的刑事法律规定，以罪刑法定原则为护身符，追逐不正当的利益。刑法确实成为保护犯罪者的大宪章，在这个场域里，可能的受害人已经被消音。在这个意义上，刑事法律系统实现了自己对生活世界的宰治。笔者不对这一现象作更多的伦理评价，仅仅是陈述这样一个事实。当然，这不意味着这个问题不能够反思，也不意味着系统对于生活世界的宰治具有天然的正当性，同样不意味着这种情况是一种值得肯定或者从西语世界移植引进的，更不意味着这种情况会永远地存续下去。某种意义上，这种系统重视其自我价值自我运作而相对忽视其对于社会环境的工具意义的，有可能会导致系统不能更好地处理其相关社会职责，比如在刑事领域，过于强调人权叙事有可能会在一定程度上减轻刑事系统应对社会治安的能力。如果社会治安出现问题而刑事法律系统不能很好地应对，则有可能出现哈贝马斯意义上的功能维度的合理性危机。如果功能维度的合理性持续不能有效解决，则有可能引发认同维度的合法性危机，这种危机到了一定程度，仅靠刑法学者的普法、宣传、启蒙，恐怕未必能够解决。当然，这个问题并非本书探讨的重点。本书关注的乃是刑事法律系统化这一实然问题。

如前文所述，刑事法律系统发展出了系统内部的“刑事政策”，但这种政策与竞争法系统中的沟通政治系统与法律系统的政策完全不一样。并且，与竞争法对政治系统的相对友好相比，刑事领域法律系统对政治系统本身有非常强的抵触意识。然而，这并不意味着，在应然层面，政治系统完全没有理由介入刑事系统的运行，因为政治系统是需要对治安、社会经济秩序、国家安全等问题真正负责的；而政治系统对上述问题负责,将不可避免地借助刑事手段。就这个角度而言,虽然本书并不就刑事法律系统抵御政治系统保持其独立、封闭的正当性问题深入下去,而只是陈明目前存在的事实,但依然可以认为,至少从政治系统而言,与刑事法律系统加强沟通是必要的。并且,在条件具备的情况下,政治系统是可以通过立法或者其他手段介入刑事法律系统的运作,适当减轻其封闭性的。因此,或许可以认为,虽然今天的刑事法律系统相对成功地对政治系统保持了其较大的独立性,但是未来,或者基于政治系统的强需求,或者基于刑事法律系统不能有效保障社会治安而引发的认同危机,政治系统都有可能(仅仅是可能)再度强势介入刑事法律系统的运作。在这种情况下,竞争法的相关政策机制对于未来的刑法与政治系统的沟通,或许有一定的借鉴意义。

本章小结

本章探讨了民法、知识产权、财税法、刑法 4 个不同领域的法律系统,是如何面对政治系统可能的政策要求,以及如何应对新出现的行为模式。民法总体上而言,个别领域用把政策形式理性化的方式写入法律体系,从而实现了政策对社会生活的调整,但这种调整并不多,并且比较间接。总体上,民法系统是尽量相对于政治系统保持其独立性的。至于新行为模式的介入问题,民法通过立法时高度抽象、预留兜底条款、司法时的教义学技术应对,基本可以用这些方法缓和新行为方式与即有立法之间的紧张,而从外在维系法律系统稳定行为预期的功能。但是这种方法对某些新行为模式不一定有效,而对竞争法发展处理的识别机制有一定借鉴作用。知识产权法是一种理论上政策性较强的法律,然而我国法律系统潜在地用“私权”话语抗拒“政策介入”,使得政策的介入更多地停留在立法阶段与指南性文件出台阶段。知识产权领域里其实新行为模式出现很多,现在经常出现将知识产权既有话语解决不了的问题放到反不正当竞争法中解决，也即在一定程度上借鉴了竞争法的识别机制。财税法作为经济法的一个子部门法，本来就肩负着相关政策使命，然而财税法学界试图用新自由主义价值抵御政治系统试图通过财税法调整经济的努力，当然，这种抵御目前并不成功。这种发展方向潜藏着危机，比较可欲的方向是财税法系统建立起与竞争法系统类似的政策功能机制。本章最后讨论了刑法。刑法本身由于罪刑法定原则的限制，理论上对新犯罪行为模式只能作无罪推定。刑事领域的政策，从 19 世纪末李斯特时代开始，有过一个刑事政策与刑法分离的阶段，这时候政策被限定在政治系统的立法行为，而刑法以教义学为基础，构建了一个封闭的系统抵御司法过程中可能的来自政治系统的政策干预。20 世纪下半叶罗克辛以跨越“李斯特鸿沟”为名，赋予司法层面刑事系统在审判中注入价值判断的权力。这一点，深深影响了我国目前的刑法理论。我国刑事法律系统对来自政治系统的政策总体上是抵触的，但同时希望以刑事政策之名在审判中注入更多价值判断。刑事法律系统仍然有很强的独立于政治系统的倾向。总体而言，我国的法律职业共同体，对来自政治系统的政策是抵触的，而不是像竞争法领域那样构建了一种政策沟通机制，这一点既佐证了竞争法是与以往形式理性法不同的法律，也暗含着一种隐忧：以法律系统封闭化、自足化为基础的现代法治话语，未来将把中国带向何方？这种情况下，考虑多引入、借鉴一下竞争法与其他系统的沟通机制，以及在这些机制基础之上的相对开放性，或许是有益的。

第八章　法律系统、竞争法功能理论对于法治之意义

第一节　法律系统对于法治理论与实践之意义

法治某种意义上是中国这些年来不懈追求的目标，也在公共话语空间成为一种不容质疑的政治正确。这里，当然有其强大的国民心理基础。人们期望生活在一个有预设公正规则的环境中，各种行为有法可依，各种权益都能够得到法律的保障。这种对稳定制度环境的追求，曾经被概括为一个术语：法制。法制的基本要求是：有法可依，有法必依，执法必严，违法必纠。在20世纪最后10年，学界以及官方文件用“法治”这一概念代替了“法制”，并且普及广大公众之中。也正是在同一时间段，我国开启了司法改革，开始了法律人的职业化、专业化要求，开始了法律人共同体的建设。回顾这段历史，可以发现，我国法治理念的提出、推行，是与法律职业共同体，以及法律系统的建设大致同步的。这使得今天，法律工作专业人员，基本都会自觉不自觉地从职业共同体的内在视角看待“法治”的相关内核及要求；

然而，职业共同体以外的人到底是如何真正理解“法治”？他们支持的“法治”又到底是什么？这似乎已经不再是一个值得认真对待的问题。公共的话语空间里，关于法律、关于法治的各种意义的诠释，似乎已经被职业共同体垄断，成为一个系统内部交流的代码。至于系统外部的环境，已经在事实上对这个符号仅保留了仰视和尊重的权利，对其的具体理解已经不再那么重要。总之，无论在系统内还是系统外“法治”这一符号都获得了至高无上的地位，然而大家看到的是否是一样的“法治”，则是一个被遗忘的问题。

这里有必要回顾一些“法治”概念的起源，以及经典法治理论提出的时间段。一般认为，最早的法治理念倡导者为公元前四世纪的古希腊的亚里士多德，他提出了法治的经典含义：“已成立的法律获得普遍的服从，而大家所服从的法律又应该本身是制定得良好的法律。”[①]这一含义包括两个部分：其一，已成立的法律获得普遍的服从；其二，大家服从的法律是良好的法律。

这两个部分中，第一个命题看起来是相对简单的，也即，大家遵守公认的规则。然而，在西语世界之后的法律实践中，却需要面对一个看似简单实则非常复杂的问题，何为已经成立的法律？因为在希腊—罗马世界，已经有了自然法的观念，有了自然法与国家制定法的对立。在古代中国，这个问题相对简单一些，人们用“礼”和“法”两种不同的能指指向不同的所指，把法限定在国家实定法的层面，因此，总体上，传统的中国人不太可能有法律多元主义的困惑。这种传统延续至今。今天普通中国人认知的法律，基本上就等同于国家实定法。注意，这里并不是在作一个简单的概念梳理，而是在反思一个问题：普通中国民众支持的“法治”的前提是什么？这里面的“法”是什么？很大的一种可能是，今天普通的中国民众，甚至包括很多法律系统以外的政治、经济精英，在认知上是完全没有过法律多元主义以及“自然法—实证

① 张宏生、谷春德主编：《西方法律思想史》，北京大学出版社 1990 年版，第 18 页。

法”二分的概念的，他们认知的“法治”中的“法”，就是一套来自立法机构制定的实证法规则。①

相比之下，在西语社会，至少曾经的历史时间段，对“法”的认知要复杂很多。希腊罗马时代，就有了自然法的概念，悲剧安提戈涅就彰显实在法与自然法的矛盾，提出了谁该服从谁的问题。公元前一世纪古罗马的西塞罗认为：“现行法律和正义相矛盾的话，那么这种法律就不是真正的法律。”②这一论断，将自然法置于实定法之上。不过，作为一个政治实践的失败者，西塞罗的法律思想很难说到底对古罗马法律实践有多大影响。③ 不过，那个年代自然法与实证法的对立是明显存在于某些罗马人的观念之中的。到了中世纪，欧洲又有了日耳曼习惯法、教会法、封建法、商人法等。事实上，当我们阅读很多西语世界的经典作家，在使用“法”这个概念时，似乎都需要加上一个追问，这里的“法”究竟为何？因为国家制定的实证法相对自然法的完全胜出，在西语社会是很晚近的事了，这种全面的胜出大约是在 19 世纪分析实证主义学派出现之后的事。在此之前，有些学者已经开始了自然法和实证法二分，并且认同实证法的理念，比如霍布斯，有些学者则未必。如阿奎那的体系中，法律就分为永恒法、自然法、人类法、神法，④并且，阿奎那认为的人类法与安提戈涅中与自然法可能矛盾的实证法还不

① 学者刘星认为这种“法”的概念其实和现代法治观念是互不协调的。相关讨论参见刘星：《民主的一个叙事立场》，法律出版社 2001 年版，第 28 ~ 60 页。

② 张宏生、谷春德主编：《西方法律思想史》，北京大学出版社 1990 年版，第 33 页。

③ 注意，后世的思想史著述者，往往基于西塞罗本人的学说在中古世纪以后的影响，推论西塞罗对罗马世界的影响。例如，西塞罗论述了“权力源自人民”的治理原则。参见［美］乔治·萨拜因：《政治学说史》（上卷）（第 4 版），邓正来译，世纪出版集团、上海人民出版社 2008 年版，第 213 页。然而，观察罗马帝制时代的政治实践，这一原则真正深刻影响了罗马人的政治实践吗？萨拜因把西塞罗和罗马法律人放在一起论述，似乎是在暗示前者对后者的影响。然而，他也承认，“法律人是法学家，不是哲学家”，对于哲学理念“人们往往难以判断究竟应当对这个理念认真到什么程度”。参见［美］乔治·萨拜因：《政治学说史》（上卷）（第 4 版），邓正来译，世纪出版集团、上海人民出版社 2008 年版，第 214 页。罗马人总体上是务实的，很难说西塞罗援引的精致的希腊学说到底对他们有多少影响。

④ 参见张宏生、谷春德主编：《西方法律思想史》，北京大学出版社 1990 年版，第 59 页。

太一样。这种“人类法本身派生于自然法,表现为一般准则的特殊规定或出自不可证明的原则的具体结论”。① 事实上,直到今日,法律多元主义的观念至少在西方法学界仍然有相当大的影响。那么,我们是否需要追问一句:亚里士多德的“信奉者”们,他们所谈的“法律”,真的是在指涉同一种客观存在吗?

今天的社会,真正受过严格专业法律职业培训者,视野中的“法律”,更可能已经不再是教科书中所定义的那种由国家有权机关依照程序制定的实定法规则了。法教义学的研究告诉我们,大量的法律在实践中其实是需要被“解释”的,而法律的解释权限,基本上归于法律职业者这个经过专门培训的共同体。那么,经过法律职业共同体解释的“法律”,和法律职业共同体以外的人员看到的“法律”,是一样的吗?这是一个存疑的问题。从哈特开始,分析实证主义其实已经从单一的国家实证法向法律职业共同体视角中的法作了巨大的妥协。“承认规则”这个特殊的学术命题,其实质功能就是使得关于何为“法律”的认证的权力,重新在理论上回到了法律职业共同体手中。哈特的理论因而并没有诉诸国家实定法的概念,而只涉及第一规则和第二规则。德沃金进一步用建构性诠释的整合性法律等命题,强化了法律职业共同体对法律的终极话语权力。在具体的法律技术层面,则在更早就开始了这种法律职业化的铺垫。以更为精准为名,法律人构建了一套不同于日常生活语言的术语体系,并将之贯彻到立法和法律实践中。例如,在民法中出现了物权、意思表示等术语,出现了要约、承诺、无过错责任等术语,等等。我国新通过的《民法典》,相比于1986年的《民法通则》,很多措辞对于普通公众而言,已经比较陌生。例如,社会公德被公序良俗置换,人格权取代了人身权,物权部分取代了财产权,等等。这些表述的置换,真的仅是为了表述更为精确吗?这里不妨回

① [美]列奥·施特劳斯、约瑟夫·克罗波西主编:《政治哲学史》(上),李天然等译,河北人民出版社1993年版,第287页。

想一些维特根斯坦那个经典的关于“石板”的释例。[①] 在这个例子中，一个工人说，“石板”，另外一个工人就把石板扔给他。这里面，“石板”这个表达是精确的还是不精确呢？事实上，回到维特根斯坦，“一切词语的意义都在于使用”，离开语境谈论语词的精确性其实意义并不大。同样一个语词，其精确程度，对于不同人群在不同语境中的使用，其意义是不一样。物权与财产所有权，对于普通公众而言，真有提高精确度的意义吗？另外，需注意一个问题，索绪尔以来语言学界已经公认一个事实：能指与所指的关系是任意性的，也即，符号和对应的事物，其关系取决于使用者的共识，而不存在先验的对应关系。因此，在大量的使用法律专业术语取代日常生活用语这一过程中，不排除确实有使法律用语更为精确的主观愿望，但事实或许是，不必采用这些“术语”，而采用其他表述方式，也有可能实现类似的精确；而使用这些术语，更大的可能的功能在于用一种职业话语体系，方便了法律人的内部沟通，而将普通社会公众排除在外。所以，法律教义学一个重要的功能，是把相关法律现象用专门的术语概念化。经过职业术语改写过的法律规则，其实际意义已经是普通公众难以把握的了，法律实现了对普通公众的“陌生化”。[②] 那么，当普通公众信仰“法治”，坚持守法这一原则时，他们所信之法、所守之法又究竟为何呢？普通人并不知道自己所守之法为何，那么如何评估亚里士多德意义上“已成立的法律获得普遍的服从”这一命题已经实现了呢？

再来看亚里士多德的第二个命题：“而大家所服从的法律又应该本身是制定得良好的法律。”这里涉及一个关于法治更为重要的概念：良法，也即好的法律。一种法律是否是良法，其实就涉及到了价值判

---

① 参见[奥]维特根斯坦：《哲学研究》，李步楼译，商务印书馆 1996 年版，第 12 页。

② 学者刘思达实证考察了我国《民主与法制》杂志“法律顾问”栏目话语的变迁，认为律师们“为公众所提供的法律咨询意见也变得越来越抽象，有时甚至显得太过专业化和技术化，以至于使一般读者无法理解”。刘思达：《失落的城邦——当代中国法律职业变迁》，北京大学出版社 2008 年版，第 97 页。

断，而涉及价值判断问题时，一个不可忽略的问题是：谁才是作出这种价值判断的合格的主体？启蒙时代的学者，一方面似乎多在倡导民主，但另一方面似乎又都倾向于赋予自己哲学王的地位，也即齐格蒙·鲍曼所言的“立法者”。这个时代，启蒙知识分子本身自觉不自觉地把自己设定成了作出法律是否“良法”价值判断的判断主体。在现代化的实际进程中，民主是个渐进的过程，在很长一个历史时期，选民在一国所有民众中的比例并不大，这些精英化的选民或者本身与启蒙知识分子同质、或者没有挑战启蒙知识分子的动力、或者没有挑战启蒙知识分子的能力。总之，这一时期启蒙知识分子成为立法者，作出了各种现代性规划，指引着人类前进的方向。他们也就理所当然是何为良法的评判者。然而，到了 19 世纪下半叶，一方面法律系统高度的专业化形式理性化了，非法律专业的知识分子已经不一定弄得懂法律的具体规制是什么，因而已无法评价法律了；另一方面，尼采的时代“上帝死了”，终极意义上的权威似乎已经不存在了，这个时代，人们也不会盲信启蒙知识分子了，因而也不会再轻信他们对于法律是否良法的评判。这种背景下，知识分子开始了总体上从立法者到阐释者的转型。随着法律的专业化，能从内部价值取向维度评价一种法律是否良法的，唯有法律职业人了；而公众则仅仅能从外部效果来臧否法律，并且由于对专业话语的陌生，他们能够作的评价很有限。在我国，一个典型的例子就是孙志刚案。这个案件涉及《收容遣送条例》是否良法的问题。事实上，虽然《收容遣送条例》还不是前文意义上专业化的法，但是对于普通公众而言，这种法到底有什么消极意义和积极意义，似乎并不能完全判断。但是在出现孙志刚这种恶性案件后，从外部观察，普通公众认为该法似乎带来了不良的后果（事实上，法律本身带来的不良后果和不当执法行为带来的不良后果并不相同，然而这一点，在法律专业认识和媒体的诱导下，普通公众显然没有区分的动力），于是普遍认同了部分法律人提出的该法并非良法的认知。从之后的立法来看，《物权法》已经开始了大规模的比较专业的术语表述，《民法典》更是用几乎完全的专业术语置换了以前法律中的日常生活用语。普通公众几乎很难直接阅读并读懂相关文本，然而却多数对这两部法律持高度拥护的态度；因为法律专业人士给予这两部法律很高的评价，所以，这两部法律自然就是良法了。总体而言，事实上能够作出评价，并引导公共舆论作出评价的，只有法律职业人了。

由此，能否对亚里士多德关于法治的两个命题——守法、良法——进行评判的人，就都只剩下受过法律职业培训的法律职业人了。也即，某种程度上法律职业人最终掌握了对什么是法治的评判权。在之前完成的，则是法律本身高度的专业化、系统化，法律职业人经过职业培训高度的同质化，也即，卢曼意义上的相对封闭的、独立于社会环境的法律系统形成了。

理解这个封闭的、自主运行的法律系统，对于我们理解法治的实质意义极大。因为真正意义上，法治理论的系统阐述与发展，都与这个法律系统是密切相关的。公元前四世纪的亚里士多德，虽然最早提出了法治的概念，并且讨论了法治的两个基础标准，这两个基础标准在某种意义上可以延续至今，然而，需注意，西语世界并未就此开始连续的法治实践。希腊时代邦国林立，亚里士多德的学生亚历山大，作为一个著名的帝王、军事领袖，显然并没有实践亚里士多德法治构想的动力。尤其需要注意，亚里士多德的法治理念是和民主这个概念相关的。但是，民主的社会就可以称为法治社会吗？希腊之后崛起并统一地中海沿岸的罗马共和国，有着民主制度，也有着被相当大程度上遵守的法律，以至于凯撒在进行越过卢比孔河这一涉嫌违法的行径时，犹豫再三。但是，鲜有法治理论家将当时的罗马称为法治社会。之后罗马进入了帝国时代，一度发展出可作为现代民事法律基础的罗马法，然而帝制本身与民主是矛盾的，罗马皇帝似乎能够凌驾于法律之上，这种情况同样鲜有法治理论家将罗马帝国称为法治社会。到了东罗马查士丁尼时代，非常完备的罗马法完成了系统化、法典化，然而这种法律到底在多大程度得到实施确是一个存疑的问题。毕竟不到一百年后，东罗马惨败于新崛起的阿拉伯帝国，丧失非洲、亚洲大片土地。到了漫长的中世纪，法治作为一种理念淡出了，虽然日耳曼世界有着“王在法下”的习惯法，但这仅仅是一种国王与封建贵族分肥的机制而已。那个时代“法”的含义极为复杂，有国王立的法，有习惯法，有封建法，有教会法，有商人法，基本无法整理出一个统一有效的规则体系。重申了“王在法下”的英国 1215 年《大宪章》，被后世追捧，以为其有某些“法治”的划时代的意蕴，实则是一个巨大的历史误会。这部文件只是“陈述了旧法律，却未制定新法律”，[①]只不过是英国国王与贵族及部分自由民的一次分肥文件，当时占英国人口 90% 的维兰、小屋农，基本和这部文件没有关系。而后世作为法治重要内涵的民主、平等、公正，等等，并没有写入这个大致由文盲们签订的文件。而其备受追捧的第 39 条，确实彰显了部分现代法治的价值，然而该条的后半段，强调的却是同一阶层的人犯罪只能由同一阶层的人审理，明显是违背平等精神保障贵族特权的，也是与亨利二世以来英国试图建立统一司法体系的努力相矛盾的。并且，15、16 世纪，兰开斯特、约克与都铎时期，《大宪章》作为一份法律文件基本淡出了英国人的政治实践乃至视野。事实上如果以《大宪章》的颁布为一个时间节点，英国的王权之后事实上一直在试图增强，以致出现了王在议会的都铎专制。在这个过程中，英王发展了职业法官，英国逐渐由职业的法官到职业的律师，乃至律师公会等机构，发展出了一个独立的职业法律人体系。[②] 这些职业法律人依托他们对判例法等知识的垄断，逐渐建立起了一个相对封闭的法律系统。王室也对这种普通法院为中心形成的法律系统相对警惕，陆续推出了衡平法法院、星座法院等措施。但这对普通法系统的权威的影响相对有限。17 世纪初，曾经担任过大法官、可视为

---

① 参见 C. B. 亚当斯：《英国宪政史》，伦敦，1935 年版，第 129 页。转引自阎照祥：《英国贵族史》，人民出版社 2000 年版，第 77 页。

② 参见［英］保罗·布兰德：《英格兰律师职业的起源》，李红海译，北京大学出版社 2009 年版。

法律系统代言人的爱德华·柯克进入下议院，这在英国法制史上或许是里程碑的一步，柯克以法律专业人的身份领导下议院，重新“发现”追溯了《大宪章》等历史文件，使得法律系统真正影响到国家实定法的制定，并且构造出了一个“古代宪法”的故事，使得法律系统彻底地独立于王权。① 然而，接下来的历史故事里，英国法律系统虽然独立于王权了，但与取王权而代之的议会关系暧昧。17、18 世纪，哈林顿、洛克等先后阐述了法治思想，哈林顿认为共和国的显著标志是：“法律的统治而不是人的统治”，“一个共和国的自由存在于法律的王国之中，缺乏法律便会使他遭受暴君的恶政。”②洛克亦认为：“统治者应该以正式公布的和被接受的法律，而不是临时的命令和未定的决议来进行统治。”“政府所有的一切权力，既然只是为社会谋幸福，因而不应该是专断的和凭一时高兴的，而是应该根据既定的和公布的法律来行使。”③注意，这个时代的思想家，所勾画的法治蓝图，和亚里士多德时代并没有本质的区别。这个时代对法治的要求，其实是用法律来约束统治者，但法律的制定本身仍然是来自政治系统的，尤其在洛克那里，洛克强调三权分立，但是在他看来，这三种权力不是平行的，立法权高于其他两种权力，处于支配地位。“立法权，不论属于一个人或较多的人，不论经常或定期存在，是每一个国家中的最高权力。”④从兰开斯特时期开始，英国的立法权就逐步向平民选举的下议院转移了。光荣革命后，英国成为一个议会主权的国家，某种意义上，法律系统并没有能够完全独立于议会。在洛克提出的三权分立主张里，甚至并没有司法的一席之地；事实上，很长时间里英国的最高终审权也在上议院。总体看来，似乎洛克、哈林顿的法治思想，并没有在多大程度上超越亚里士

① 关于古代宪法的问题系统讨论，可参见［英］J. G. A. 波考克：《古代宪法与封建法：英格兰 17 世纪历史思想研究》，翟小波译，译林出版社 2014 年版。

② 张宏生、谷春德主编：《西方法律思想史》，北京大学出版社 1990 年版，第 139 页。

③ 张宏生、谷春德主编：《西方法律思想史》，北京大学出版社 1990 年版，第 125 页。

④ 张宏生、谷春德主编：《西方法律思想史》，北京大学出版社 1990 年版，第 127 页。

多德。但光荣革命后的英国,可以认为,确实开始了法治的实践,代表王权干预司法的星座法庭等被取消,司法独立的原则也真正得到确立。① 不过,这一时代的法治,主要是议会主权的法治。在现实中英国的法律职业人,则扮演着重要的角色。法官们沿袭了以往对判例法话语的垄断,并且多有通过判例创设规则甚至改变规则的企图。只是这种现实暂时没有得到更多理论表述。理论上,英国依然是议会主权,政治系统掌控一切的国家。真正在国家体制上实现了三权分立的国家是美国。然而独立之初的美国,司法权却似乎并不够强大,最高法院法官的职位对人的吸引力有限。但是,美国沿袭了殖民时代的判例法传统,法律职业人发展壮大,并且在马伯里诉麦迪逊案中,最高法院获得了一个对于政治系统重要的制衡措施:违宪审查的权力。可以认为,光荣革命以后的英国,以及 1787 年立宪的美国,如果按照今天多数中国公众可能的理解,某种意义上已经开始进入一个法治的时代。在这两个法域,此时的最高的政治权力,已经被纳入了法治化的轨道,人们一定程度上开始了依照法律治理国家的实践。这个时代英美两国都有了职业的法律人集团,但这个集团对整个法治的影响到底到了什么程度,是一个还需要再实证考察的问题。但总体上,这个时代经过民主合法化之后的政治系统,之强大是毋庸置疑的。主导英国国策的明显是议会,议会出台了大量的实定法。边沁甚至有过大规模改革英国法律,以议会制定的法典代替既有复杂的法律体系的企图。美国的司法权亦不像人们想象的那么强势。在切诺基案后,总统甚至公然不执行马歇尔大法官的判决。整个 19 世纪上半叶,违宪审查权其实只有马歇尔运用了一次而已。在 1860 年代著名的梅里曼诉讼案中,林肯总统基于镇压叛乱的需要,基本蔑视当时的最高法院大法官坦尼

---

① 英国司法独立原则确立于 1701 年王位继承法。相关探讨参见于明:《司法治国:英国法庭的政治史:(1154—1701)》,法律出版社 2015 年版,第 250 页。

的相应诉求①。同样在19世纪上半叶,在法国的法制史上,留下光辉印记的是来自政治系统的拿破仑法典。法律人的职业化程度也没有后来那么高,拿破仑法典的特点是文字通俗易懂,那个时代受过教育的普通法国人阅读该法典并没有障碍。并且,注意,那时的商事法庭是由商人组成,而不是职业法官,法律职业人并没有垄断整个法律体系。

如前文所述,真正提出系统的具有现代意义的法治理论的是戴雪;同样值得注意的是,为何在英美国家已经步入名义上的法治时代之后,戴雪还会再度提出一个似乎已经得到解决的问题,并就这个问题提出一套系统的方案?这也有助于我们更好地理解,今日在法律界取得支配地位的法治理论,究竟为何。戴雪划时代的关于法治的理论著作《英宪精义》,出版于1885年。这个时代,正是本书第一章所论述的,法律系统从政治系统中独立出来的时代,戴雪的法治理论中,高度强调的是普通法院的作用。他认为法律平等的意思,就是:"凡人皆受治于普通法律,而普通法律复执行于普通法院。"②"只有法治才是英国宪法的基础;议会不仅不能干预法律的常规程序,而且还要着重维护司法独立,因此,确立议会主权只是为了确保法院一直是国家政治生活的最高仲裁者。"③这里,我们可以观察到,戴雪的理论,其实已经远远突破了亚里士多德,甚至突破了哈林顿、洛克,在戴雪这里,法治的核心要义在于一种独立于政治系统的法律系统的统治了。如本书第一章所述,戴雪法治理论的三个要素:"(1)绝对的或超越的法治,反对政府有专断的、自由裁量的无限制的特权,英国人可以因破坏法律而受处罚,但不会因为其他任何事情而受处罚;(2)法律面前一律平等,英国人不分阶级受治于同一法律体系,为同一法院所管辖;(3)对

① 参见任东来等:《美国宪政历程:影响美国的25个司法大案》,中国法制出版社2014年版,第111~117页。

② [英]戴雪:《英宪精义》,雷宾南译,中国法制出版社2001年版,第259页。

③ 何永红:《戴雪宪法理论研究》,知识产权出版社2015年版,第12页。

于英国人来说，宪法不是一切法律规范的渊源，而是个人权利与自由的结果，而英国人的权利和自由是由宪法根据习惯法予以保障的。任何人的权利受到他人的侵害，都有权通过法定的救济办法获得补救。"[①]都可以从法律系统对政治系统的独立角度得到解读。当然，戴雪提出这一理论有其自己的理论路径依赖与偏好，更有其时代背景，如前文所强调的，精英阶层对于日益民主化的政治系统的担忧。这一时代，强大的法律系统已经在实质上独立于政治系统而运行，戴雪的理论不过是其正当化的表达而已。在美国，戴雪理论提出之前的年代，同样出现了一个始自 19 世纪 70 年代的法律职业化运动[②]以及与之相伴的法律形式化运动，一个强势的、更为封闭的法律系统得到构建。

更需要注意的是，戴雪的法治理论中，有些命题与奥斯丁等分析实证主义法学家是不一样的。在奥斯丁的理论中，法律是主权者的命令；而在戴雪的法治理论中，"宪法不是一切法律规范的渊源，而是个人权利与自由的结果"，这在某种程度上似乎又回到了自然法的传统，提出了先于实定法的个人权利与自由。也即，戴雪在他的法治理论中，注入了实质性的价值判断，也即自由人权话语。这同样是亚里士多德时代的理论中所没有的，更是卢梭的理论中所没有的。在戴雪的法治理论中，法律系统不但是独立于政治系统的，并且法律系统有凝聚自身的价值共识——"自由与人权"，也即法律系统并不是价值中立的，而是有其价值偏好的。戴雪的主要活动时间正是英语世界自由主义理论的高光时刻，尽管斯密的经济自由主义似乎已经引发了一系列经济灾难，但这一理论仍然能够得到新兴的资产阶级的强力支持。德国以外的西语社会，出现大规模的政府干预经济，还要到几十年之后。美国虽然通过了反托拉斯法，但是法律系统拒绝用这种法律干预大

---

① [英]戴雪：《英宪精义》，雷宾南译，中国法制出版社 2001 年版，第 244～245 页。

② 参见[美]理查德·A. 波斯纳：《超越法律》，苏力译，中国政法大学出版社 2001 年版，第 57 页。

企业的垄断。戴雪的理论在当时的英语社会有着相当大的影响；并且，在今天我国的法学界同样有着重大的影响，注意，这一点非常重要。

德语世界则有所不同，韦伯的关于价值中立的主张要在稍后的时间段提出，德系法学家出现了利益法学、评价法学，试图将价值权衡的权力交付立法—政治系统。并且，出现了施塔姆勒的新康德主义，施塔姆勒承认法律价值判断，认为法律有“正当”和“不正当”的区分。但施塔姆勒承认的法律价值判断仅是形式意义上的，也就是说，只要法在形式上合法，合乎法的标准，不管它的内容多么坏，它也是正当的法。[①] 这种价值中立的法律系统，总体上基本功能是给人们提供一种稳定的行为预期，并不试图在社会中有更多的施为。而政治—立法系统是价值关涉的，试图对这个社会做更多的调控、改造。

事实上，20 世纪以后，学界对于什么是“真正”的法治，始终是存在争议的。著名的新自然主义法学家富勒提出了法治 8 条原则：(1)法律的一般性，即人们有规则可循，法律对一般人都适用，同样情况应同样待遇；(2)法律应公布；(3)法律适用于后来的行为而不是溯及既往的；(4)法律是明确的；(5)法律中不应有矛盾；(6)法律不应要求不可能实现的事；(7)法律应是稳定的；(8)官方行为和法律应是一致的。[②] 注意，富勒这 8 条原则，基本上都是程序性的，并不涉及对法律内容的价值判断，而是一种法律能够良好运行的条件，故而被称为程序自然法。同时需要注意，富勒的这 8 条原则，和卢曼理论里的保证人们的行为预期是高度契合的，共同点是保证一个现实中能够实现的稳定的秩序，而不涉及这个秩序到底将接受什么样的价值评价。

然而对于经历过纳粹时代的德国法学家诺伊曼，法治的原则就不再仅仅是这些中立的程序性原则了，他重申了“现代国家也承认某些

① 参见张宏生、谷春德主编：《西方法律思想史》，北京大学出版社 1990 年版，第 353 页。

② 参见沈宗灵主编：《法理学》，北京大学出版社 2000 年版，第 229 页。

人权,即保证某些不受国家约束的自由的领域",[①]从而再次强调了先于政治国家的"人权";并且提出了法治的三个特征:普遍性、不溯往性、司法独立。[②] 这在某种意义上重申了戴雪的某些主张。到了著名的分析实证主义学者拉兹那里,法治同样不仅仅是中立的程序性原则。拉兹列出了他关于法治的8个原则:(1)所有法律都应当可预期、公开且明确;(2)法律应当相对稳定;(3)特别法(尤其是法律指令)应受到公开、稳定、明确和一般规则的指导;(4)司法独立应予保障;(5)自然正义的原则必须遵守;(6)法院对其他原则的实施有审查权;(7)法庭应当是易被人接近的;(8)不应容许预防犯罪的机构利用自由裁量权歪曲法律。[③] 拉兹将上述原则分为两组:原则(1)~(3)要求法律应当符合规定的标准以便能有效地指引行为。原则(4)~(8)用以确保执法设施不应通过歪曲执法来剥夺法律本身指引行为的能力,他们应当有能力监督服从法治并且在出现违法情况时提供有效的矫正。[④] 不难发现,拉兹的前三条原则其实和富勒的原则类似。然而,后五条则不然。(4)、(6)、(8)条某种意义上,都能从保障法律系统的权威的意义上得到解读。独立的司法、法院对其他原则的审查权、不应容许预防犯罪的机构利用自由裁量权歪曲法律,概括起来,无非是法律系统能够独立地运行,并且垄断了相关的权力。第(7)条则意味着法律系统更能够发挥作用。第(5)条,注入了法律系统实体价值判断的权力。从这个意义上看,富勒更像分析实证主义的立场,拉兹更偏向新自然法学立场,虽然在通常的学术谱系分类中两者的角色相反。

---

① 沈宗灵:《现代西方法理学》,北京大学出版社1992年版,第463页。

② 参见沈宗灵:《现代西方法理学》,北京大学出版社1992年版,第465页。

③ 参见[英]约瑟夫·拉兹:《法律的权威:法律与道德论文集》,朱峰译,法律出版社2005年版,第187页。

④ 参见[英]约瑟夫·拉兹:《法律的权威:法律与道德论文集》,朱峰译,法律出版社2005年版,第190页。

事实上,关于法治理论中的良法问题,1959 年新德里的国际法学家大会上曾经有过官方共识:在法律统治的自由社会中,立法机关的功能是创制和维护个人有尊严地生存的条件。这种尊严不仅要求承认他的社会和政治权力,而且要求确立个人充分发展其个性所需的社会、经济、教育和文化条件。[①] 这一共识,实际上从外部规范了法治所需要的良法条件。注意,这里的良法条件不仅仅限于之前戴雪的自由主义价值,而是全方位强调了法律需确立个人所需的社会、经济、教育和文化条件,更类似福利国家的主张。同时需注意,这一共识并没有将相关价值的认定权交付法律系统,而是以国际文件共识的形式提出。不像拉兹那样给予了法律系统(主要是司法系统)极大的权威。并且,这一共识是对立法机构提出的要求,并没有赋予其独立于立法的“人权”,更没有赋予司法系统运用“人权”话语否定立法的权力。

剖析上述关于法治理论的区分非常重要。这里涉及几个问题:其一,法治是形式上的,还是在这个价值多元的社会,仍然是有其实质良法的价值偏好?其二,法律系统在法治中的功能究竟为何?是仅仅履行保障行为预期的功能,还是能够更为主动地对是否良法等问题作出价值判断?这两个问题,对于我们回到中国语境,认知中国的法律系统与法治,以及中国法律系统之现实功能,尤为重要。

上述第二个问题,其实很多法治论者并不试图去回答,有些甚至试图去遮蔽。这与法治问题的研究者多采用法律系统的内在视角有关。关于第一个问题,在一种中国法律学人心目中普遍流行的关于法治的理想模型中,法治早不仅仅是形式上的,而是有其实质价值偏好的,当然,这也是与亚里士多德关于良法的要求吻合的,但与富勒等人新自然法学所主张的程序自然法并不一致。在我国,民事法律采用自由的元叙事,奉自由为优位价值,格外重视“意思自治”这个观念;刑事

---

① 参见[英]约瑟夫·拉兹:《法律的权威:法律与道德论文集》,朱峰译,法律出版社 2005 年版,第 183 页。

法律采人权(某种意义上与自由相通)的元叙事,废除死刑、轻刑、刑法的谦抑性,等等,都是在这个原则下展开的;即便是本应为国家干预经济提供法理支持的经济法,事实上也多奉行自由的元叙事,更多地方将法律系统定位为一种对国家的限制。

现在探讨第二个问题。现实中,我国的法律系统,以及西方某些国家的法律系统,实质上履行的功能都不再仅仅是中立地保障行为的预期,而是注入了系统自我的价值偏好,并且在一定程度上垄断了对什么法是良法的话语权。在欧洲,轻刑主义话语的流行,在美国,对刑事诉讼程序的某些要求,在一定程度上都彰显着法律人共同体的价值偏好与要求。这一点在我国尤其突出,因为我国的法治建设处在一个相对比较特殊的时期。20 世纪 70 年代末开始的法制建设到 90 年代中叶的法治建设、大规模立法,以及司法改革促成了法律职业共同体的建设,大致都与我国改革开放以来社会思想的巨变同步,这一时期,开始依托于传统传媒,崛起一批吸收了部分西语世界思想的公共知识分子,以“启蒙者”的身份试图影响中国公众观念,而“法治”(最初是法制),本身就是一个被启蒙的重要观念。这一时期,什么是法治的定义权自然而然归于法学界,而此时的法律系统正在建设完善中。某种意义上,法学界关于法治的理解以及关于与实施法治有关的实体价值偏好,本身构成了法律人共同体建设的一个基础共识。有学者认为这种情况是正当的,认为“法治的命脉与法律家的价值取向、法规的实效与法律家的地位是息息相关的”。[①] 随着法律系统的逐步构建,也伴随着互联网时代的到来,大量法学家加入了公共知识分子的队伍(这在互联网时代之前是比较少见的),扮演起了推广法律共同体价值、启蒙公众的角色;同时,各种有关立法的舆论也由法律人操控着,全面影响着中国的社会。这时的中国法律系统,在维护稳定行为预期方面似乎作为有限;但作为一种向外输出价值的系统,其作用不可低估。尤

① 季卫东:《法治秩序的建构》,中国政法大学出版社 1999 年版,第 199 页。

其是市场经济就是法治经济这一经典命题,使得中国法学界与自由派经济学界结成了一种天然的联盟。在郎顾之争等事件导致经济学界在公共领域公信力减弱、经济学家公共知识分子减少后,法学公共知识分子某种程度上成为新自由主义话语在公共领域重要的捍卫者。中国的法律系统,某种意义上并没有真正担负起卢曼意义上稳定行为预期的使命,而是不断地通过与社会生活断裂的新的立法,时不时引发新的社会纷争。但是,法律系统靠运用自己定义法治和良法的权力,系统性地输出自己的价值并维护着自己的权威。著名的例子如聂树斌案。该案,按照法律人的程序方面的价值准则,其实复查后并没有足够的证据认定聂树斌为凶手,也即,在法律的话语系统中,按法律真实的要求,聂树斌属于证据不足不能认定为凶手;聂树斌是否事实上是真正的凶手,既不是法律系统关心的,也不是现有法律系统程序控制下(各种非法证据排除规则)所能够给出答案的。然而,法律系统巧妙地利用法律系统话语与日常生活话语的差别,将聂树斌案宣传为典型冤案,而真正的“冤案”这个词意味着聂树斌在“事实”上是清白的,是一个日常生活词汇,按照事实真实和日常生活话语,聂树斌案是否能称为冤案完全是存疑的(注意,之前的呼格案不同,呼格案按事实真实和日常生活话语,也能够认定为冤案)。然而,法律人用为聂树斌案冤案平反这一并不真正成立的命题,利用自己掌握系统话语的优势,成功影响了生活世界对聂树斌案的理解,成功地得到了更多的认同。在这个过程中,法律系统既成功地在价值取向方面主导了舆论话语,又赢得公众从外部视角的尊重,也即赢得了合法性。

目前看来,中国法律系统的逐步构建已经是一个实然问题;而法律成为一个相对更为封闭的系统也是部分学者试图努力的一个规范性的方向。法治某种意义上被在事实上限定为普通公众对法律系统的信任。在西语世界,这种信任是通过长时间内法律系统实现了人们稳定行为预期的功能,保障了人们的权利而实现。而在目前的中国,立法不断的变更,以及某些领域内立法与传统道德的疏离,外来法治话语与本土观念的冲突，等等，使得某些领域内，这种行为的预期未必能够得到法律系统的保障。一个显著标志就是当代中国法院要处理的纠纷格外多，以及涉诉上访普遍存在。这至少说明法律所提供的预期与人们真实的预期是不一致的。目前法律系统的努力，包括各种制度建设，似乎并没有太多缓解这种现象的努力。法律系统更多并不是一个稳定预期的保障者，而是纠纷的裁决者以及纠纷利益的分配者。前文所述的我国知识产权法关于作品定义的修改，其实就是在加剧预期的不稳定性。当然，《民法典》的制定出台或许会有所改变，但这是一个未知数。

公正地说，法律系统对于稳定行为预期功能的减弱，除了上文所述的我国法治现象中存在的外来法治话语与本土伦理矛盾的因素以外（事实上，经过多年博弈，有些地方双方都有所妥协，有些地方普遍性法治话语压制了本土伦理），一个重要原因在于，21 世纪的发展，包括中国在内的全世界，再次进入了一个变动加剧的时期，这才是典型的风险社会。[①] 如 19 世纪中叶曾经出现的现象一样，新事物井喷式地涌现：冷战结束后更为彻底的全球化、互联网及相关产业及实践、人工智能、虚拟财产、产业格局的巨大变动、环保问题、特朗普的逆全球化与贸易战，等等，应对这些问题时，卢曼基于 20 世纪中后叶的观察（甚至更多只是对德国的观察，尽管那个时代也已经有了风险社会的概念），得出的法律系统的唯一功能是稳定人们的行为预期，还能够成立吗？现代中国，法学界在以建设法治为名，努力将法律系统构造成一个相对封闭的系统（例如，关于自创生理论的推广就有这种明显意

① 关于风险社会的问题，卢曼其实已经意识到。参见高宣扬：《鲁曼社会系统理论与现代性》（第 2 版），中国人民大学出版社 2016 年版，第 254 ~ 266 页。关于风险社会的法律问题，季卫东、欧阳恩钱、陶建钟等学者也有过初步探讨，参阅季卫东：《风险社会与法学范式的转换》，载《交大法学》2011 年第 1 期，第 9 ~ 12 页；欧阳恩钱：《风险社会的经济法适应》，载《法学评论》2012 年第 6 期；陶建钟：《风险社会的秩序困境及其制度逻辑》，载《江海学刊》2014 年第 2 期，第 95 ~ 100 页。

图),而事实的结果很可能是这个系统并不能如人们所愿,提供稳定行为的预期,只是成为一种法律精英用自定义的价值宰制生活世界,从而谋求系统利益的工具。人们相信法治,然而事实上只能相信法律系统给他们定义的包含法律系统自己利益和价值偏好的法治,这种情况,会在更长时间段为法治、为法律系统赢得必要的合法性吗?或者,即便赢得了这种合法性,能够赢得哲学正当性层面的正当吗?这些似乎都是当代中国法治建设中值得反思的问题。卡多佐有句名言值得关注:“法律的终极原因是社会的福利。未达到其目标的法律规则不可能永久性证明其存在是合理的。”①这句话,是否也可用于对法治规划,以及法律系统的合法性判断呢?关于法律系统及法学家应有的施为,笔者更倾向于认同苏力早年的一段论述:“法律是天下之公器,因此,研究者完全可以表达自己的偏好或理想,但是如果他还是作为一个法律研究者,而不是作为一般的号召改革的政治宣传家或社会活动家,他就不应仅仅用自己的偏好或抽象的价值作为支持某种变化的根据,而必须有更为坚实的事实予以支撑,人们也有理由要求他做出更为细致的利弊分析盘算,而不是笼统地用一种热烈的言辞表述一种‘价值’或‘方向’的选择。”②苏力在这段十几年前的话中强调了法学家对事实的重视和对自己价值偏好的克制。在今天,似乎对于我们如何看待法律系统,仍旧有一定的启迪意义。注意,我国的法律系统强调的价值偏好,在很长一段时间内是新自由主义的偏好,而不是新德里宣言的价值主张,两者的实际差别值得深思。很难判断今天中国的法律系统到底在事实层面发挥着什么样的功能。当民事司法不能保证与多数普通人心中的公正一致时,刑事司法不能保证多数普通人对治安需求的满足时,那么,这种法律系统到底能否真正稳定人们的行为预期?

---

① [美]本杰明·卡多佐:《司法过程的性质》,苏力译,商务印书馆 1998 年版,第 39 页。
② 苏力:《也许正在发生——转型中国的法学》,法律出版社 2004 年版,第 257 页。

第二节　竞争法功能理论对于法治理论可能之意义

事实上,西语社会关于法治的未来,同样有些不太乐观的理论。早在 20 世纪 70 年代,昂格尔就在当时福利国家的背景下,谈到了"法治的解体""法治的衰落"。[①] 昂格尔把法治与自由法、自由主义社会联系到一起。当然,他并没有预见到几年后里根—撒切尔主义及新自由主义的崛起。是新自由主义重新挽救了法治?还是昂格尔的理论本来就言过其实?不管如何,欧美经历了一个新自由主义的崛起以及福利国家主张相对收缩的时期。这一时代的欧美社会,仍旧被认为是法治社会。不过,近十来年历史的走向,似乎扑朔迷离,尤其是中国的崛起。挣扎在福利国家和新自由主义主张之间的欧美国家,将何去何从,本身就成为一个问题。福山一定程度上收回了他历史终结的主张。欧美法治之前数十年,一直是中国模仿的对象;然而未来将会如何,却是一个未知数。新冠疫情的大规模爆发,某种程度上证明了欧美世界在治理方面的不成功,这将极大地影响我国对欧美世界治理经验的看法。美国最高法院推翻罗伊案的划时代判决,从而可能引发社会的进一步割裂,无疑是法律系统自我膨胀,过度干预社会生活,从而可能导致负面作用的一个例子。这无疑也是我们审视法律系统的膨胀时,需要重视的一个例子。由相对专业、封闭的、并且对社会输出价值权威的法律系统主导的法治,未来是否仍然是中国法治建设甚至中国社会治理的学习对象?如果西语世界以形式理性法为基础、以法律系统自治为运行机制的法治,对我们而言本身不再具有规范意义上的学习意义,我们是否可以试图考虑法治更多的可能,如果我们仍然承

---

① [美]R. M. 昂格尔:《现代社会中的法律》,吴玉章等译,译林出版社 2001 年版,第 187 页。

认法治是一个好词,而且是一个可欲的目标的话?

在这个前提下,我们可以再次重新审视竞争法多重功能的法治意义。从某种意义上,识别功能与政策功能体现的正是诺内特、塞尔兹尼克所言的法律的"回应性",①而形式理性法则体现着自治型法的典型特征。所谓的"自治型"法律系统,基本可以等同于现代性法律。在整个20世纪中,很明显,竞争法在整个法律体系中占的分量并不算大,虽然在德国等法域有"经济宪法"之说,但是在整体法学研究中,竞争法学依然是一种相对边缘化的学科。很多国家,甚至包括一些西欧发达国家,反垄断法的立法也是"二战"以后的事。反不正当竞争法,英美等国至今没有专门的《反不正当竞争法》文本,反不正当竞争规则散落在不同立法文件及判例中。因此,总体上,竞争法的特殊性甚至没有被纳入主流法治研究者的视野,亦鲜有论者去探讨竞争法与其他法律除了调整领域之外,究竟有何不同。如果我们阅读更多法理学或者关于法治理论的相关文献,或许能发现一个令人失望的情况,在诸多的法治理论的探讨中,竞争法是被忽视而缺场的。拉兹探讨了一般的、开放和稳定的规则(法律的通行概念)和特殊法律(法律指令)共同构成法律体系。② 他所论述的特别法律指令"多用于政府机构将执法的灵活性引入法律时"。意识到了这种特殊法律并非通常的形式理性法,"警察管理交通、证件核准机关在某些条件下颁发许可证,所有这些以及类似行为都属于即时法律的部分"。他认为这些特殊法律:"与法治的基本观念背道而驰。这使人们根据自己对法律的了解很难提前作出计划。"在意识到这个问题后,拉兹仅仅认为:"如果这种即时特别法在较为长久一般法设置的框架范围内被制定,这将限制由特别

---

① 关于回应型法的探讨,可参见[美]P. 诺内特、P. 塞尔兹尼克:《转变中的法律与社会:迈向回应型法》,张志铭译,中国政法大学出版社2001年版,第81~128页。

② 参见[英]约瑟夫·拉兹:《法律的权威:法律与道德论文集》,朱峰译,法律出版社2005年版,第186页。

法引入的法律不可预测性，那么也就克服了这一困难。”[①]或许由于没有观察到竞争法这种特殊现象，拉兹的克服他所认为的困难的想法或许过于简单与乐观了。谈到19世纪末法律的变迁时，卢曼谈论了“大量粗浅随意、未被学说检验的新现象，比如保险法、交通法规、工资法等法律领域出现的问题”。[②] 然而，竞争法似乎并没有引起他的关注。类似情况出现于昂格尔、塞尔兹尼克、哈贝马斯、德沃金等学者的论述中。甚至波斯纳既为法理学大师，亦为反垄断法专家，然而他的《法理学问题》中，并没有更多对竞争法的探讨。或许，竞争法及其特殊性正处在相关法律学者观察视线之外的一片阴影之中；少有论者关注这种特殊的法律现象，对于法治理论到底是有价值还是无价值；更少有论者注意到，这种特殊的法律现象，与我们通常谈论法治时谈论的法律，有多么大的不同。

与之前主流法治理论几乎没有将竞争法作为观察对象的同时，也有竞争法的理论家在努力向主流法治理论靠拢。有论者认为，反垄断法“实现从外部证成到内部证成的转向，……最终达至反垄断法之法律属性的内部证成目的，使之具有可操作性”。[③] 亦有论者认为：“反垄断法中的概念更多地共享于经济学术语，比如竞争、垄断、限制竞争效果、市场支配地位、相关市场及市场份额等，这些经济学术语均源自经济学研究成果，尚未经过法教义学的洗礼从而获得确定性的法律意义。”因而“反垄断法面临着如何涵摄案件事实的教义学建构问题”。[④] 往这些学术方向的努力者，或许多少有些低估了竞争法本身的特殊性

① [英]约瑟夫·拉兹：《法律的权威：法律与道德论文集》，朱峰译，法律出版社2005年版，第188页。

② [德]尼克拉斯·卢曼：《法社会学》，宾凯等译，上海世纪出版集团2014年版，第237页。

③ 王亚南：《分析实证语境下反垄断复合法律关系的法理反思》，吉林大学2012年博士学位论文，第4页。

④ 朱战威：《反垄断法中经济分析运用问题研究》，西南政法大学2017年博士论文，第8页。

之顽固。

竞争法到目前为止,形式理性化非常之弱,并不是没有原因的。意识到竞争法的这些特殊性,将竞争法实践纳入法治理论的观察范围,也许有助于法治理论本身的发展。

一个重要事实是,现代的主流法治观念实际上是基于一种典型的“现代性”理念。这种理念催生出一种知识观念:试图由理性的知识来规划调整社会,带给人类一个更好的未来。“现代性是一种尝试,力图创造一种具有组织的、透明的结构的正义社会。这是一个以规则为中心组织起来的连贯实践的社会。”①这种情况下,对立法者知识有着非常强的要求,立法者某种程度上被预设了对于相关知识具有者超强的认知,因而能够从人类无数的行为中提炼出行为模式;并且能够预知某种行为对于人类社会生活意义为何,因而能够赋予行为模式相应的法律后果;由此产生规则。我们姑且称这种具有超强认知能力的立法者为“立法哲学王”(上文也曾借用德沃金的概念称之为赫拉克勒斯式的立法者)。如果我们阅读某些“典型”的民商法论文,经常发现的探讨方式,就是预设一种可能的情形,然后探讨可能会出现何种法律后果,探讨者似乎在穷尽各种不同的立法引导的行为方式可能的不同法律后果,这种努力的方向似乎是在为一个立法哲学王的立法行为进行各种知识储备。当然,立法哲学王的立法绝非随意的,而是建立在一种被预设为掌握了真知、掌握了事实的基础之上。卢曼论述道:“并非所有法律都能够通过立法而得以制定或任意变更,相反,大多数法律仍然被包含在自然和真理的框架中。”②立法哲学王的知识,甚至被认为与传统自然法观念与历史法学对于习惯的认知存在非常强的关联。莫里森的批判是深刻的:“理性的话语是以非理性为根据的;现代

① [英]韦恩·莫里森:《法理学——从古希腊到后现代》,李桂林等译,武汉大学出版社 2003 年版,第 550 页。

② [德]尼克拉斯·卢曼:《法社会学》,宾凯等译,上海世纪出版集团 2013 年版,第 238 页。

的真理是以虚假为根据的。现代性是建立在‘它是现代的’这一谎言的基础上的；现代需要前现代的策略才能奏效。”①

随着西语社会后现代思潮的强势崛起，“现代性”本身开始经受各种质疑。齐格蒙·鲍曼在《立法者与阐释者》一书中，悲剧性地论证了由知识分子主导的现代性规划的失败，②如果他的这一论断成立，则立法哲学王也不复存在。德里达、福柯、罗蒂，这些大师都在严厉地批判现代性，而哈贝马斯则在为捍卫性“现代性”做着努力；在哈贝马斯的努力中，我们仍然能够识别出对现有形式理性法范式的深刻批判。③哈耶克从另一个角度减轻了“立法哲学王”的负担：他区分了“立法”与“法律”，认为“法律”，尤其是私法，产生于一种自生自发的秩序。④哈耶克批判“建构理性主义”、主张“进化论理性主义”的理念在中国学界引起的反响不容忽视，然而悖论在于：中国法学界部分学者一方面在推崇哈耶克的理念，同时却在面临一种窘境，各种法律制度似乎无法从中国本土社会中自生自发出来。于是中国的哈耶克主义者在担当一种哈耶克似乎不太认同的角色，持续地、大规模地、有计划地立法。并且，现代法治社会的发展以及启蒙以降理性的普及，国家在更多情况下也很难做到不参与新秩序的型构，而任由社会自行发展出自生自发秩序。纠纷发生时，相关主体将纠纷诉诸政治国家并要求国家

---

① ［英］韦恩·莫里森：《法理学——从古希腊到后现代》，李桂林等译，武汉大学出版社2003年版，第168页。

② 尤其需要注意的是，在齐格蒙·鲍曼的论述中，现代性规划的失败是与各个系统本身的独立密切相关的。参见［英］齐格蒙·鲍曼：《立法者与阐释者：论现代性、后现代性与知识分子》，洪涛译，上海人民出版社2000年版。

③ 哈贝马斯的批评详见［德］哈贝马斯：《在事实与规范之间——关于法律和民主法治国的商谈理论》，童世骏译，生活·读书·新知三联书店2003年版，第九章。与哈氏理论对应的是，现实中，西语世界“在私法中，实质化与标准化已经广为存在、并且亦可被观察到”。参见［德］罗尔夫·克尼佩尔：《法律与历史——论〈德国民法典〉的形成与变迁》，朱岩译，法律出版社2003年版，第13页。在该书第15页，克尼佩尔认为：“法律的实质化应是后资本主义或垄断资本主义的标记。”

④ 关于这种自生自发秩序的探讨，可参见［英］弗里德里希·冯·哈耶克：《法律、立法与自由》（第一卷），邓正来等译，中国大百科全书出版社2000年版，第52～85页。

提供必要的制度供给与秩序保障已成为很多情况下的常态。

笔者并不想简单地将形式理性法对应于现代性、竞争法对应于后现代性,以目前的知识积累做这种学术冒险显然过于草率。对于当今——也即本书写作的时刻,到底是一种什么样的社会?不同观察者依然会有不同的观察、不同论者依然会有不同的理论诠释。20 世纪末前后互联网带来人类生活以及商业模式的巨变,2008 年金融危机肇始开设的一系列世界风波,新自由主义面临的危机,新冠疫情显示出的欧美法治社会治理的失败,等等,到底意味着什么?或许,最低限度,认为历史并没有如福山所说的那样终结,今天的社会是个充满变数的风险社会、充满价值纷争的多元社会,不会有太大问题。在这样一个社会里,政治国家的必要介入、对更多不可预料的法律纷争的处理,将是法律系统必须面对的问题。可以合理地预测,认识到竞争法所具有的不同于普通形式理性法的功能,或许会对完善我们的法治理论有一定的意义。莫里森认为,“在后现代语境中,法律的独特性更多地来自其功能的多样性以及它所构成的社会形式的开放性,而不是来自其纯粹性”。[①] 这种观点似乎正契合了本书对竞争法多功能的探讨。

本章小结

始于两千多年前的法治理念,是中国这些年来不懈追求的目标,也在公共话语空间成为一种不容质疑的政治正确。法治的理论与实践都有一个发展的过程。法治理论,经历了从哈林顿、洛克等人相对中立的形式性理论,到戴雪以人权自由、司法独立为核心的实质法治理论,再到富勒的程序自然法,以及拉兹的更注重法院实质作用的理

① [英]韦恩·莫里森:《法理学——从古希腊到后现代》,李桂林等译,武汉大学出版社 2003 年版,第 547 页。

论，等等。总体而言，法治理论与法律职业人的成长是相辅相成的。现代的法治理论，不可忽视以法律职业人为基础的法律系统构建；现实中西语社会的法治，某种程度上是一种法律系统自治、公众信任法律系统的状态。现实中，中国法治建设也在走向系统构建这个方向，然而，这个过程中，也存在某些隐忧，如系统稳定行为预期功能的弱化，等等。

竞争法这一特殊的法律现象，较少为主流的法治理论关注。主流的法治理论是基于现代性规划，预设立法者对法律需调整的社会现象是充分了解的，从而概括出完善的规则，继而试图努力建设"一个以规则为中心组织起来的连贯实践的社会"。然而，通过对竞争法多功能的研究，我们发现，至少在竞争法领域，立法者不能预知的因素比想象中多得多，法律很难维系一种静态的确定性；这种现象或许是发展法治理论时需要重视的。

结　语

诞生于19世纪末的竞争法,某种意义上是作为典型形式理性法——民商法——的异己出现的。传统的民商事法律为经济领域提供最基础的交易规则并维系一种基础交易秩序已有数千年之久,并且在19世纪初自由放任经济理念盛行,经济系统、法律系统、政治系统相互独立的语境下走向了形式理性化。然而,到了19世纪末,"自由放任的经济政策"暴露出诸多问题,随着社会经济的发展,市场竞争在某种程度上走向了自己的反面——竞争导致的垄断开始消灭竞争、竞争的高烈度开始使得竞争本身更具有破坏性。前者在美国导致了大垄断财团对经济自由的威胁;后者则在欧洲引发了大规模经济危机。面对这种情况,中立地提供交易规则的形式理性法无力应对,于是,竞争法作为一种新型的、着眼于调整竞争秩序的、能够将更多政治意图通过法律媒介影响经济秩序的法律而登场。在这种背景下,竞争法除了具备传统的在市场竞争领域为市场主体稳定行为预期的功能外,同时具备了两项独特的功能:政策功能、识别功能。

竞争法的政策功能使得竞争法能够沟通政治系

统与经济系统,整合经济系统、法律系统、政治系统的关系,使得国家政策能够通过竞争法机制顺畅作用于经济系统。这种功能不仅仅局限于一种单向的国家政策意图的输出,同时也着眼于帮助政治决策系统更好地进行政治决策,使得相关政策能够更好地适应于并作用于经济系统,实现可欲的政策目标。

竞争法的识别功能针对的是竞争法比其他法律强烈得多的不确定性,导致这种不确定性的原因之一在于:竞争法本身在鼓励创新竞争行为,因而使得新型的竞争行为源源不断地涌现。对于这些新涌现的竞争行为,法律不能简单地预设其合法,因为其有可能对现有的竞争秩序造成巨大的破坏并损害其他竞争者乃至消费者的正当权益;法律也不能简单地预设其非法,因为这种行为的创新也可能蕴含着给社会经济带来更大活力及实现经济更好发展的可能;于是,竞争法需要一种机制对这些新竞争行为进行识别,赋予某些行为合法性,而将某些行为标识为非法。通过这种识别,新的竞争行为被纳入有利于市场竞争良性发展的轨道。

新的功能的出现彰显了竞争法与传统形式理性法的异质性。竞争法视域下,国家政策与法律系统自治的分野不再那么明晰,国家政策将时刻保持着介入法律的可能,尽管现实中这种介入不能过于频繁与随意,并且理论上每次介入都需要有充分的理由,而且保持政策与法律的稳定性非常重要。但毕竟,竞争法中国家政策的介入使得竞争法不同于传统的以市民社会自治为基础的民商事法律,竞争法更不同于哈耶克意义上体现"自生自发秩序"的私法(哈耶克对私法范畴的定义比传统法学界的理解要宽泛一些)。国家政策的介入一定程度上消解或者淡化了市场竞争领域政治国家与市民社会的分野;政策的介入使得竞争法具有了更强的建构性。当代市场经济中的竞争秩序已与哈耶克描述的市场自生自发秩序相去甚远。

当政策功能彰显了竞争法对竞争秩序的建构性的同时,识别功能则揭示出竞争法建构竞争秩序所面临的一个困境:知识储备的严重不足。关于市场竞争中的诸多现象,现有的知识仍然存在诸多的分歧,比如掠夺性定价是否真正有害于竞争,不同学者的观点相去甚远。对于新出现的新型竞争行为,人们相关的知识储备就更为缺乏,很多情况下,对于一种行为到底是有利于市场效率还是不利于市场发展的,基于现在的经济知识很难作出终极的稳定的判断。然而,为了维系一个有序的竞争体系,在知识储备不足的情况下,识别仍然不得不继续进行;某种意义上,这种识别也是一个人类对未知不断进行探索与试错的过程。

意识到竞争法在实然层面具备的上述两种不同于形式理性法的功能,我们或许可以发现,现存的竞争法实践,已经不符合富勒、拉兹等法学家提出的经典法治理论了。[①] 这些经典法治理论,要求法律必须是:明确的、明示的、稳定的、不得溯及既往,等等。而竞争法的政策功能、识别功能都使得竞争法中的相当部分条文不可能是完全明确的、明示的(因为要预留识别的空间),也不可能是完全稳定的、不溯及既往的(因为政策的介入会发生某些改变,而每一次识别某种意义上规则都不是预设的、都是溯及既往的)。竞争法实践与法治理论之间的紧张关系是我们不得不面临的一个现实问题。

某种意义上,现代法治理论承袭的是启蒙以降的现代性知识传统,这种知识传统中,人们试图运用理性规划一个预设的规则体系(按照哈耶克的进化论理性主义立场,规则也可能是本身发展出来,但是对于社会生活,这种规则仍然是预设的),更好地调控社会生活。然而,需要不断地面对更多的未知或许是人类永恒的宿命。现代法律体系中的已知规则亦将不断面临各种来自“未知情形”的挑战。这方面,拉兹等人的法治理论或许过多地预设了规则制定者对现实世界的“已知”,而弱化了对现实的解释力。竞争法实践中的新功能,如识别功能已然发展出了一些应对“未知”的相对完善的机制,这些机制或许值得主流法治理论借鉴;竞争法的特殊功能或许同样值得法治理论研究者纳入观察视野。

---

① 如前文所述,富勒与拉兹的共识,或许可以视为当今法治理论的“最大公约数”。

参考文献

一、中文类参考文献

（一）著作类

1. ［美］戴维·J. 格伯尔：《二十世纪欧洲的法律与竞争》，冯克利、魏志梅译，中国社会科学文献出版社2004年版。

2. ［英］韦恩·莫里森：《法理学——从古希腊到后现代》，李桂林等译，武汉大学出版社2003年版。

3. ［英］哈特：《法律的概念》，张文显等译，中国大百科全书出版社1996年版。

4. ［美］伊曼纽尔·沃勒斯坦：《知识的不确定性》，王昺等译，山东大学出版社2006年版。

5. ［美］基斯·N. 希尔顿：《反垄断法——经济学原理和普通法演进》，赵玲译，北京大学出版社2009年版。

6. ［美］理查德·A. 波斯纳：《反托拉斯法》，孙秋宁译，中国政法大学出版社2003年版。

7. ［美］戴维·J. 格伯尔：《全球竞争：法律、市场和全球化》，陈若鸿译，中国法制出版社2012年版。

8. ［美］欧内斯特·盖尔霍恩等：《反垄断法与经

济学》(第5版),任勇等译,法律出版社2009年版。

9.[英]卡尔·波兰尼:《巨变:当代政治与经济的起源》,黄树民译,社会科学文献出版社2013年版。

10.[德]弗诺克·亨宁·博德维希:《全球反不正当竞争法指引》,黄武双等译,法律出版社2015年版。

11.[美]R. M. 昂格尔:《现代社会中的法律》,吴玉章等译,译林出版社2001年版。

12.[德]尼克拉斯·卢曼:《法社会学》,宾凯等译,上海世纪出版集团2013年版。

13.[美]马丁·夏皮罗:《法院:比较法上和政治学上的分析》,张生等译,中国政法大学出版社2005年版。

14.[美]米尔伊安·R. 达玛什卡:《司法和国家权力的多种面孔——比较视野中的法律程序》,郑戈译,中国政法大学出版社2004年版。

15.[德]托马斯·莱赛尔:《法社会学导论》,高旭军等译,上海人民出版社2011年版。

16.[美]奥利弗·E. 威廉姆森:《反托拉斯经济学——兼并、协约和策略行为》,张群群等译,经济科学出版社1999年版。

17.[德]乌尔里希·施瓦尔贝、丹尼尔·齐默尔:《卡特尔法与经济学》,顾一泉等译,法律出版社2014年版。

18.[美]莫顿·J. 霍维茨:《美国法的变迁:1780—1860》,谢鸿飞译,中国政法大学出版社2004年版。

19.[日]川岛武宜:《现代化与法》,申政武等译,中国政法大学出版社2004年版。

20.[英]戴维·罗斯:《正当与善》,林南译,上海译文出版社2008年版。

21.[美]P. S. 阿蒂亚、R. S. 萨默斯:《英美法中的形式与实质——法律推理、法律理论和法律制度的比较研究》,金敏等译,中国政法大学学出版社2005年版。

22. [德]弗朗茨·维亚克尔:《近代私法史——以德意志的发展为观察重点》,陈爱娥等译,上海三联书店2006年版。

23. [英]安东尼·吉登斯:《现代性的后果》,田禾译,译林出版社2011年版。

24. [美]乔纳森·特纳:《社会学理论的结构》(上)(第6版),华夏出版社2001年版。

25. [德]哈贝马斯:《在事实与规范之间——关于法律和民主法治国的商谈理论》,童世骏译,生活·读书·新知三联书店2003年版。

26. [德]卡尔·拉伦茨:《法学方法论》,陈爱娥译,商务印书馆2003年版。

27. [英]约瑟夫·拉兹:《法律的权威:法律与道德论文集》,朱峰译,法律出版社2005年版。

28. [德]尼克拉斯·卢曼:《社会的法律》,郑伊倩译,人民出版社2009年版。

29. [德]马克斯·韦伯:《经济与社会》(上卷),商务印书馆2006年版。

30. [美]P.诺内特、P.塞尔兹尼克:《转变中的法律与社会:迈向回应型法》,张志铭译,中国政法大学出版社2004年版。

31. [日]美浓部达吉:《公法与私法》,黄冯明译,中国政法大学出版社2003年版。

32. [英]约翰·格雷:《自由主义》,曹海军等译,吉林人民出版社2005年版。

33. [英]帕特里克·贝尔特:《二十世纪的社会理论》,瞿铁鹏译,上海译文出版社2005年版。

34. [德]马丁·海德格尔:《存在与时间》,陈嘉映等译,生活·读书·新知三联书店2006年版。

35. [德]汉斯——格奥尔格·加达默尔:《真理与方法——哲学

诠释学的基本特征》(上卷),洪汉鼎译,上海译文出版社 2004 年版。

36. [德]卡尔·曼海姆:《意识形态与乌托邦》,黎鸣、李书崇译,商务印书馆 2005 年版。

37. [美]富勒:《法律的道德性》,郑戈译,商务印书馆 2005 年版。

38. [美]布赖恩·Z. 塔玛纳哈:《一般法理学:以法律与社会的关系为视角》,郑海平译,中国政法大学出版社 2012 年版。

39. [奥]维特根斯坦:《哲学研究》,李步楼译,商务印书馆 1996 年版。

40. [英]齐格蒙·鲍曼:《立法者与阐释者:论现代性、后现代性与知识分子》,洪涛译,上海人民出版社 2000 年版。

41. [英]弗里德里希·冯·哈耶克:《法律、立法与自由(第一卷)》,邓正来等译,中国大百科全书出版社 2000 年版。

42. 邱本:《经济法原论》,高等教育出版社 2001 年版。

43. 郑戈:《法律与现代人的命运:马克斯·韦伯法律思想研究导论》,法律出版社 2006 年版。

44. 李国海:《反垄断法实施机制研究》,中国方正出版社 2006 年版。

45. 应品广:《法治视角下的竞争政策》,法律出版社 2013 年版。

46. 苏力:《法治及其本土资源》,中国政法大学出版社 1996 年版。

47. 王健:《反垄断法的私人执行——基本原理与外国法制》,法律出版社 2008 年版。

48. 苏永钦:《走入新世纪的私法自治》,中国政法大学出版社 2002 年版。

49. 刘桂清:《反垄断法中的产业政策与竞争政策》,北京大学出版社 2010 年版。

50. 唐艳:《反垄断民事救济机制研究》,法律出版社 2015 年版。

51. 李昌麒主编:《经济法学》,法律出版社 2013 年版。

52. 李彬:《法院功能研究:以经济审判为视角》,中国检察出版社

2016年版。

53. 潘丹丹:《反垄断法不确定性的意义研究》,法律出版社2015年版。

54. 李彬:《竞争法的基本范畴研究》,知识产权出版社2016年版。

55. 黄勇、董灵:《反垄断法经典判例解析》,人民法院出版社2002年版。

56. 邱昭继:《法律的不确定性与法治——从比较法哲学的角度看》,中国政法大学出版社2013年版。

57. 沈敏荣:《法律的不确定性——反垄断法规则分析》,法律出版社2001年版。

58. [德]瓦尔特·欧肯:《经济政策的原则》,李道斌等译,中国社会科学出版社2014年版。

59. [美]迈克尔·波特:《竞争战略》,陈小悦译,华夏出版社1997年版。

60. [美]约瑟夫·熊彼特:《资本主义、社会主义与民主》吴良健译,商务印书馆1999年版。

61. 王晓晔:《反垄断法》,法律出版社2011年版。

62. [德]鲁道夫·冯·耶林:《法学的概念天国》,柯伟才、于庆生译,中国法制出版社2009年版。

63. [法]孟德斯鸠:《论法的精神》(上册),张雁深译,商务印书馆1961年版。

64. [德]马克斯·韦伯:《学术与政治》,冯克利译,生活·读书·新知三联书店2016年版。

65. [德]马克斯·韦伯:《社会科学方法论》,李零秋、田薇译,中国人民大学出版社1999年版。

66. [德]雅科布斯:《十九世纪德国民法科学与立法》,王娜译,法律出版社2004年版。

67. [德]罗尔夫·克尼佩尔:《法律与历史——论〈德国民法典〉

的形成与变迁》,朱岩译,法律出版社 2003 年版。

68. [德]迪尔克·克勒斯:《马克斯·韦伯的生平、著述及影响》,郭锋译,法律出版社 2000 年版。

69. [美]威廉·詹姆士:《实用主义》,商务印书馆 1979 年版。

70. 杨紫烜、徐杰主编:《经济法学》,北京大学出版社 1999 年版。

71. 种明钊主编:《竞争法》(第 2 版),法律出版社 2008 年版。

72. 王先林:《竞争法学》,中国人民大学出版社 2009 年版。

73. 叶卫平:《反垄断法价值问题研究》,北京大学出版社 2012 年版。

74. 孔祥俊:《反不正当竞争法的适用与完善》,法律出版社 1998 年版。

75. 田力普主编:《影响中国的 100 个知识产权案例》,知识产权出版社 2009 年版。

76. 叶明:《经济法实质化研究》,法律出版社 2005 年版。

77. 李昌麒主编:《经济法理念研究》,法律出版社 2009 年版。

78. 季卫东:《法律程序的意义》(增订版),中国法制出版社 2012 年版。

79. 高宣扬:《鲁曼社会系统理论与现代性》(第 2 版),中国人民大学出版社 2016 年版。

80. [瑞士]安德烈亚斯·凯勒哈斯:《从华盛顿,布鲁塞尔,伯尔尼到北京——竞争法规范和功能比较》,杨华隆、伍欣译,中国政法出版社 2013 年版。

81. 强世功:《法律的现代性剧场:哈特与富勒的论战》,法律出版社 2006 年版。

82. [美]克利福德·格尔茨:《地方知识——阐释人类学论文集》,杨德睿译,商务印书馆 2014 年版。

83. [美]罗纳德·德沃金:《认真对待权利》,信春鹰、吴玉章译,中国大百科全书出版社 1998 年版。

84. [美]德沃金:《法律帝国》,李常青译,中国大百科全书出版社1996年版。

85. 李钟斌:《反垄断法的合理原则研究》,厦门大学出版社2005年版。

86. [美]保罗·戈斯汀:《著作权之道:从谷登堡到数字点播机》,金海军译,北京大学出版社2008年版。

87. 孔祥俊:《反不正当竞争法原理》,知识产权出版社2005年版。

88. 李俊峰:《反垄断法的私人实施》,中国法制出版社2009年版。

89. [美]马特斯尔斯·W. 斯达切尔主编:《网络广告:互联网上的不正当竞争和商标》,孙秋宁译,中国政法大学出版社2004年版。

90. 薛克鹏:《经济法基本范畴研究》,北京大学出版社2013年版。

91. 吕来明、熊英:《反不正当竞争法比较研究——以我国〈反不正当竞争法〉修改为背景》,北京知识产权出版社2014年版。

92. 沈宗灵主编:《法理学》,北京大学出版社2000年版。

93. 张文显主编:《法理学》(第3版),法律出版社2007年版。

94. 廖益新、李刚、周刚志:《现代财税法学要论》,科学出版社2007年版。

95. 黄海峰:《知识产权的话语与现实——版权、专利与商标史论》,华中科技大学出版社2011年版。

96. [德]贡塔·托依布纳:《法律:一个自创生系统》,张骐译,北京大学出版社2004年版。

97. 焦海涛:《反垄断法上的社会政策目标》,中国政法大学出版社2019年版。

98. 兰磊:《论反垄断法多元价值的平衡》,法律出版社2017年版。

99. [比利时]尼豪尔、克莱恩布吕格尔主编:《创新在竞争法分析中的角色》,韩伟译,法律出版社2020年版。

100. 刘剑文:《走向财税法治——信念与追求》,法律出版社2009年版。

101. 张怡主编:《写给法律人的宏观经济学》,法律出版社 2004 年版。

102. [德]罗伯特·阿列克西:《法律论证理论——作为法律证立理论的理性论辩理论》,舒国滢译,中国法制出版社 2002 年版。

103. [日]大谷实:《刑事政策学》(新版),黎宏译,中国人民大学出版社 2009 年版。

104. [德]冯·李斯特:《论犯罪、刑罚与刑事政策》,徐久生译,北京大学出版社 2016 年版。

105. [日]曾根威彦:《刑法学基础》,黎宏译,法律出版社 2005 年版。

106. 张宏生、谷春德主编:《西方法律思想史》,北京大学出版社 1990 年版。

107. 阎照祥:《英国贵族史》,人民出版社 2000 年版。

108. [美]本杰明·卡多佐:《司法过程的性质》,苏力译,商务印书馆 1998 年版。

109. 苏力:《也许正在发生——转型中国的法学》,法律出版社 2004 年版。

110. [英]J. G. A. 波考克:《古代宪法与封建法:英格兰 17 世纪历史思想研究》,翟小波译,译林出版社 2014 年版。

111. [美]罗伯特·A. 达尔:《论民主》,李风华译,中国人民大学出版社 2012 年版。

112. 沈宗灵:《现代西方法理学》,北京大学出版社 1992 年版。

113. 季卫东:《法治秩序的建构》,中国政法大学出版社 1999 年版。

114. 何永红:《戴雪宪法理论研究》,知识产权出版社 2015 年版。

115. [英]戴雪:《英宪精义》,雷宾南译,中国法制出版社 2001 年版。

116. [美]理查德·A. 波斯纳:《超越法律》,苏力译,中国政法大学出版社 2001 年版。

117. 康添雄:《专利法的公共政策研究》,华中科技大学出版社 2019 年版。

118. [英]保罗·布兰德:《英格兰律师职业的起源》,李红海译,北京大学出版社 2009 年版。

119. 于明:《司法治国:英国法庭的政治史:(1154—1701)》,法律出版社 2015 年版。

120. 任东来等:《美国宪政历程:影响美国的 25 个司法大案》,中国法制出版社 2005 年版。

121. [美]列奥·施特劳斯、约瑟夫·克罗波西主编:《政治哲学史(上)》,李天然等译,河北人民出版社 1993 年版。

122. [法]托马斯·皮凯蒂:《21 世纪资本论》,巴曙松等译,中信出版社 2014 年版。

123. [美]威廉·W. 费舍尔:《说话算数——技术、法律以及娱乐的未来》,李旭译,上海三联书店 2008 年版。

124. [美]劳伦斯·莱斯格:《免费文化》,王师译,中信出版社 2009 年版。

125. [澳]彼得·达沃豪斯:《知识的全球化管理》,邵科、张南译,知识产权出版社 2013 年版。

126. [英]欧内斯特·巴克:《英国政治思想——从赫伯特·斯宾塞到现代》,黄维新等译,商务印书馆 1987 年版。

127. [英]里奇、威尔逊主编:《剑桥欧洲经济史》(第四卷),张锦冬等译,经济科学出版社 2003 年版。

128. [英]亨利·斯坦利·贝内特:《英国庄园生活:1150—1400 年农民生活状况研究》,龙秀清等译,上海人民出版社 2005 年版。

129. [法]费尔南·布罗代尔:《十五至十八世纪的物质文明、经济和资本主义》(第二卷下册),顾良、施康强译,商务印书馆 2018 年版。

130. [奥]凯尔森:《法与国家的一般理论》,沈宗灵译,中国大百科全书出版社 1996 年版。

131. [美]乔治·萨拜因:《政治学说史》(上卷)(第 4 版),邓正来译,世纪出版集团、上海人民出版社 2008 年版。

132. 刘星:《民主的一个叙事立场》,法律出版社 2001 年版。

133. 刘思达:《失落的城邦——当代中国法律职业变迁》,北京大学出版社 2008 年版。

134. 尹田:《物权法理论评析与思考》,中国人民大学出版社 2004 年版。

（二）论文类

135. 王晓晔:《我国反垄断法中的经营者集中控制:成就与挑战》,载《法学评论》2017 年第 2 期。

136. 王继平、陈甬军:《美国反垄断兼并指南变迁中经济学家的作用及其启示》,载《产业经济研究》2007 年第 2 期。

137. 潘军锋:《论经济政策的司法融入——以政策在民事审判中的介入机制为研究路径》,载《法制与社会发展》2012 年第 1 期。

138. 宋亚辉:《公共政策如何进入裁判过程——以最高人民法院的司法解释为例》,载《法商研究》2009 年第 6 期。

139. 郝俊淇、刘维俊:《反垄断指南的功能探讨》,载《中国价格监管与反垄断》2015 年第 9 期。

140. 王烈琦:《论现代财税法的双重政策功能》,载《经济法学评论》2015 年第 1 期。

141. 钱弘道:《法律的经济分析方法评判》,载《法制与社会发展》2005 年第 3 期。

142. 唐艳、王烈琦:《惩罚性赔偿在反垄断民事救济中的适用范围探讨》,载《经济法论坛》2013 年第 2 期。

143. 杨文明:《滥用市场支配地位规制中的正当理由抗辩研究》,西南政法大学 2016 年博士论文。

144. 王亚南:《分析实证语境下反垄断复合法律关系的法理反思》,吉林大学2012年博士学位论文。

145. 欧阳恩钱:《风险社会的经济法适应》,载《法学评论》2012年第6期。

146. 郭跃:《美国反垄断法价值取向的历史演变》,载《美国研究》2005年第1期。

147. 陶建钟:《风险社会的秩序困境及其制度逻辑》,载《江海学刊》2014年第2期。

148. 顾敏康:《竞争政策对竞争法制的影响》,载《法学》2011年第9期。

149. 黄勇、刘燕南:《欧盟反垄断案件立案调查前程序研究及对我国的启示》,载《价格理论与实践》2013年第6期。

150. 岳彩申:《论经济法形式理性的优先性》,载《社会科学研究》2003年第5期。

151. 黄金荣:《法的形式理性论——以法之确定性问题为中心》,载《比较法研究》2000年第3期。

152. 陈兴良:《刑法哲学研究论纲》,载《中外法学》1992年第3期。

153. 梁根林:《现代法治语境中的刑事政策》,载《国家检察官学院学报》2008年第4期。

154. 马荣春:《"专业槽":刑法学知识转型中的一个原本、扭曲与回归》,载《中国政法大学学报》2014年第3期。

155. 王葎:《价值权威及其可能——从韦伯的"价值无涉"说起》,载《哲学动态》2008年第6期。

156. 徐士英:《竞争政策与反垄断法的实施》,载《华东政法大学学报》2011年第2期。

157. 王烈琦:《论经济法的知识特征与经济法教学体系的重构》,载《法学教育研究》第13卷,法律出版社2015年版。

158. 兰磊:《反垄断法唯效率论质疑》,载《华东政法大学学报》2014 年第 4 期。

159. 云国强:《知识、道义与政治:释放电视剧文化研究的社会批判锋芒》,北京大学 2007 年博士论文。

160. 李晟:《实践视角下的社科法学:以法教义学为对照》,载《法商研究》2014 年第 5 期。

161. 季卫东:《风险社会与法学范式的转换》,载《交大法学》2011 年第 1 期。

162. 吴宏伟:《论竞争法的政策功能》,载《中国人民大学学报》2001 年第 2 期。

163. 肖伟志:《论经济法的系统间整合功能——基于哈贝马斯法哲学思想的一种理解》,载《法制与社会发展》2008 年第 6 期。

164. 岳彩申、杨青贵:《论经济法不确定性的成因与功能——解释法律规范性的新视角》,载《法学评论》2010 年第 2 期。

165. 随庆军:《刍议反垄断法的基本功能与任务》,载《河南金融管理干部学院学报》2000 年第 5 期。

166. 李键、黄佳:《论我国〈反垄断法〉的属性及功能》,载《中国市场》2011 年第 27 期。

167. 刘乃梁:《反垄断规制功能的行业限定——兼论银行业反垄断规制的功能定位》,载《法制与社会发展》2017 年第 4 期。

168. 徐士英:《反垄断法实施面临功能性挑战——兼论竞争政策与产业政策的协调》,载《竞争政策研究》2015 年第 1 期。

169. 刘彤:《美国竞争法的政策实施功能研究》,载《北京联合大学学报(人文社会科学版)》2015 年第 1 期。

170. 游钰:《论反垄断执法协商的程序约束》,载《法学评论》2013 年第 4 期。

171. 焦海涛:《论现代反垄断法的程序依赖性》,载《现代法学》2008 年第 1 期。

172. 李明德:《关于反不正当竞争法的几点思考》,载《知识产权》2015 年第 10 期。

173. 陈旭锋:《民法的功能缺陷与经济法的弥补》,载《现代法学》1999 年第 4 期。

174. 王保树:《关于民法、商法、经济法定位与功能的研究方法》,载《现代法学》2008 年第 3 期。

175. 刘水林、雷兴虎,《论经济法的社会经济功能》,载《法学评论》2004 年第 2 期。

176. [美]吉尔莫:《契约的死亡》,曹士兵等译,载梁慧星主编:《为权利而斗争》,中国法制出版社、香港金桥文化出版社 2000 年版。

177. 江帆:《经济法实质正义及其实现机制》,载《环球法律评论》2007 年第 6 期。

178. 朱战威:《反垄断法中经济分析运用问题研究》,西南政法大学 2017 年博士论文。

179. 武春华:《竞争法的基本功能研究》,郑州大学 2004 年硕士学位论文。

180. 侯猛:《最高法院公共政策的运作:权力策略与信息选择》,载《北大法律评论》2005 年第 7 卷。

181. 刘春田:《我国〈民法典〉设立知识产权编的合理性》,载《知识产权》2018 年第 9 期。

182. 吴汉东:《知识产权应在未来民法典中独立成编》,载《知识产权》2016 年第 12 期。

183. 王迁:《将知识产权法纳入民法典的思考》,载《知识产权》2015 年第 10 期。

184. 强世功等:《知识产权与法律移植》,载《读书》2004 年第 8 期。

185. 李明德:《国家知识产权战略与知识产权法制建设》,载《西北大学学报(哲学社会科学版)》2018 年第 5 期。

186. 吴汉东:《中国知识产权法制建设的评价与反思》,载《中国法学》2009 年第 1 期。

187. 吴汉东:《中国知识产权制度发展:法律、政策和文化》,载《中国发明与专利》2018 年第 8 期。

188. 吴汉东:《知识产权法律构造与移植的文化解释》,载《中国法学》2007 年第 6 期。

189. 吴汉东:《知识产权法的制度创新本质与知识创新目标》,载《法学研究》2014 年第 3 期。

190. 冯晓青:《科技创新体制与我国知识产权公共政策的完善》,载《吉首大学学报(社会科学版)》2013 年第 3 期。

191. 刘剑文:《公共财政与财税法律制度的构建》,载《政法论丛》2012 年第 1 期。

192. 张怡:《论非均衡经济制度下税法的公平与效率》,载《现代法学》2007 年第 4 期。

193. 李强:《韦伯、希尔斯与卡理斯玛式权威》,《北大法律评论》2004 年第 1 期。

194. 陈兴良:《刑法教义学与刑事政策的关系:从李斯特鸿沟到罗克辛贯通中国语境下的展开》,载《中外法学》2013 年第 5 期。

195. 劳东燕:《罪刑规范的刑事政策分析——一个规范刑法学意义上的解读》,载《中国法学》2011 年第 1 期。

196. 武树臣:《三十年的评说——“阶级本位 · 政策法”时代的法律文化》,载《法律科学(西北政法学院学报)》1993 年第 5 期。

197. 陈兴良:《刑法的刑事政策化及其限度》,载《华东政法大学学报》2013 年第 4 期。

198. 易军:《“法不禁止皆自由”的私法精义》,载《中国社会科学》2014 年第 4 期。

199. 吴莉娟:《互联网不正当竞争案件中商业模式的保护》,载《竞争政策研究》2015 年第 2 期。

200. 丁茂中:《反垄断法的目标选择及其功能优化刍议》,载《现代财经(天津财经大学学报)》2011 年第 8 期。

201. 任剑新:《美国反垄断思想的新发展——芝加哥学派与后芝加哥学派的比较》,载《环球法律评论》2004 年第 2 期。

202. 单飞跃、张玮:《经济法中的政策——基于法律文本的实证分析》,载《社会科学》2012 年第 4 期。

203. 王烈琦、唐艳:《论作者假定》,载《法商研究》2012 年第 6 期。

204. 王启梁:《进入隐秘与获得整体:法律人类学的认识论》,载《江苏社会科学》2017 年第 2 期。

205. 鲁楠、陆宇峰:《卢曼社会系统论视野中的法律自治》,载《清华法学》2008 年第 2 期。

206. [法]皮埃尔·布迪厄:《法律的力量——迈向司法场域的社会学》,强世功译,载《北大法律评论》1999 年第 2 卷第 2 辑。

207. 李扬:《互联网领域新型不正当竞争行为类型化之困境及其法律适用》,载《知识产权》2017 年第 9 期。

208. 白斌:《论法教义学:源流、特征及其功能》,载《环球法律评论》2010 年第 3 期。

209. 雷磊:《法教义学的基本立场》,载《中外法学》2015 年第 1 期。

210. 谢海定:《法学研究进路的分化与合作——基于社科法学与法教义学的考察》,载《法商研究》2014 年第 5 期。

211. 宾凯:《作为观察者的法哲学和法律社会学(代译序)》,载[德]尼克拉斯·卢曼:《社会的法律》,郑伊倩译,人民出版社 2009 年版。

212. 邱本:《论市场竞争法的基础》,载《中国法学》2003 年第 4 期。

213. 郑鹏程、肖小梅:《论我国反垄断法规制知识产权许可限制的基本立场——兼评〈关于知识产权领域反垄断执法的指南〉》,载《河南社会科学》2013 年第 3 期。

214. 刘乃梁:《银行业反垄断法规制的进路研究》,西南政法大学博士论文。

215. 李雨峰:《知识产权制度设计的省思——以保护对象的属性和利用方式为逻辑起点》,载《当代法学》2020 年第 5 期。

216. 马永强:《刑事政策与刑法体系的关系——兼论刑事一体化的教义学进路与限度》,载《苏州大学学报(法学版)》2020 年第 2 期。

217. 杜宇:《刑事政策与刑法的目的论解释》,载《法学论坛》2013 年第 6 期。

218. 车浩:《法教义学与社会科学——以刑法学为例的展开》,载《中国法律评论》2021 年第 5 期。

219. 柯岚:《罗纳德·科斯的法律经济学——兼谈理查德·波斯纳与非其所愿的中国法律实用主义》,载《东方法学》2013 年第 3 期。

(三)其他类

220. 尚明主编:《主要国家(地区)反垄断法律汇编》,法律出版社 2004 年版。

221.《德国民法典》(第 2 版),陈卫佐译注,法律出版社 2006 年版。

222.《法国民法典》,罗结珍译,中国法制出版社 1999 年版。

223. 中国社会科学院语言研究所词典编辑室编:《现代汉语词典》(第 7 版),商务印书馆 2016 年版。

224. 奇虎公司与腾讯公司垄断纠纷上诉案判决书,最高人民法院(2013)民三终字第 4 号。

225. 刘旭:《反垄断执法机构整合下一步人、事如何安排》,http://opinion.caixin.com/2018-03-13/101220665.html,2018 年 3 月 13 日发布,2018 年 3 月 14 日访问。

二、外文类参考文献

1. Robert H. Bork, *The Antitrust Paradox: A Policy at War with Itself*, New York: Basic Books, 1978.

2. RobertH. Bork, *The Role of The Courts in Applying Economics*, 54 Antitrust L. J. , 1985.

3. Edward D. Cavanagh, *Antitrust Law and Economic Theory: Finding a Balance*, Loyola University Chicago Law Journal, vol. 45, 2013, p. 123.

4. Keith K. Wollenberg, *An Economica Analysis of Tie-in Sale: Re-examining The Leverage Theory*, Stanford Law Review, 1987, 39(3): 737 – 749.

5. Edward O. Correia, *Antitrust and liberalism*, The Antitrust Bulletin, vol. 40, 1995.

6. Thomas E. K. Auper and Edward A. Snyder, *An Inquiry into the Efficiency of Private Antitrust Enforcement: Follow-on and Independently Initiated Cases Compared*, The Georgetown Law Journal, vol. 74, 1985 – 1986.

7. Alan Devlin and Michael Jacobs, *Antitrust Divergence and the Limits of Economics*, Northwestern University Law Review, vol. 104, 2010.

8. Robert H. Lande, *Wealth Transfers as the Original and Primary Concern of Antitrust: The Efficiency InterpretationChallenged*, 34The Hastings Law Journal, 1982.

9. Louis B. Schwartz, *Justice and Other Non-Economic Gouls of Antitrust*, 127 U. Pa. L. Rev. 1979.

10. Kovacic Reagan, *Judicial Appointees and Antitrust*, Fordham L.

Rzv, vol. 60, 1991.

11. T. Grether, *Economic Analysis in Antitrust Enforcement*, 4 Antitrust Bull. 1959.

后　记

本书是在我的博士论文《论竞争法的功能》基础上进一步拓展而成，而博士论文之所以选择“竞争法的功能”为写作对象，则是源于我的学术经历：硕士主攻法理学，而博士学习了经济法。严格意义上，我的学术旨趣，在这两个领域里多少都有些异类，法理方面，我更关注关于法的经验事实，以及相关理论、制度如何在相应的社会时空中形成，及其对社会的实际影响，而非像我的很多同行那样，试图学习并融入西语世界的学术脉络，再以这个理论脉络为基础批评、指导中国的相应实践；经济法领域里，我并不接受市场原教旨主义的新自由主义前见，并不当然地认为，用法律束缚政府、使得市场作用最大化这一目标是经济法学应该追逐的目标，甚至并不认为，基于某种未经证成的价值偏好，对于国家社会的经济建设发表规范性意见，是一种值得追求的学术努力。在这种学术背景下，博士论文，以及本书，或许势必会在一定时间内被主流学术所忽视，然而，我依然坚持认为这是一种值得进行的研究。

本书的研究，更大程度是关于历史和现实的经验事实的。虽然用了卢曼等学者的理论，但研究的目标从来不是为了“证实”卢曼理论的正确性，而是试图借助这一理论作为分析工具，洞察西语世界与现代中国经验事实层面法律系统如何生成、运作，而竞争法在这一系统运作、发展中的特殊意义。系统理论只是一个视角，重点是经验事实本身的展示。这些经验材料，也可以借助其他理论予以组织、说明，只要相关理论能够真正融贯地对相关经验事实予以合理地解释。不过，到目前为止，在我的阅读范围内，系统理论仍旧是一个较有说服力的理论。

本书的研究，同样与国内主要是法理学界某些法律系统理论的研究者旨趣不同。国内诸多学者研究卢曼或者托依布纳，更多地抱着一种“规范”的学术旨趣。一定程度上，把德语世界形成的“法律系统”，视为中国法治建设“应该”效仿的对象。他们的研究潜在地是为了“引进”卢曼的理论帮助“构建”中国的法律系统。然而，我从来就不认为构建法律系统是“当然地”一种应该努力的方向，而只是视之为 19 世纪西语世界社会系统分化的自然结果。这一系统，对于西语社会，到底意味着什么，一定程度上是存疑的，尤其是这一系统目前越来越走向封闭。我的研究着重点在于“描述”，剖析西语世界三大系统的关系以及竞争法在其中的可能作用。

因此，本书的研究，更多是关于历史的关于经验事实的“实然”，而非关于今天以及未来的“应然”。在这个日新月异、不断推陈出新、新问题不断涌现需要解决的年代，这种对“实然”的关注多少有些不合时宜。当前，大数据、人工智能等问题的法律应对，已然占据了法学期刊相当多的版面；我国学界二十多年前开始的关于法学方法论（并非法律方法）的学术探讨，似乎并没有真正形成有效的学术共识，就渐渐淡出了人们的视野。法学主流回归了教义学，然而教义学主要是针对解释运用法律的范式，其能否当然地在应对新问题的立法中承担重要角色，这种反思显然被遮蔽了。毕竟，新问题需要及时地法律应对，确定的结果、应对方案有时比没有应对方案，更符合整个社会的预期与需要，而不论这种应对是否最优的或者是否是可欲的。因此，在紧迫情况下，以不算完善的方法工具去解决相对紧急的新问题，在一定程度上可以理解。

然而，基于“实然”，以经验事实为基础，探索人类真实的法治实践，并以此为基础探索更为可靠的法学知识法律知识产出范式，仍旧是一件需要学人去做的事，尽管这种事在今天相对冷门、不受关注。基于此，我坚持写完了博士论文，并进一步将之拓展成书。以后，我仍将关注作为经验事实的历史上的法律实践。我相信，真正地揭示了历史事实，总结规律，是更好地服务于当下、未来的一个前提。而目前中国学界，对于真实的西语世界法律实践（而非理论），了解得依然相对单薄。如对英国史过多地接受了辉格史观的影响，而辉格史观其实遮蔽了更多的历史真实。

最后，照例，后记应该感谢一下所有该感谢的人，如我的博士导师许明月教授、我的家人、我的学术朋友、尤其是在本书写作中给予过帮助的朋友，以及，所有对本书写作提供了直接或者间接的智识帮助的人。此外，感谢我的好友王冠宇先生资助本书的出版，虽然，他目前经营的法即达公司，服务于帮当事人找优质的律师，这一新现象我未及纳入对今天法律系统的观察，并且，并不能确定这种新型行业对于法律系统以及法治意味着什么。

王烈琦